현장을 세우는

동역선교의 여정

현장을 세우는 동역선교의 여정

초판 인쇄   2025년 8월 28일
초판 발행   2025년 9월 2일

지 은 이   이은무
펴 낸 곳   코람데오
등   록   제300-2009-169호
주   소   서울시 종로구 세종대로 23길 54, 1006호
전   화   02)2264-3650, 010-5415-3650
             FAX. 02)2264-3652
E-mail   soho3650@naver.com
ISBN | 979-11-92191-51-5(03230)

값 18,000원

※ 잘못된 책은 바꾸어 드립니다.

킹덤 마인드로 섬기는 선교

현장을 세우는
동역선교의 여정

이은무 지음

A Journey of
Mission Partnership for
National Initiatives

코람데오

| 추천의 글 1 |

그리스도를 섬기는 평생의 여정

Dr. Wan Chee Wan
싱가포르 Discipleship Training Centre 전(前) 학장

제가 이은무 박사님을 처음 만난 것은 1988년 싱가포르 한 교회의 선교팀을 이끌고 서부 칼리만탄의 안중안에 있는 신학교에 갔을 때였습니다. 그때 이 박사와 그의 아내는 이미 인도네시아에서 여러 해 동안 선교사로 봉사하고 있을 때였습니다. 그 이후로 우리는 싱가포르에 거주하면서 함께 선교 사업을 하며 봉사해 왔습니다. 우리는 싱가포르에서 가까운 인도네시아령의 바탐섬에 있는 평신도 리더십 훈련센터인 BASOM(Batam School of Ministy)에서 여러 해를 함께 보냈습니다. BASOM은 다양한 교회의 기독교인들이 이 과정에 참석할 수 있도록 저녁에 정기적인 주간 모듈을 운영했습니다. 이 과정은 현지 청년들에게 매우 좋은 반응을 얻었습니다. 수년 후, BASOM은 바탐에 있는 본격적인 신학교로 업그레이드되었습니다.

2000년대 들어서서 이 박사님은 아시아선교협의회인 AMA(Asia Missions Association)의 사무총장으로서 저를 여러 번 초대해 주었습니다. 우리는 오랜 시간 동안 연합 사역으로 함께 사역했습니다. 저는 3년에 한 번씩 열리는 컨퍼런스와 워크샵의 기조연설자 중 한 명으로 초대되었습니다. 그 중, 튀르키예의 에게해 옆 도시인 이즈미르에서의 회의가 가장 기억에 남습니다. 회의는 에베소의 구시가지 근처에서 열렸는데, 이 대회가 끝난 직후 계시록에 언급된 일곱 교회에 관한 연구 여행을 하게 된 것이 기억에 남습니다.

이은무 박사와 나는 인도네시아, 캄보디아, 베트남, 말레이시아의 여러 지역에서 함께 사역 여행을 했습니다. 이 모든 일이 이 박사와 그의 가족이 싱가포르에 기반을 둔 시기에 있었던 일입니다. 이 박사의 가족이 내가 개척한 교회에 다니게 되면서 우리 가족은 서로를 더 잘 알게 되었습니다. 이은무 박사는 선교에 대한 열정이 대단한 선교사이며, 타문화 선교사의 좋은 모델입니다. 이 책에서 이 박사는 다양한 타문화 상황에서 그리스도를 섬기는 평생의 여정을 공유합니다. 이 책에 담긴 그의 통찰력과 인생 경험을 통해 독자들이 많은 도전과 축복을 받으실 것이라고 확신합니다.

| 추천의 글 2 |

책에 담겨 있는 놀라운 통찰력

Dr. Emmanuel Sudhir Isaiah
싱가포르 BIU(Bethany International University) 총장

저와 이은무 선교사와의 교제 기간은 20년이 넘습니다. 제가 지켜본 그는 인도네시아와 말레이시아의 토착 부족들 사이에서 교회를 개척한 선구적인 선교사입니다. 동시에 그는 동남아시아 지역의 교회 개척에 대한 학문적 권위자이기도 합니다. 이 박사는 캘리포니아의 바이올라 대학교(Biola University)에서 선교 교육학 전공으로 박사 학위를 받은 이후에 제가 섬기고 있는 베다니 국제 대학교(Bathany International University)의 교수로 재직하면서 각국에서 온 학생들에게 커리큘럼 설계와 교수법을 가르치고 있습니다. 또한, 몇 년 동안 그는 AMA의 사무총장으로서 선교 컨퍼런스를 조직하여 각지에서 우수한 기조연설자들을 초청했고, 저도 그중 한 사람이 된 것을 영광으로 생각하고 있습니다.

선교사이자 학자인 이 박사는 저의 개인적인 친구이기도 합니다. 저는 이 책 『현장을 세우는 동역선교의 여정』을 높이 평가합니다. 이 책을 통해 그의 인도네시아, 말레이시아, 싱가포르에서의 사역의 깊이와 진

심을 알게 되었기 때문입니다. 이 선교사는 인도네시아에서의 개척 사업에 더 깊이 관여한 결과, 인도네시아인들이 사용하는 언어인 바하사 인도네시아어에 통달하게 되었습니다.

저는 여러분이 이은무 선교사의 새로운 저서인 『현장을 세우는 동역 선교의 여정』을 통해서 제가 느꼈던 것 이상으로 그가 지닌 사역의 진심을 알게 되리라고 생각합니다. 저서를 집필하는 것에 전심전력으로 시간과 노력을 쏟은 이 박사에게 찬사를 드리며 이 책을 적극 추천합니다.

| 추천의 글 3 |

지속적인 전 세계적 노력

Rev. Erwin Ong See Meng
SAM 공동설립자 및 고문

교회 개척 운동의 결과로 2000년까지 무려 200여 개의 말레이시아어를 사용하는 교회가 개척되었습니다. 이 목표를 달성하기 위해서 더 많은 목회자와 교회 지도자들을 모국어로 훈련 시킬 절실한 필요가 있었습니다. 저는 바로 이 시점에 싱가포르에 살고 있던 이 목사를 만나는 특권을 누렸습니다. 인도네시아에서 신학교를 개척하고 설립한 그의 방대한 경험은 탁월하고 인상적이었습니다. 우리가 연결되어 함께 일하기 시작한 것은 시의적절한 신성한 약속이었습니다. 당시만 해도 쿠알라룸푸르, 페낭, 이포, 조호르바루와 같은 도시에 사는 사바, 사라왁, 반도 중국인과 인도인, 인도네시아인(외국인 노동자)과 같은 비원주민들은 BM(Babasa Malaysia)에서 성경과 신학 교육을 받을 기회가 거의 없었습니다. 1995년, 이 목사와 저는 성경 교육과 신학 교육에 대한 기독교인들의 반응을 측정하기 위해서 파일럿 프로젝트로 4주간의 신학 훈련 프로그램을 진행했습니다. 시작은 좋았지만 다음 해인 1996년에는 대부분의 학생이 한 달 동안 직장을 쉴 수 없었기 때문에 지속하지 못했습니다.

1998년, 이 목사는 바탐에서 시작한 것을 본 뗘 성경 훈련 프로그램인 BASOM을 제안했습니다. 쿠알라룸푸르에서 제공되는 신학 및 성경 교육 과정은 월요일부터 금요일까지 오후 7시 30분부터 세 시간 동안 진행되었습니다. 그래서 2000년에 이 목사와 제가 공동으로 설립한 SAM(Sekolah Alkitab Malaysia)은 다른 도시인 이포, 페낭 및 조호르바루로 확장되었습니다. 지난 15년 동안 SAM은 수백 명의 말레이어를 사용하는 기독교인을 훈련 시켰으며, 1990년대 초반에는 10개 미만의 교회에서 오늘날 400개 이상의 BM 교회로 성장하였습니다. 공동 창립자인 이 목사는 2015년까지 SAM의 고문으로 활동하다가 미국으로 이주해야 했습니다. 그 후 저에게 SAM의 새로운 고문으로 취임해 달라는 요청이 들어왔습니다. 이 목사와 SAM 센터를 관리했던 유능한 지도자들의 리더십 아래, 이 목사는 신학 및 성경 교육의 성장에 주축이 되었습니다. 이후 말레이시아 BM 교회의 엄청난 성장에 기여했습니다. 주님 나라 발전을 마음에 품고 말레이시아를 섬겼던 그의 봉사는 잊히지 않을 것이며, SAM에 있는 우리 모두에게 뜻깊은 기억으로 남을 것입니다.

| 들어가는 말 |

한국 선교가 시작된 지 어느덧 반세기가 되었다. 이제는 우리가 해 온 선교에 대한 재평가가 필요한 때이다. 최근 들어 한국교회의 선교에 대한 관심이 줄어들었다는 것은 누구도 부인할 수 없을 것이다. 그 원인이 무엇일까? 우리는 조심스러운 자성과 성찰이 필요한 때가 왔고, 원인이 무엇인가를 분석해야 할 때가 왔다는 것을 알고 있다. 선교는 한때의 유행으로 끝날 일이 아니다. 다른 교회가 하니까 우리도 해야 한다는 체면에 따른 행동도 아닐뿐더러, 호기심에서 시작해서는 더욱 안 된다. 주님의 지상 명령인 복음 전파가 교회의 핵심적 사역이 되어야 한다는 것을 성경이 분명하게 말해 주고 있기에, 이 사역은 멈출 수 없는 사역이고 주님이 오실 때까지 지속해야 하는 교회의 책무이다. 왜 많은 이들이 선교가 교회 사역에 중요한 부분이라는 것을 알면서도 선교에 대한 실망과 실증을 느끼는 것일까? 그것은 아마도 사역에 대한 열매를 쉽게 딸 수 없다는 것과 선교사들에게서 사역의 열정이 보이지 않는 데 대한 실망감 때문인 것 같기도 하다. 그렇다면 선교사와 교회가 좀 더 머리를 맞대고 연구하여 해결할 수는 없을까? 좀 더 많은 열매를 딸 수 있는 전략은 없을까? 나는 현장에 힘을 실어 주는

선교, 현지인들을 세우는 선교, 그리고 현지에서 일어나는 선교 세력과 함께 협력하는 선교가 이러한 질문들에 대한 해답이 될 수 있을 것으로 믿는다. 그것은 선교 지도력 개발에 대한 새로운 인식이 필요하다는 것을 의미한다. 결론적으로, '동역'이 이 문제를 해결해 주는 키워드가 될 수 있을 것이라는 생각으로 이 글을 시작하려고 한다.

우리의 선교 리더십 패턴은, 우리의 문화나 기질이 그렇게 만들었는지는 모르겠으나, 내가 반드시 주도해야 한다는 생각으로 가득 차 있는 것 같다. 나는 선교사가 사역을 시작할 때는 선교사의 헌신과 소명, 그리고 아이디어와 주도적 지도력이 필요하지만, 시간이 지나면 현지인들이 주인의식을 갖도록 만들어 주는 것이 선교사의 역할이라고 생각한다. 즉, 현지인들의 눈높이에서 그들이 할 수 있도록 만들어 주는 것이 좋은 선교 지도자의 역할인 것이다. 모든 것을 선교사가 챙겨주면 현지인들은 소극적이고 피동적인 사람들이 되지만, 그들에게 계속 맡기고, 지도하고, 할 수 있도록 모델을 제시하고 기다리면 반드시 성장하게 되어있다.

이러한 모델은 바울의 서신서에서 많이 찾아볼 수 있는데, 그는 동역자 정신을 가지고 세운 교회의 로컬 지도력을 우선시한다. 바울은 "나는 심었고 아볼로는 물을 주었으되 오직 하나님께서 자라나게 하셨나니(고전 3:6)"라고 말한다. 이것이 바로 동역 정신의 원천이다. 동역은 하나님과의 관계에서부터 나온다. 이 말씀에는 동역이 이루어질 때 비로소 하나님이 열매를 맺게 하신다는 약속이 숨겨져 있다. "그런즉

심는 이나 물 주는 이는 아무 것도 아니로되 오직 자라게 하시는 이는 하나님뿐이니라(고전 3:7)." 다시 말해 고린도전서 3장 6-7절은, 바울은 개척자인 선교사, 아볼로는 목회자, 그리고 하나님이 위에서 부어 주시는 축복으로 열매가 맺힌다는 삼위일체의 동역선교의 원리를 가르쳐 주고 있다.

어느 환경에서든 이러한 삼각관계가 이루어지면 열매는 반드시 맺히게 되어있다. 하나님을 제쳐 놓고 내가 만들어 내겠다는 생각이나, 다른 사람이 하는 것이 내 마음에 들지 않으니 내가 하는 것이 더 낫겠다는 '싱글 파이터'(single fighter)적인 생각은 하나님의 외면을 당할 뿐만 아니라 혼자서 허덕이는 선교가 되기 쉽다. 결국, 선교사는 쉽게 지치게 될 것이고, 그 사역은 열매 없는 나무가 될 가능성이 높다. 선교적 시너지는 하나님과의 동역자적 사고와 현지인들이 세워지도록 나의 열정을 쏟겠다는 결심과 실천에서 나오는 것이다.

나의 첫 번째 사역은 인도네시아 보르네오(Borneo)섬에서 이루어졌다. 1976년에는 한국 선교사가 몇 없는 시대였기에 나에게 롤 모델이 되어 줄 사람도 없었다. 맨땅에 헤딩하는 심정으로 하나님만 의지하고 나갔다. 실수가 많은 것은 물론이고 그에 따르는 고생 역시 많이 했지만, 더욱 낮은 곳으로 향해야 한다는 선교사로서의 결심과 실행 그리고 현지인들과의 대화 방법을 배움으로써 돈으로도 살 수 없는 값진 경험을 했다. 어려움 뒤에는 늘 배움이 숨겨져 있었다. 5년간의 한 팀(Term) 동안 정글에서 교회를 설립하는 일에만 전념하였다.

최근, 그곳에서 사역했던 한 사역자를 만나서 소식을 들었다. 48년이 지난 지금에도 우리가 설립 또는 관리했던 모든 교회가 건강하게 성장하고 있다는 소식을 들으면서, 하나님의 하시는 일은 시간이 흘러간 뒤에 나타난다는 것을 깨닫게 되었다. 두 번째 텀의 사역은 폰티아낙(Pontianak)이라는 도시에서 가까운 안중안 신학교(STT Akademi Teologia Indonesia)였다. 이 학교는 정글에 있는 많은 마을의 개척자를 세우기 위해서 그리고 세워진 교회들을 돌볼 사역자를 기르기 위한 곳이다. 수많은 학생이 인도네시아 전역에서 안중안 신학교로 와서 공부한다. 특히, 정글에서 온 학생들이 기숙사 생활로 함께 어울리면서 서로 영향을 주고받는다. 그런데 안타까운 것은 정글에서 온 학생들이 졸업 후에 정글로 돌아가기보다 도시로 가려고 한다는 소식을 들었다. '신학교의 본래 목적이 이루어지지 않고 있구나.' 하는 생각에 실망이 되었다. 그러나 다른 졸업생들이 도시 각 곳에서 좋은 역할을 하고 있다는 소식에 그나마 위안이 되었다.

안중안 신학교 사역이야말로 동역선교의 현장이라고 할 수 있다. 학교 운영은 나를 비롯하여 일본 및 독일 선교사들과 안성원 선교사, 한옥희 선교사, 그리고 김도예 선교사로 지금까지 이어져 오고 있다. 이와 같은 협력 선교를 통하여 40여 년을 지켜 주신 하나님께 감사할 뿐이다. 한편, 안중안 신학교에서 훈련을 받은 선교 지도자들이 선교의 열정을 불태우는 모습은 또 다른 차원의 기쁨이다. 협력 선교로 뿌려진 씨앗들이 열매를 맺어 2023년에 안중안 제자들이 주축이 되어 태국의 수도 방콕에서 모였다. 인도네시아 선교회 주최로 선교 컨퍼런스를 개최하였는데, 저들의 헌신하는 모습, 현지인들과 같이 살면서 협력하여 복음을 전하는 모습에 감동을 받지 않을 수 없었다. 분명 하나님께서 세워가시는 이 시대 선교의 새로운 세력이 되어가고 있다는 증거였다. 우리가 '선교지'라고 불렀던 곳이 '선교국'이 되어 가는 모습을 보면서, 하나님이 한때 우리를 사용하셨지만, 이제는 다국 선교 시대가 되었다는 생각이 들었다. 그렇다면 이제는 더 이상, 한 방향으로 선교의 바람이 불지 않는다는 것을 알 수 있다. 한 방향이 아닌 쌍방향 선교가 작동하고 있다는 것은 기존과는 다른 선교 전략의 변화가 필요하다는 것을 말한다. 이것이 바로 선교의 동역 시대를 열어야 한다는 나의 소신이다.

선교의 동역 시대는 '예수님이 계신 심령은 선교사이고, 예수님이 없는 심령은 선교지'라는 개념을 바탕으로 한다. 국가와 민족을 초월한 선교 운동이 일어나고 있는 상황에서, 손에 손을 잡고 어떻게 그물을 끌어 올릴 것인가 하는 전략이 필요한 때이다. 이 내용은 1976년부터 시작된 칼리만탄 정글에서의 교회설립과 안중안 신학교 설립의 이슈를 다룬 『정글 속에서 외친 복음의 메아리』란 책에 남겼다. 『현장을 세우는 동역선교의 여정』에서는 1990년부터 2006년까지 나의 세 번째와 네 번째 팀의 사역을 담았다. 나는 싱가포르에 베이스를 두고 싱가포르와 주변 국가를 오가며 지도력을 개발하는 것에 선교의 주안점을 두었다. 이 사역은 바이올라 대학교에서 연구한 선교 교육학(Intercultural Education)을 기조로 하였으며, 싱가포르에서 주력한 선교 지도자 교육, 바탐 신학원(BASOM) 설립, 말레이시아 성경학원 설립 등의 사역과 주변 국가들을 다니며 선교 지도력 개발에 힘썼던 이야기들을 담았다. 또한, 2000년부터 10여 년 동안 AMA의 사무총장으로서 세 곳(러시아 모스크바, 튀르키예 에베소, 그리고 인도네시아 자카르타)에서 아시아 선교 지도자들의 선교대회를 개최하는 일을 해 왔던 이야기들이 담겨 있다. 이 모임은 현지인 지도력 개발 및 국제적 협력 선교를 강조했던 모임으로 선교 사역의 새로운 지평을 마련하려는 노력이었다. 이 책의 목적은 현대 선교의 플랫폼에서 현지 지도자들이 사역의 주체가 되도록 하는 방향으로 움직여야 한다는 것을 강조하고, 다국적 선교 시대를 맞이하여 동역이 선교의 동력을 창출해 냄을 말하는 데 있다. 이를 통해 초문화권 리더십의 새로운 지평을 열고자 한다.

기독교는 유럽을 비롯하여 북미 등을 포함한 지구 북반부에서 시작되었지만, 이제는 지구 남반부(Global South)로 옮겨지고 있다. 남반부의 교회에 큰 부흥은 선교로 이어지고 있다. 남반부의 부흥된 세력이 약해진 북반부의 기독교에 도전적으로 다가가고 있다. 이제 부흥한 남반부 기독교 세력이 약해진 북반부 기독교와 힘을 합칠 수 있다면 동역이라는 깃발 아래 '함께 선교'가 가능하게 될 것이다. 복음의 확장이 현지 지도력 개발을 통해서 더욱 **빠르게** 진행된다면, 한국 선교의 새로운 지평을 열게 될 것이다. 무엇보다 이 비전은 '우리는 하나님의 동역자들'이라는 마음에서 나오게 될 것이라고 확신한다.

2025년 7월
미국 조지아주에서 이은무 선교사

목차

추천의 글 1 Wan Chee Wan 4
추천의 글 2 Emmanuel Sudhir Isaiah 6
추천의 글 3 Erwin Ong See Meng 8

들어가는 말   10

제1장 킹덤 마인드 동역정신   21
    하나님 나라와 선교   26
    킹덤 마인드의 선각자들   29
    동역선교 친구들   33
    동역선교 리더십   37
    선교지에서 찾을 수 있는 자원들   41
    하나님이 사용하시는 권력   44
    선교지 중심의 선교단체   48

제2장 지금은 동역선교 시대   53
    "우리는 하나님의 동역자들"   57
    동역 정신을 깨우치다   60
    변화하는 선교 환경   63
    현대 선교의 새로운 패러다임   66
    전략 있는 선교   70
    한국 선교 운동에서 현지 선교 운동으로   74
    동역(同役)은 선교의 동력(動力)   77
    자생적 선교의 비전   82

A Journey of Mission Partnership for National Initiatives

선교지 중심의 교육 운동	86
제자를 삼는 제자	90
목회자 재교육 프로그램	93

제3장 맞춤형 동역선교사 … 97

선교지 맞춤형 선교사	101
도시선교로 가는 길	105
민족주의의 도전	109
현지 지도력 개발 선교	113
싱가포르의 사역적 의미	116
싱가포르, 선교 훈련의 허브로	121
대상자에게 맞춘 선교	124
자비량 교육선교	128
다양성을 배우는 MK 교육	132

제4장 현장화 된 교육선교 … 137

상황에 맞춘 교육 프로그램	141
한 사람의 소중한 지도자	146
가르치는 선교의 열정	148
삶을 통한 교육	152
모델링을 통한 교육	156
경험을 통해 배우는 교육	160
전통에서 배우는 사람들	164

시행착오로 배우는 교육	167
교육은 문화의 전수(傳受)	171

제5장 흩어진 선교 자원 개발   175

인도네시아 교역자 재교육	179
서부 티모르의 부흥	183
뻐깐바루의 청년들	187
나의 이웃 말레이시아	190
베트남의 지하 신학교	194
미얀마 선교의 가능성	197
캄보디아에 열린 선교의 문	201
인도의 선교적 잠재력	205
불교국 스리랑카 선교	209
모스크바의 복음의 기회	213

제6장 지도력 네트워크   217

개척 선교 지도력	220
현장 중심의 선교훈련원	224
아시아의 선교 잠재력(AMA 조직)	228
공산국가에서 열린 AMA 선교대회	231
모슬렘 심장에서 열린 AMA 선교대회	235
인도네시아의 AMA 선교대회	240
'4/14 윈도우'에 대한 개념	244
미주 선교 운동 KIMNET의 의미	249

A Journey of Mission Partnership for National Initiatives

제7장 선교의 종착역   253
    평신도 신학원 설립 비전   257
    기도로 만들어 내는 프로젝트   261
    리서치로 시작되는 선교 프로젝트   265
    "바탐에서 땅끝까지"   268
    현지에서 동역자 찾기   272
    "말레이시아로 건너오라"   275
    말레이시아 선교를 위한 팀 구성   278
    말레이시아 복음화 전략   281

제8장 지속적 관계 설정   287
    자립정신을 일깨우며   290
    나의 비(非)거주 선교   294
    선교사의 재정 관리   297
    씨를 심을 때와 걷을 때   301
    한인교회의 선교적 사명   305
    선교지와 연결된 삶   309

마지막에 서서   313

제1장

킹덤 마인드 동역정신
[동역적 사고]

A Journey of Mission Partnership for National Initiatives

동역은 킹덤 마인드에서 비롯된다. 만일, 우리 사역에 하나님 나라에 대한 개념이 없다면 우리는 각자 내 일만을 고집하게 될 것이다. 하나님은 각 사람에게 부담과 사명을 주셨다. 어떤 이들은 목회를 잘하면 하나님의 나라가 이루어지는 것이라 생각하고, 어떤 이는 가르치는 일로 또 어떤 이는 선교사로 헌신함으로써 각자의 사명을 가지고 충성을 한다. 이것이 바로 하나님 나라 일의 한 부분을 감당하고 있다고 믿는 것이다.

사실 그 생각이 맞는 것 같다. 여기서 킹덤 마인드를 좀 더 면밀하게 살펴보자면, 킹덤 마인드는 다른 사람들이 하는 일에 관심을 가지고 지원하는 일, 다른 사람들이 하는 사역에 피해 끼치지 않으려는 마음, 하나님의 공동체로서 또는 주님의 몸의 지체로서 힘을 보탠다는 생각이라고 할 수 있다. 혼자 할 수 있는 일이지만 같이 할 때 더욱 아름답게 시너지 효과를 낼 수 있다는 생각이야말로 하나님의 입장에서 생각하는 거룩한 마음이 아니겠는가? 이러한 마음만 있으면 갈등과 견제 그리고 경쟁은 있을 수 없을 것이다. 그러나 현실은 그렇지 못하다. 우리는 가끔 상호 간 갈등을 빚기도 하고, 교회나 신학교 그리고 선교가 마치 비즈니스가 되어 살아가기 위한 수단으로 변질되는 것을 보는데, 그것은 참으로 불행한 일이 아닐 수 없다. 사역의 목적이 하나님 나라 발전을 위한 것이라면 그 동기가 가식이나 거짓이 없는 거룩한 마음에서 나와야 할 것이고, 나의 욕심보다 하나님의 일에 우선해야 할 것이다. '하나님 나라'라는 말은 헬라어로 '바실레이아 투 데우'(Βασιλεία τοῦ Θεοῦ)라고 하는데, 이는 '천국', '하늘나라', '하나님 나라'로 번역되었다. '하나님 나라', 곧 천국은 성경의 중심 사상이다. 하나님 나라는 하나님의 직접적인 통치를 뜻하는 나라이며, 예수님이 이 땅 가운데 오셔서 선포하시고 가르치신 복음의 핵심이기도 하다. 예수님은 "너희는 먼저 그의 나라와 그의 의를 구하라(마 6:33)."고 말씀하시며 하나님 나라의 복음을 선포하셨다. 그리고 주님이 가르쳐 주신 기도문에서 "나라가 임하시오며"라고 하신 말씀은 주님의 오신 목적인 주님의 나라가 이 땅에 이루어지는 것이라는 의미이다.

'하나님 나라'에 대한 복음의 시작은 구약성경이다. 신약신학 주석학 교수였던 조지 래드(George Eldon Ladd, 1911~1982, 미국)에 따르면 "하나님 나라의 출발점은 영원하신 하나님께서 인간에 대한 그분의 목적을 이스라엘이라는 하나님이 선택한 민족을 통해 이루시는 것으로부터 시작됐다." 살아 계신 하나님께서 '인간 구원의 역사'를 완성하실 것이라는 기대이다. 이와 같은 소망은 하나님 자신이 구약의 예언자들에게 계시한 구약성경에 그 근거를 두고 있다. 한편, 성서신학자 존 브라이트(John Bright, 1908~1985, 미국)는 "도래하는 하나님 나라를 기다리는 사상은 구약성서의 신적 계시와 신앙의 대망 가운데 깊이 잠재해 있었다."고 강조한다. 이스라엘의 구원을 향한 이러한 대망은 곧 하나님이 왕이시라는 고백에 근거해, 하나님은 좀 더 강하고 종말론적인 의미에서의 왕이 될 것이라는 대망 사상으로 연결되었다.

특히, 구약성경에 나타나는 하나님의 통치와 메시아 대망 사상은 예수님이 선포하신 하나님 나라의 근거로 작용한다. 구약의 예언자들은 하나님의 백성들이 평화롭게 살게 될 날이 올 것이라고 선포했다. 평화의 그 날이 오면 모든 인간적인 갈등이나 사회적인 문제가 없고, 악도 더 이상 존재하지 않을 것이라고 믿었다. '하나님 나라'에 대한 이와 같은 묵시와 예언은 메시아이신 예수님으로 인해 성취되었다. 마태는 "이때부터 예수께서 비로소 전파하여 이르시되 회개하라 천국이 가까이 왔느니라 하시더라(마 4:17)."고 기록했다. 예수님도 다양한 사역과 비유를 통해 하나님 나라를 가르치셨다. "하나님의 나라는 먹는 것과 마시는 것이 아니요 오직 성령 안에 있는 의와 평강과 희락이라(롬 14:17)." 이 말씀은 하나님 나라를 현재 각자가 경험할 수 있는 영적 실체로 기록하고 있다.

또한, 하나님 나라는 예수님께서 재림하실 때 하나님의 백성들에게 부여되는 유업이기도 하다. 조지 래드는 하나님 나라는 현재적 실체이면서(마 12:28), 미래적 축복(고전 15:50), 다시 태어난 자들만이 경험할 수 있는(요 3:3) 영적인 내적 축복이면서(롬 14:17) 이 세상 나라의 통치(계 11:15)와도 관련이 있다고 말한다. 또한, 사람들이 실제로 들어갈 수 있는 현재적 영역이면서도 나중에 들어갈 수 있는 미래적 영역(마 8:11),

믿는 자에게 상속되는 미래적 축복의 나라이면서(눅 12:32), 현재에 믿는 자들이 누릴 수 있는 나라(막 10:15)라고 강조한다. 우리는 하늘나라의 시민으로서, 하나님의 자녀로서 또는 하나님 나라의 제사장직을 맡은 자로서 이 나라에 대해 응당 관심을 가져야 하며, 이 나라를 위해 부르심을 받은 자들이라는 생각을 가져야 한다. 하나님 나라에 대한 생각, 즉 킹덤 마인드를 소유하고 있는 사람이라면 이 나라를 해치는 일은 목숨을 걸고 막는 것이 삶의 최고의 가치가 될 것이다.

하나님 나라와 선교

예수님이 가르치신 기도의 "나라가 임하시오며"라는 말은 우리가 날마다 기대하고 기도해야 할 제목이 무엇인지 가르쳐 준다. 주님의 나라가 나에게, 우리 가정에, 우리 사회에, 우리가 살고 있는 국가에 임하기를 기도해야 한다는 의미이다. 이것은 주님의 임재를 뜻하며, 샬롬(Shalom)이 만들어짐을 의미한다. 예수님께서 전하신 말씀의 핵심은 천국 복음이다. 요한은 "회개하라 천국이 가까이 왔느니라(마 3:2)." 전파하면서 천국의 왕이신 메시아, 즉 예수님의 도래를 선포하였다. 하나님 나라가 지상에 도래한다는 것은 하나님 나라의 건설이 인간의 나라를 말하는 것이 아니라 하나님의 주권적 구조라는 것을 뜻한다. 즉, 그 나라 완성의 주체는 언제나 하나님이시고 하나님 나라 자체인 것이다. 선교의 방법은 하나님 나라 확장을 위한 도구이어야 한다. 그리고 선교사들의 중심 메시지는 바로 예수님께서 외치신 천국 복음을 스스로 경험하여 나타낸 복음이어야 한다. 그럴 때 능력이 나타난다. 요한복음 4장에서 사마리아 여인이 확신에 찬 메시지로 자기 동래의 주민들을 주께로 인도할 수 있었던 동력은 그녀가 바로 예수님을 메시아로 만난 경험적 복음을 소유하였기 때문이다. 이 복음은 바울이 유대인이나 사마리아인이나 이방인 할 것 없이 오직 인간의 죄 문제의 해결 방법이 예수 그리스도의 피로서만 가능하다고 외친 것이다(롬 3:22). 하나님의 나라를 소유할 수 있는 자격은 누구에게나 주어지지만, 그 방법에 있어서만큼은 '오직 믿음의 법(롬 3:27)'으로만 가능하다.

하나님의 의가 모든 인간에게 초월 되었다면 우리의 선교적 생각도 하나님의 나라, 즉 주님의 나라 섬김으로 하나 되어야 하지 않을까? 우리의 선교가 지나치게 교파 주의적 선교에 빠지다 보면 하나님의 나라는 실종될 수밖에 없다. 뿐만 아니라, 고귀한 선교 자원들이 교파적 편 가르기에 소비되다 보면 하나님의 나라보다 자신이 속한 교파를 위한 편파적 복음이 전해지게 될 수도 있다. 하나의 신학교 옆에 교단이 다르다는 이유로 또 신학교를 세우고 서로가 경쟁하는 모습, 네 교회 내 교회 하는 선교사들의 경쟁적 자세는 하나님 나라 발전에 저해될 수밖에 없을 것이다. 그러므로 하나님 나라 선교는 서로가 경쟁(Competition)의 대상이 아니라 협력(Cooperation)의 대상이 되어야 한다. 몸의 지체들이 서로 누가 더 중요한지 싸울 것이 아니라, 서로가 서로를 필요한 존재로 인식하고 내가 못하는 일을 다른 사람이 할 때는 박수를 치며 성공을 빌어야 할 것이다. 그것이 하나님 나라가 발전하는 방법이다. 바울은 로마서 14장 17절에서 하나님 나라에 관해 이렇게 말씀한다. "성령 안에 있는 의와 평강과 희락이라." 또한, 바울은 우리 가운데 시기와 분쟁이 가득 차 있다면 그것은 하나님 나라를 섬기는 자세가 아니라 육에 속한 자세라고 말한다. "나는 바울에게라 하고 다른 이는 나는 아볼로에게라 하니 너희가 육의 사람이 아니리요(고전 3:4)." 우리가 세상과 다른 것은 바로 하나님 나라 정신을 가진 사람들이라는 것이다. 하나님 나라의 시민이라면 더욱 하나님의 영광을 선포하고 겸손한 자세로 서로를 낫게 여기며 사역해 나가는 것이 바른 자세가 아니겠는가!

그래서 복음은 초월적 복음이 되는 것이다. 민족을 구분하지 않는 복음, 문화와 언어를 초월하는 복음, 그리고 복음의 진수는 흐리지 않되 전파 방법은 자유와 상호 용납하는 자세가 필요하다. 결국, 복음으로 하나 되고 하나님 나라의 시민으로서 정체성을 가진 자들이 되어야 한다. 하나님 나라는 국가를 초월해서 존재한다. 모든 국민은 자국의 정치적 시스템에 소속되며 그 시스템 안에서 충성을 다 해야 한다. 그리스도인들이라면 우리의 영원한 집, 영원한 나라인 하나님 나라와 영원히 변하지 않는 우리의 왕이신 예수님에 대한 경애심과 그의 명령에 순종하는 마음을 가져야 한다. 이는 지상의 그 어느 나라에 대한 충성심보다 우선시 되어야 할 것이다. 주님은 "너희는 먼저 그의 나라와 그의 의를 구하라(마 6:33)."고 하셨다. 이 말씀은 하나님 나라의 가치가 세상의 그 어느 가치보다 귀중하고 우선 되어야 할 가치라는 의미이다. 선교는 하나님 나라의 일이고, 선교사는 섬기는 나라가 발전하도록 축복하고 돕는 자세를 가져야 한다. 비록 이스라엘 백성들은 바벨론에 잡혀 온 포로의 삶이었지만, 하나님은 저들에게 현장에서 뿌리를 내리고 그 나라를 위해 평안을 빌라고 하셨다(렘 29:5-10).

이제, 한국 선교는 하나님 나라를 중심으로 더욱 하나 되는 성숙한 모습을 보일 때가 되었다. 자원 고갈의 시대에 상호 간 갈등 구조에서 협력 구조로 변화하여 힘의 축적을 꾀할 필요가 있다. 가능한 모든 자원을 동원하여 우리의 싸움의 대상이 마귀임을 깨닫고 마지막 시대의 선교를 이끌어 나가야 한다. 교파 간의 갈등, 교리적 갈등, 지방적 갈등은 쉽게 해소될 수 없는 요소들이지만, "핵심에는 통일을, 비핵심에는 자유를 그리고 모든 것에는 사랑을!"이라는 외침이 있듯이 기본적으로 믿는 구원의 도리로 똘똘 뭉쳐야 할 때이다. 이것만이 우리가 살 수 있는 길, 기독교가 힘을 모을 수 있는 길이라고 생각한다. 더 큰 문제는 우리의 영적 게으름, 자기중심의 신앙생활, 세속적인 마인드와 같은 것이다. 나는 신앙의 장애물들을 제거하는 것이 현시대를 사는 우리의 책무라고 생각한다. 더욱이 세력화되는 타 종교가 공격을 날로 더 하고 있기에 우기가 힘을 합쳐야만, 동역이 이루어야만 살아남을 수 있다. 결국, 모든 선교사는 '지금은 동역 시대'임을 선언해야 한다.

킹덤 마인드의 선각자들

요나는 선교사로서 좋은 모델은 아니다. 그러나 성경은 예수님을 선지자 요나의 고난에 비유했다. 물고기 뱃속에서 보낸 고난의 3일이 예수님의 무덤에서의 3일이라고 비유했다. 요나의 선교 훈련은 너무나 혹독했다. 그러나 요나는 자신의 괴로움을 통하여 거듭났고, 그가 외친 능력의 메시지에 니느웨라는 거대한 성안에 있는 평민으로부터 임금까지 회개하는 놀라운 역사가 일어났다. 그럼에도 요나의 마음이 탐탁지 않았던 것은 요나 자신이 하나님의 마음을 이해할 수 없었다는 것이다. 공의로우신 하나님이 왜 하나님을 배반하고 악을 행하는 백성들, 하나님의 원수들에게 저주가 아니라 축복을 하시냐는 것이다. 어떻게 보면 요나의 마음은 하나님을 위한 마음 같아 보인다. 그러나 요나서의 결론은 인간의 마음과 하나님의 마음은 하늘과 땅 차이라는 것을 말해준다. "이 큰 성 니느웨에는 좌우를 분변하지 못하는 자가 십이만여 명이요 가축도 많이 있으니 내가 어찌 아끼지 아니하겠느냐(욘 4:11)." 사랑에 눈이 먼 하나님 앞에서 우리가 얼마나 얕은 사랑을 가지고 주님의 사랑을 가늠했는지 알 수 있는 말씀이다. 아가페 사랑의 주님께 무조건적 순종만이 우리의 모습이어야 할 것이다. 그다음은 하나님이 하실 일이다. "각기 악한 길과 손으로 행한 강포에서 떠날 것이라(욘 3:8)." 하나님의 놀라운 회개의 역사가 일어나는 것이다.

이러한 하나님의 마음을 갖는 것이 '킹덤 마인드'이다. 하나님의 주권으로 다스림을 받는 백성들의 마음을 말한다. 선교 지도력은 바로 킹덤 마인드에서 시작되어야 한다. 킹덤 마인드를 지닌 사람은 현장에서 같이 일할 사람을 찾는 것, 문화의 적응 능력, 교파적인 문제, 빈부의 차를 해결할 수 있다. 하나님의 사랑은 모든 것을 해결해 주며, 요나의 부족은 하나님의 풍성한 사랑이 가려주었다. 요나 같은 우리에게도 그 넉넉한 사랑이 필요하다. 하나님의 절대적인 주권을 인정하는 것, 하나님이 행하시는 주권에 순복하는 것이 내가 좋은 지도자가 되는 방법이다.

선교사는 하나님 나라 발전을 위해 부름을 받은 자이다. 그렇다면 같은 부름을 받은 동역자들과 함께 시너지 효과를 만들어 내고 그 결과 또한 볼 수 있을 것이다. 그 누구도 이 사역의 주인이 될 수 없다. 모두가 이 일을 시켜 주신 이의 종일 뿐이다. 주인은 오직 예수님 밖에는 존재하지 않는다. 이러한 생각은 협력은 물론이거니와, 기꺼운 마음으로 자신의 사역을 물려 줄 수 있는 여유, 후배들을 챙겨줄 수 있는 여유, 그리고 현지인들이 잘될 수 있도록 최선을 다하는 여유를 만들어 낼 것이다. 하나님은 이러한 마음을 가진 자들과 같이 일하시기를 원하신다. 사역이 길든지 짧든지 관계없이 사역의 질은 높아지고 결실은 맺히게 되어있다.

주님의 일을 하면서 경쟁하는 것은 무모한 짓이다. 사역의 발전을 위해 전략적 모델을 찾거나 목표를 세우는 것은 중요하다. 그러나 교파가 다르다고 경쟁을 한다든지, 자신이 승리하겠다는 승부의식이나, 후원하는 사람들을 의식해서 경쟁하는 것은 아주 어리석은 일이다. 다른 사람이 잘 되면 박수를 쳐 주고, 나보다 나은 은사를 가지고 있는 이에게는 양보하면서 나를 대신해 주는 것을 축복해 주는 인격은 선교사들이 가져야 할 가장 귀한 덕목이라고 생각한다. 한국에 초창기에 온 선교사들은 소위 '지역분할정책'이라는 것을 수행했다. 1893년, 한국에 선교사가 본격적으로 입국한 지 불과 몇 년 안 되는 초기에 선교단체 간의 불필요한 대립과 경쟁을 막고 인적, 재정적 낭비를 최소화하자는 취지에서 시행되었다. 처음에는 미국 북장로교회와 북감리회 선교부 간의 선교지 분담 협의가 이루어졌다. 1909년에는 '지역분담협정위원회'가 만들어졌다. 주한 미국 북장로교회, 미국 남장로교회, 호주 장로교회, 캐나다 장로교회 등 4개의 장로교와 남감리회 등 2개 감리교 선교부가 이 협정을 체결하였다. 함경도(캐나다 장로교회), 평안도(미국 북장로교회), 강원도와 경기도 일부(미국 남감리교회), 경기 일부와 충청도(미국 북감리교회), 전라도(미국 남장로교회), 경상북도(미국 북장로교회), 그리고 경상남도(호주 장로교회)로 나누어 포교 협정을 맺었다. 교파를 초월해서 서로 경쟁이 아니라 자신들에게 맡겨진 지역의 복음화를 위해 상호 협조하자는 킹덤 마인드, 즉 한국 반도의 복음화만을 위한 생각이었다. 한국교회가 축복을 받게 된 것은 초창기 선교 지도자들의 하나 된 마음과 그 마음으로 걸어간 사역의 걸음 덕분이다. 우리는 이러한 축복 된 선교 역사를 가지고 있으면서도 '왜 배우지 못하는가?', '왜 답습하지 못하는가?' 하는 아쉬운 생각이 든다.

동역선교는 같이 걸어주는 것이다. 현지인들과 같이 걸어주는 모습은 어떤 모습인가? 일단, 자신이 가지고 있는 경험과 기술은 접어 두어야 한다. 예수님이 선교 대상을 갈릴리 사람으로 정하셨을 때 어떤 자세로 임하셨을까? 열두 살 때 성전에서 랍비들과 '듣기도' 하고 '묻기도' 하셨던 그 수준, 누가복음의 저자가 말하는 듣는 자가 다 그 지혜와 대답을 놀랍게 여기는 지식의 수준을 완전히 내려놓으셨다. 낮은 수준의 대중들 속에 깊숙이 들어가 같이 살며, 대화하며, 저들의 필요를 채워주며 사역을 이끌어 나가시는 모습이 곧 저들과 같이 걷는 모습일 것이다. 이를 위해서는 인내, 끈기, 겸손, 상대방에 대한 이해와 배려, 그리고 절제된 언어 등 많은 것들이 필요하다. 이 모든 것에 최고로 모범을 보여주신 분이 바로 예수님이시다. 예수님을 '인류의 가장 위대한 교육자'라고 부르는 이유는 바로 피교육자에게 맞춘 교육자의 자세 때문이다. 이제, 우리 한국 선교는 예수님이 보여주신 킹덤 마인드로 천국 복음을 들고 나가야 한다. 그럴 때라야 어려운 선교 현장에서 승산을 기대해 볼 수 있을 것이다.

동역선교 친구들

어느 날, '하나님 나라 중심의 리더십'이란 제목으로 아침 Q.T를 하며 깨달았다. 하나님의 일은 근본적으로 하나님의 나라 발전을 위해 존재하는 것이고, 이 사역을 감당하는 사람들이 모두 같은 마음을 가져야 하나님 나라 중심의 리더십이 형성된다. 경쟁적인 마음으로 사역하는 것은 하나님의 뜻이 아니다. 교회도 마찬가지이지만, 선교 프로젝트를 경쟁적으로 수행하고 있다면 그것은 하나님 나라 사역이라고 말할 수 없다. 하나님 나라 중심 리더십이 경쟁이 아니라 협력이어야 하는 이유는, 모두가 하나님의 백성이고 하나님의 일을 맡은 사람은 동역자여야 하기 때문이다. 만일, 경쟁적으로 임한다면 그것은 세상 사람들의 모습과 전혀 다를 것이 없다. 경쟁의 뒷면에는 원망과 미움이 도사리고 있다는 것을 알아야 한다. 그것이 겉으로 나타나는 것이 갈등 구조이다. "맡은 자들에게 구할 것은 충성이니라(고전 4:2)." 이 말씀은 우리의 자세는 맡겨진 일에서 주님만을 생각하고 충성하며 앞만 바라보고 가라는 의미이다. 충성과 함께 타인에 대한 간섭이 아닌 연결고리를 맺어감으로 서로가 서로에게 격려와 힘을 제공해 줄 수 있다.

바울의 리더십은 동역 리더십이다. 바울은 동역자를 귀하여 여겼다. 로마서 16장에 언급되는 이름들을 기억하면서 기도하는 일은 물론, 어디를 가든 어떤 상황에 처하든 그들에게 안부를 전했고, 그들과의 동역의 기쁨을 가지고 있었다. 바울은 동역자들을 마치 친척처럼, 친구처럼 생각한 흔적이 성경 곳곳에 많다. 동역자인 브리스가와 아굴라는 바울의 목숨을 위하여 자기들의 목숨까지까지 내놓은 사람들이고(롬 16:4), 루포의 어머니는 곧 자신의 어머니(롬 16:13)라고 했다. 이 얼마나 정감 있는 표현인가! 바울은 디모데를 '아들'이라고 부르기도 했고 또 여성들에게 공손하고 예의를 갖추어 대하라고 조언했다(딤전 5:2). 이처럼 동역자란 가족 같은 사람들이자 친구 같은 관계이다. 우리는 하나님 나라의 시민으로서 또 함께 일하는 사람들로서 특권을 가진 사람들이기에 사랑과 사명이 기초가 되는 관계를 맺어야 한다.

나는 인도네시아에서나 싱가포르에서 사역에 임할 때 협력 정신을 바탕으로 하려고 노력했다. 나보다 다른 사람을 배려하고, 다른 사람이 나보다 잘하면 더 잘할 수 있도록 도와주는 것이 바로 협력 정신이자 하나님 나라 정신이라고 생각을 했기 때문이다. 동역이란 더도 말고, 덜도 말고 친구 같은 관계라고 믿어왔다. 때문에, 친구를 깊이 사귀는 것은 이러한 정신을 돕는 자원이라고 생각했다.

내가 싱가포르에 파송되었을 때, 조나단 제임스(Jonathan James)라는 친구와 같이 일을 하게 되었다. 그는 인도사람으로서 싱가포르에서 아시아의 빌리 그레이엄이라 불리는 GD 제임스(GD James)의 아들이다. 그와의 동역은 KIM(Korean International Mission) 조동진 목사님의 소개로 이루어진 협력 사역이었다. KIM 선교회와 PWM(Partners for World Mission)이 분리되면서 그와의 동역은 2만에 끝났지만 우리는 계속 친분을 이어갔다. 그 후, 사귀게 된 다른 친구는 중국계 네오 방 잇(Neo Ban It) 목사이다. 그는 우리 집 근처에 있었던 자신의 사무실을 무상으로 내주었고 우리는 그곳을 수년 동안 사용했다. 나에게는 정말 귀한 친구이다. 그곳에 PWM 국제본부 사무실을 개설하고 기도회를 개최하며 동남아시아 선교 센터로서 역할을 감당할 수 있었다. 네오 목사는 바탐 신학교를 설립하면서 교수진으로 활동했을 뿐만 아니라, 싱가포르에 한국 선교단체 최초로 'PWM Singapore'란 이름의 비영리 단체를 싱가포르 정부에 등록할 수 있도록 도와주었다. 나는 네오 목사를 하나님께서 주신 동역자라고 생각을 하고 그에게 이사장직을 맡겼고, PWM 선교회가 한국 선교회가 아닌 싱가포르 선교회로 탈바꿈하도록 만들었다.

싱가포르에서 사역할 때, 늘 중점을 두어 생각해 왔던 두 가지 중요한 사역이 있다. 첫 번째는 싱가포르에서의 교육 사역, 두 번째는 동남아시아 국가들을 방문하여 지도력을 개발하는 사역이다. 하나님께서 중국계 완치완(Wan Chee Wan) 목사와 치과의사인 닥터 심(Dr. Shim)을 알게 하셨다. 이들은 내가 인도네시아에서 안중안 신학교를 운영할 때 방문했던 분들로서, 그 후에 계속해서 교제를 나누었다. 특히, 닥터 심은 내가 싱가포르에 계속 머물 수 있도록 그의 선교단체를 통해서 비자 수속을 해 주었고 아니라 나의 치아를 무료로 치료해 준 고마운 분이다. 완치완 목사는 나와 함께 수년 동안 동남아 여러 국가를 다니며 지도자 교육과 세미나를 개최하는 데 도움을 주었다. 그 외에도 하나님께서는 우리와 보조를 같이할 수 있는 단곡뱅(Tan Kok Beng), 수디르 이사야(Sudhir Isaiah), 그리고 미국 선교사 데이빗 브로함(David Brougham) 목사 부부 등을 보내주셨다. 이들은 나의 좋은 멘토이자 내가 세운 인도네시아 바탐 신학교에서 강의로 도운 귀한 분들이다. 이제 시간이 흘러서 주님 품에 안긴 분들도 있고, 타지로 이사를 한 분들도 있다. 그러나 내 머릿속에는 함께한 추억과 동역의 기쁨을 누렸던 기억이 늘 남아 있다. 나는 한국인들과 사귐보다 타국인과의 사귐을 더 자연스럽게 느끼는 편이다. 그 이유는 선교는 현지인들과의 관계 속에서 이루어져야 하는 사역이기 때문이다. 현지인들과의 사귐은 국가를 초월하여 존재하는 절대 놓칠 수 없는 동역 정신에서 나온 것이다. 그들을 통해서 현장에 관한 많은 정보를 얻을 수 있다. 그리고 현지인들이 선교사보다 더 좋은 선교적 결실을 맺는 경우가 많다. 또한, 한국인들 간에 있을 수 있는 갈등이 현지인들과의 사이에는 없는 경우가 많다는 것도 이유가 된다. 현지인들은 선교사의 학력 배경, 지방색, 교파에 대한 개념이 없기에 선입관을 가지고 선교사들을 대하지 않는다. 오히려 그러한 배경을 알지 못하기에 선교사들을 귀하게 여기고 외국인으로서 존경하며 선교사의 헌신에 대해 높은 평가를 한다. 이런 이유로 나는 많은 현지인과의 관계를 계속 유지해 왔다. 좋은 동역 친구를 만난다는 것은 큰 축복이요, 저들의 도움으로 사역의 질을 높일 수 있었던 것도 축복이 아닐 수 없다.

동역선교 리더십

초문화권의 리더십의 개념은 일반 리더십과 같을 수가 없다. 문화가 다르다는 것은 리더십의 패턴이 다르다는 것을 말한다. 한국에 온 초창기 선교사들은 한국의 '권위주의적 리더십'에 적응하느라 상당한 어려움을 당했을 것이다. 서구의 수평적인 리더십 환경에서 자라온 저들에게 가정, 정치, 사회 제도 속에 깊숙이 잠재해 있는 한국의 수직적 리더십이 얼마나 낯설었겠는가. 나이로 서열을 따지고, 학력으로 사람들을 평가하고, 양반과 상놈을 가리는 한국 유교 문화에 적응하느라 무한 어려움을 당했을 것이다. 이제, 세계 문화가 서구화되면서 리더십의 패턴도 점차 바뀌어 가고 있다. 민주주의가 뿌리를 내리면서 사람들은 모두가 평등을 외치고 있다. 옛날같이 초문화권적 리더십에 적응하기 위해 당했던 어려움은 많이 줄었지만, 선교사들 중에는 선교 현장에 그 뿌리가 남아 있음을 경험하는 이들도 있다. 구약과 신약을 통틀어 보면 유대인의 리더십 패턴이 그대로 표현되어 있다. 구약에서 하나님을 모르는 임금들의 리더십 행태를 보면, 대단한 권위주의를 행사하고, 왕의 명령이면 모든 것이 가능한 절대적 권위를 가지고 있다. 그러나 하나님을 경외하는 다윗 왕의 경우는 그런 권위를 절대 사용하지 않는다. 다윗은 하나님에 대한 경외는 물론 늘 복종하는 태도와 함께 넘치는 영적 카리스마로 지도력을 행사한다. 그러면서 적군을 물리치고 이스라엘의 영토를 확장하는 모습은 눈에 띄는 장면이다. 신약에서 예수님의 리더십은 약한 자에게는 약하고 부드럽게 다가가 문제를 해결해 주시고 위로하신다. 그러나 강한 자들(바리새인이나 유대교 지도자들)에게는 강하게 대하신 것을 보면서 성경적 리더십은 역시 '섬김의 리더십'이면서도 마귀의 접근에 대해서는 단호한 모습을 보이는 것이 올바른 리더십이라고 생각된다. 그러면 동역적 리더십은 어떠한 형태이어야 할 것인가?

싱가포르의 정치 리더십을 보면 서방이나 한국과는 또 다른 모습이다. 싱가포르는 민주주의가 발달 된 곳이 아니다. 한 수상이 수십 년 동안 수상직을 이어가고 있고, 세습으로 대를 이어가고 있으나 북한식의 세습은 아니다. 그러나 우리가 흔히 말하는 민주주의 모델 역시 아니다. 싱가포르는 도시국가에다 인구가 적다. 중국 사람들의 특징이라고 할 수 있는 경제를 삶의 최고의 가치로 여기다 보니 정치에는 관심이 없는 편이다. 국부인 리콴유(李光耀) 수상의 검소함과 국민을 섬기는 모습이 긍정적으로 인식되어 그의 아들 리센룽(李顯龍)이 세습하여 집권을 이어갔지만, 국민의 불만을 크게 사지 않았다. 1963년 독립 이후, 1994~2004년에 고촉통이 수상으로 14년 재임한 기간을 제외하면, 리콴유 수상 부자가 60여 년간(1990~2004년) 집권했다. 최근에 로렌스 웡(Lawrence Wong)이 4대 수상으로 취임하였다. 싱가포르는 사회주의를 모방하고 있지만, 공산주의 국가의 사회주의 형태와는 거리가 멀다.

선교 리더십은 성경적 리더십에 바탕을 두어야 한다. 성경적 리더십은 예수님이 보여주신 '섬김의 리더십'이어야 한다. 한편, 선교 리더십은 동역의 리더십이 되어야 한다. 동역 리더십이란 한 목적을 향하여 가는 사람들이 분란 없이 목표 지향적으로 화합을 중요시하며 만들어가는 지도력을 말한다. 바울은 이와 같은 지도력을 우리의 몸에 비유했다. "몸 가운데서 분쟁이 없고 오직 여러 지체가 서로 같이 돌보게 하셨느니라(고전 12:25)." "너희는 그리스도의 몸이요 지체의 각 부분이라(고전 12:27)." 주님이 우리의 머리이시고 우리는 그 몸의 지체이다. 선교는 하나님 나라를 섬기는 자들의 모임이고 사역이다. 그렇다면 동역은 자연스럽게 따라와야 하는 사역의 패턴이고 자세이다. 바울은 하나님과 자신, 자신과 타인의 관계를 형성하면서 사역에 임하면 풍성한 열매는 따라온다고 생각했다. 하나님과 자신의 관계가 원만하면 자연스럽게 동료 간의 관계 또한 원만해질 수밖에 없다. 우리 모두 하나님 나라의 일꾼으로 부름을 받았기에 이 원리를 적용하지 않으면 안 된다.

물론, 인간은 경쟁 사회에서 살아가기 때문에 갈등이란 늘 존재하기 마련이다. 특별히 한국은 일제 강점기와 한국 전쟁을 거치면서, 현재도 적들과 대치 상황에 있다. 한 세기 동안 우리는 '전쟁 문화'에 놓였고, 이것이 우리를 '경쟁하는 문화'로 바꾸어 놓았는지도 모른다. 그래서 '죽기 아니면 살기'라는 생각이 사회 전반을 지배하고 있는 것 같다. 정치계나, 경제계, 연예계, 심지어는 교회까지도 그러한 모습을 보인다. 바울 역시 가장 절친한 친구요 동역자였던 바나바와 갈등을 겪었다. 결국에 둘은 헤어졌지만, 각자의 비전과 사역 철학에 따라 동역자들을 구성하여 원만하게 사역을 하며 그들과 영적으로 같은 방향으로 가는 사역을 만들어 냈다. 바울은 그의 동역자 디도에 대해서 다음과 같이 반문했다. "우리가 동일한 성령으로 행하지 아니하더냐 동일한 보조로 하지 아니하더냐(고후 12:18)." 그는 디모데를 비롯하여 많은 동역자와 함께 분란 없이 사역을 감당하였다. 이러한 모습이야말로 아름다운 동역의 모습이라고 할 수 있다. 다툼이나 갈등으로 인한 에너지 소비를 하지 않고 결실을 위해 한 방향으로 나가는 것이 동역이 만들어내는 특징이라고 말할 수 있다.

나는 인도네시아에서 싱가포르로 옮겨 오면서 개척 사역을 생각지 않고 기존의 사역을 돕는 사역, 협력하는 사역으로 방향을 정하면서 많은 가능성을 보게 되었다. 특히, 싱가포르의 특징을 고려하면서 다음과 같은 사역의 방향을 잡았다. 싱가포르 선교사 후보들을 위한 선교사 훈련 사역, 싱가포르인들과 함께 주변 국가를 다니면서 세미나나 강의를 통해 지도자들을 훈련하는 사역, 그리고 인도네시아령인 바탐섬에 학교를 세워 싱가포르에서 강사와 교사들을 선정하여 강의할 수 있도록 돕는 사역을 해 왔다. 결국, 동역만이 하나님 나라의 발전을 이룬다는 것과 이를 성취하기 위해서는 섬기는 자세가 필요하다는 생각에 이르렀다. 서로 함께 손을 잡고 나아가는 사역의 모습을 그릴 때, 그 안에 무한한 가능성이 있음을 깨달았다. 동역이 쉬운 일은 아니지만 불가능한 일도 아니다. 우리의 자세만 준비된다면 하나님은 사람들을 만나게 하시고 하나 되게 하시므로 많은 일을 해내게 하신다. 하나님 나라를 이루기 위한 동역 정신은 선택이 아닌 필수인 것이다.

선교지에서 찾을 수 있는 자원들

　동역 정신과 하나님 나라 발전을 생각할 때 고려되어야 하는 것은 '자원을 어떻게 찾아내고 함께 공유하며 나눌 것인가?' 하는 것이다. 우리는 자원 공유의 경험을 통해서 우리가 하나님 나라 안에서 한 가족이라는 것을 확인할 수 있다. 초대 교회 성도들은 개종의 표시로 자신의 재산을 팔아 사도들의 발 앞에 가져다 놓았다. "믿는 사람이 다 함께 있어 모든 물건을 서로 통용하고 또 재산과 소유를 팔아 각 사람의 필요를 따라 나눠 주며(행 2:44-45)"를 통해 자원 공유의 모델을 확인할 수 있다. 이러한 초대 교회의 헌신이 흩어져서도 계속되었는지에 대한 의문이 있지만, 적어도 내 것 네 것을 가리지 않았다는 것과, 가난한 사람에 대한 교회의 관심과 책임이 강조된 것은 사실이다. 바울이 찾아 나선 선교의 자원은 영성, 인물, 재정, 그리고 교회들의 참여 등으로 구분할 수 있다. 바울은 사역 범위가 점점 넓어지면서 스스로 직업을 갖기도 하고 그 직업을 통해서 접촉의 기회를 만들어 예수 그리스도를 증거하거나 동역자를 만들기도 했다(행 18장). 이처럼 자비량 선교는 꼭 재정 조달만을 위한 수단은 아니다. 바울의 서신서 곳곳을 보면 바울이 사람들에게 헌신을 촉구하거나 기도의 참여를 독려하면서 재정 지원을 요청하기도 한다. 그러나 바울이 하는 재정 독촉은 바울 자신의 필요를 위한 것만이 아니라 선교에 동참하도록 하기 위한 것이었다. 자신이 소유한 것을 하나님의 일에 드림으로써 영적으로나 사역적으로 사명을 키워주기 위함이었다. 하나님이 이러한 사람들의 헌신과 참여를 통해서 하나님의 일을 이루셨다는 것은 우리 자원의 헌신이 복음의 확장에 기여했다는 의미이다.

나는 바탐 신학교를 개척하면서 한국교회를 통한 재정 확보가 아닌 현장에서 얻을 수 있는 자원들을 위해 많이 기도했고, 그 기도가 현실로 이루어지는 경험을 했다. 훌륭한 자격을 갖춘 사람들이 우리 사역에 아무런 보상 없이 헌신한 경우도 있고, 자신이 가지고 있는 기술과 지위를 가지고 학교 인가를 얻는 데 도움을 준 사람도 있다. 자신의 비지니스를 통해서 학교 건물을 마련하는 데 도움을 주거나 차량을 마련해 준 사람 등, 그들 모두가 나의 독촉으로 헌신한 것이 아니라 하나님과의 관계 안에서 결단한 것이었다. 한국 선교가 지나치게 일방적인 지원 속에서만 이루어지고 있는 것을 감안할 때 현장을 통한 사역도 가능성이 있다는 것을 보여주는 좋은 예라고 확신한다. 유명한 믿음의 사람인 조지 뮐러(Johann Georg Ferdinand Müller, 1805~1898, 영국)의 '믿음의 원리'와 같은 맥락이다. 그는 자신을 파송한 독일교회의 도움을 받긴 했지만 고아원 운영과 학교 운영을 위한 재정적 조달을 선교지인 영국에서 해냈다. 이런 점은 우리도 본받아야 할 믿음의 원리라고 생각한다. 하나님이 필요하시다면 누구의 손을 통해서라도 채워주시는 분이기 때문이다. 그러므로 허드슨 테일러(James Hudson Taylor, 1832~1905, 영국)가 말할 것 같이 "하나님의 뜻대로 하는 모든 일에는 하나님의 공급하심이 부족함 없다."는 '믿음 선교의 원리'(Faith Mission Principle)를 터득해야 한다.

처음 신학원을 설립할 때, 가장 중요한 것이 교실과 사무실로 사용할 수 있는 건물이었고 그다음이 운영비였다. 이러한 문제를 다루기 위해서는 마음을 같이 하는 이들이 모이는 것이 중요했다. 당시, 학교 개교를 위한 논의에 참여한 사람은 약 5, 6명이었다. 소위 '운영위원회'라는 모임을 만들어 '어떻게 학생들을 모집할 것인가?', '커리큘럼은 어떤 방향으로 만들 것인가?', '누가 강의를 할 것인가?', '학생들이 졸업하게 되면 무엇을 할 사람이 될 것인가?', '도서관은 어떻게 만들 것인가?' 등의 구체적인 의제를 논의하였다. 이들은 재정적 능력은 있지만, 헌신의 의지는 별로 보이지 않은 사람들이었다. 운영위원회의 회의는 오후에서 저녁까지 이어졌다. 마지막 의제는 '재정을 어떻게 마련할 것인가?'였다. 학생들에게서 받는 학비로 운영하기는 쉽지 않기에 누군가는 재정적 희생을 해야 했다. 아무래도 처음인 만큼 창립자인 내가 책임을 져야겠다는 생각을 하면서도 일단 의제로 상정했다. 교장으로 지명된 보이꺼 목사의 부인이 참석했는데, 그녀가 회의 중에 "첫해 교실의 세를 마련하는 것은 제가 책임을 지겠습니다."라고 했다. 전혀 기대도 하지 않았던 대답이 나왔다. 그녀는 중국인인데, 중국인의 포켓을 열기 쉽지 않다는 것을 싱가포르나 인도네시아의 중국인들을 통해서 많이 보아왔기 때문에 정말로 놀랐다. 이 경험으로 나는 하나님이 마음을 열게 하시면 불가능이 없다는 것을 깨닫게 되었다. 결국은 미화 일만오천 불이나 되는 금액을 일시불로 지불하기로 결정했다. 남편인 보이꺼 목사도 놀랄 만큼의 결단을 부인이 한 것이다. 당시가 1992년이었는데, 이 금액을 지금의 화폐가치로 환산한다면 족히 오만 불은 더 될 것 같다.

이렇듯 신학교 사역은 나의 모금이 아니라 현장에서 첫해 빌딩 대여금을 지불한 사람을 통해 시작됐다. 다음 해에는 그 빌딩을 매입한 사람이 1층에는 치과 클리닉을 만들고 2, 3층은 바탐 신학교에서 무상으로 사용하도록 해 주었다. 미국에서 온 홍석구 장로는 일만 불을 지원해 자동차를 구입하는 일로 섬겼고, 한국의 고(故) 유기경 목사 부부께서 오천만 원을 지원한 덕분에 건물을 매입할 수 있었다. 모든 지원은 전혀 기대하지 않았던 손길들을 통해 다양하게 이루어졌고, 나는 이를 통해 하나님의 하시는 일을 체험했다. 그 후 박상배, 김영숙 선교사 등이 이 사역에 참여하면서 명실공히 인도네시아와 미국, 그리고 한국까지 포함하여 다양한 선후배 선교사 등이 참여하는 동역 선교의 현장이 되었다. 현재 바탐 신학교는 4년제 대학과정으로 정부의 학위 인가를 받아 운영되고 있다. 이렇게까지 발전하게 된 것은 김영숙 선교사와 후원교회의 지원이 컸기 때문이다. 바탐 신학교는 내가 꿈꿔온 동역선교의 비전이 이루어진 첫 번째 선교 현장 프로젝트가 되었다.

하나님이 사용하시는 권력

하나님의 섭리와 하나님의 권력은 세상 권력 위에 계시다. 하나님은 순종하는 신자들을 통해서 그분의 뜻을 이루시지만, 세상의 권력자들과 그들이 활동하는 정치 구조 속에서도 역사하신다. 성경에서도 그 예를 볼 수 있다. 하나님은 이스라엘 백성의 해방을 위해 바로의 완악한 마음을 사용하셨다. 바로는 모세가 전한 "내 백성을 보내라(출 5:1)."는 요청을 계속 거절했지만 결국, 하나님이 바로의 마음을 움직이셨다. 여호와께서 바로의 마음을 완악하게 하신 것(출 7:3)을 통해서, 하나님은 자신의 목적을 위해서 필요에 따라 인간의 마음을 사용하신다는 것을 알 수 있다. 바사 왕 고레스의 마음 역시 움직이셔서 무너진 성전을 건축하도록 하신 일, 아닥사스다 왕의 허락을 받아 느헤미야가 성벽을 다시 쌓을 수 있도록 하신 것도 바로 하나님이시다. 이렇듯 성경에는 하나님을 믿지 않는 세상 권력자들을 감동시켜 하나님의 일을 직간접적으로 행한 이야기를 볼 수 있다. 이는 하나님은 모든 것을 초월한 우주의 통치자이자 주관자이심을 드러내는 것이다.

1992년 학교가 시작되기 바로 직전에, 나는 그레이스 루시아나(Grace Lusiana)란 여성 치과 의사를 싱가포르에서 만났다. 그녀는 자카르타에 살면서 치과를 운영하는 비즈니스 우먼이었다. 이 치과는 장관들, 정부 고위층들이 찾아오는 곳이었다. 나는 그녀처럼 훌륭한 크리스천을 만나게 된 것은 하나님의 특별한 섭리라는 것을 느꼈고, 그레이스를 바탐 선교 신학원 개원식에 정중하게 초청했다. 그때 나는 학교의 교실 문제를 해결하지 못한 상태였는데, 그녀는 내가 고민하고 있던 학교 교실 문제를 해결해 주겠다고 했다. 그레이스는 건물 하나를 구입해 1층에는 치과를 개원하여 치과 의사인 동생 알렉스에게 운영권을 맡겼다. 그리고 2, 3층은 우리 신학교 교실로 쓸 수 있도록 헌신하였다. 개원식은 바탐의 주지사였던 유숩 하비비(Bacharudiin Jusuf Habibie, 수하루토 대통령의 계승자로 제3대 대통령에 임명된 바 있음)가 참석하는 거대한 행사가 되었다.

인도네시아는 종교 간의 갈등이 비교적 적은 곳이지만, 그는 강한 모슬렘이었다. 그런 그가 기독교 행사에 참석해서 축하를 해 준 것이다. 건물을 사용하도록

배려해 준 그레이스와 이 학교를 인정해 준 정치 지도자들의 넓은 마음을 통해 큰 힘을 얻었다. 하나님의 은혜 가운데 현지인들의 헌신과 정치 지도자들의 도움으로 우리가 필요한 교실과 사무실을 사용할 수 있게 된 것이다.

잊을 수 없는 또 한 사람이 있다. 바로 한스 포도미(Hans Podomi) 장로이다. 그는 싱가포르 주재 인도네시아 대사관이 운영하는 고등학교에서 교감 겸 수학 교사로 20년 동안 재직했다. 그는 자신의 집을 내어 인도네시아인들이 교회를 개척할 수 있게 했고, 후에 싱가포르 번화 거리인 오차드 로드에 있는 역사적 장로교회 건물을 빌려서 오후에 예배를 드릴 수 있도록 도와 약 250여 명이 출석하는 큰 교회로 발전시켰다. 내가 이렇게 훌륭한 분을 만나게 된 것은 글로 다 담을 수 없는 거의 기적에 가까운 일이다. 어느 날, 자카르타의 한 친구가 그를 만나 달라는 요청을 하기에 그와 전화 통화를 하여 KFC 음식점에서 만나 이야기를 나누게 되었다. 이야기 중 그가 바탐에 대해 큰 관심을 가지고 있다는 사실을 알게 되었다. 나는 하나님께서 그에게 이미 신앙적 성숙과 사역의 비전을 주셨음을 보았다. 이후로 그와 교제하면서 그의 교회에서 설교도 하며 선교적 마음을 나누게 되었다. 그는 자신의 시간과 재정을 투자하여 싱가포르에서 바탐섬을 오갔다. 무엇보다 그가 인도네시아 정부가 운영하는 고등학교에서 일하고 있는 공무원 신분이라는 점이 바탐 신학교가 학교 인가를 받는데 있어 큰 역할을 하였다. 이렇듯 바탐 신학교는 다양한 사람들이 함께 하면서 이루진 공동의 프로젝트이다. 이 사람들 중에서 내가 알고 지낸 사람은 한 사람도 없다. 모두 안면이 없는 사람들이지만 하나님께서 필요에 따라 붙여 주신 이방인들이었다. 이들은 같은 비전과 사명을 가진 사람들, 그리고 자신의 '있는 것'을 드려서 함께 사역하고 싶은 마음을 가진 사람들이었다. 그레이스 여사도 싱가포르 클리닉에서 만났고, 한스 포도미 장로도 다른 사람 심부름을 해 주다가 만난 소위 '거리에서 만난 사람들'이다. 꼭 필요한 사람들이 만나게 되는 기적은 바로 내가 하는 일이 하나님의 뜻에 부합되었다는 것을 증명해 주는 것임을 깨닫게 되었다.

사도행전 10장에는 가이사랴에 사는 고넬료가 기도 중에 욥바에 있는 베드로를 찾아가 그를 집으로 초청하라는 하나님의 음성을 듣는 말씀이 나온다. 베드로 역시 기도 중에 하늘에서 내려온 보자기 안에 있는 유대인들에게 금지된 짐승을 먹으라는 음성을 듣고 이방인들에 대한 편견을 버리라는 하나님의 말씀을 깨닫는다. 고넬료는 두 명의 종과 병졸을 보내 베드로를 초청했다. 이 모든 일은 두 사람에게 성령이 임하셨기 때문에 이루어진 것이다. 성령께서는 한 사역을 위해 두 사람에게 지시하시는 놀라운 기적을 행하셨다. 여기서 중요한 것은 저들이 모두 기도했고 순종했다는 것이다. 이렇듯 우리 역시 기도하면서 하나님이 예비하신 선물들을 기다려야 한다. 그 응답은 사람일 수도 있고, 재정일 수도 있다. 이 선물로 우리가 하나님의 일을 만들어 낼 수 있다면 그 일은 분명 하나님의 일이고, 그 일은 실패할 수 없을 것이다. 초대 교회는 통신 시설도 없고, 교통 시설도 마땅치 않았다. 커뮤니케이션의 방법이 기도밖에 없었을 것이다. 하나님의 영에 감동되어 사역할 때 하나님이 그 속에서 역사하신 것이다. 그러나 우리는 손에 잡히는 스마트 폰 하나를 통해 수많은 정보가 우리의 머릿속을 점령하는 시대를 살고 있다. 그렇기에 우리의 영은 무엇보다 하나님의 음성을 듣는 방법을 찾아야 한다. 그 방법은 바로 기도와 성령의 인도하심이다. 동역 사역은 하나님의 영과 나 그리고 다른 사람을 만나는 과정에서 이루어진다. 하비비와 같은 세속 정치인, 비지니스 우먼, 신앙으로 살려는 사명자들 모두가 하나님이 사용하시는 귀한 자원이 아닐 수 없다. 결국, 동역선교는 자원의 만남으로 이루어진다.

선교지 중심의 선교단체

선교단체는 선교의 방향을 잡아주고, 선교 인원들을 제공하기 위해서 꼭 필요한 기관이다. 선교사가 선교단체에 소속되지 않으면 혼자서 허덕이는 선교를 하게 되거나 외로운 선교사가 될 수밖에 없다. 물론, 후원자 이상으로 친구가 되어주고, 필요에 따라 자원을 제공하는 교회를 배경으로 가지고 있다면 그보다 더 좋을 수는 없을 것이다. 그러나 그러한 교회는 쉽게 찾아보기 힘들다. 한국교회의 목회자들은 바쁜 목회 현장에 있기에 선교에 집중할 수 없다. 그렇다 보니 선교 현장 개발과 관련해서 선교사들과 교류하기란 쉽지 않다. 때문에 그 일을 대행해 주는 선교단체라는 것이 필요하다. '믿음 선교의 아버지'라고 불리는 허드슨 테일러는 중국 선교를 하면서 사역의 인적 자원을 조달을 위해 CIM(China Inland Mission)이라는 선교단체를 만들었다. 그는 수차례 고국을 방문하여 선교사들을 동원하는 일을 겸했다. 그의 노력 덕분에 수많은 선교사가 중국 선교를 위해 헌신하게 되었고 그의 동역자가 되었다.

이제, '선교는 누구를 위해 존재하는가?'란 질문을 해야 할 것 같다. 당연히 선교는 현지인에 포커스를 맞춘 사역이기 때문에 선교단체도 선교지를 위한 조직이라고 대답해야 할 것이다. 선교집회를 개최하고, 선교사를 파송하고, 선교 헌금을 하는 등 다양한 방법으로 선교 참여를 독려해야겠지만 선교는 하나님께서 명령하신 '모든 민족'을 위한 행위이기 때문에 포커스가 현지인에게 맞춰져야 한다. 우리의 선교 운동을 보면 우리끼리 모이고, 우리끼리 컨퍼런스를 개최하고, 선교사 파송을 하는 모든 과정이 한국인들의 잔치만으로 끝나는 경우가 많은 것 같다. 안타깝게도 현지인이 참여하는 선교 컨퍼런스는 거의 보지 못했다. 한국 선교는 여전히 현지인들에 대한 관심과 배려가 부족하다. 더 이상 우리끼리의 잔치로 끝나서는 안 된다. 현지인들을 복음의 동역자로 여기는 것은 선교의 전략적 차원에서 대단히 중요한 부분이다. 그들은 훌륭한 선교적 파트너이다. 그렇다면 그들과 모임을 자주 가지며 지역 복음화를 위한 많은 지혜를 모아야 할 것이다. 옛날의 선교지가 오늘의 선교국이 된 것은 하나님의 놀라우신 전략이다. 그들과 파트너십을 개발하는 것이야말로 현대 선교의 효율성을 높이는 일일 것이다.

내가 싱가포르에 도착해서 놀란 것 중 하나가 많은 국제 선교단체들이 선교지라고 불리었던 싱가포르에 본부를 두고 있다는 것이었다. 지금은 불행하게도 서구 선교단체들이 침체기로 인하여 생긴 재정적 부담으로 싱가포르에 본부를 두기가 힘든 상황을 맞이했다. 나라마다 선교사 모집과 파송을 위해서 자국에 선교부를 두고 있지만, 사역 개발과 효과적인 관리를 위한 국제본부는 소위 '선교지'라고 불리는 국가에 두거나 아니면 전략적 기지에 둔다. 이를 통해 각국의 선교 사역을 현지 가까이에서 관리할 수 있도록 하는 정책을 만들었다. 자국 본부의 역할은 선교사 모집, 후원, 훈련, 파송 등으로 선교사들이 배출되면 가장 적절한 선교지로 파송시키는 일을 감당한다. 선교사를 위해서나 선교의 효율성을 위해서 대단히 중요한 부분이다. 국제본부는 파송된 선교사들이 가장 효과적으로 사역을 만들어 내도록 선교사들을 돕고 관리하는 일과 전략적 접근성 고려하여 선교의 효율성을 높이도록 돕는 일을 한다. 선교는 현지인들을 위한 사역이기에 이러한 국제본부의 역할이 더욱 극대화되어야 한다.

지금 우리의 선교는 무엇인 문제인가? 내가 강조하고 싶은 것은 선교 현장이 중심이 되는 선교단체가 되어야 한다는 것이다. 선교사들을 현장에서 관리하고 현지인들과의 관계를 증진하며 현지인들과의 동역 사역을 만들어 내는 데 국제본부가 전략적 접근을 해야 한다. 현지에서 일어나고 있는 선교 세력과 협력 선교를 만들어 내는 것이 현대 선교에 있어 필수적인 사안이기에, 국제본부가 선교지에 위치해야 한다는 것이 서구 선교단체들의 오래전부터의 생각이었다. 일찍이 한국 선교의 맥을 잡으면서 선교를 가르쳐 온 조동진 목사는 선교사를 파송할 때 현지 선교단체와 파송 계약을 맺으며 선교사를 파송해 왔다. 그는 현지 선교단체와의 협력 사역을 강조했는데, 나는 협력 선교의 결과가 분명하게 나타나는 것을 보아왔다. 1976년에 내가 인도네시아로 파송 받을 때도 IMF(Indonesia Missionary Fellowship, 대표: Petrus Octavianus 목사)란 단체와의 계약을 통해서, 그리고 1990년 싱가포르로 파송될 때에도 싱가포르의 AEF(Asia Evangelistic Fellowship, 대표: GD James)와의 협정을 통해서였다. 나는 그 덕분에 효과적으로 일할 수 있었다. 한국 선교에서는 이러한 협력 사역의 부재가 아쉽기만 하다. 왜냐하면 현대 선교는 선교지라고 불리는 현장에서 선교 운동이 활발하게 일어나고 있기 때문이다. 그들에게는 자국을 복음화시킬 수 있는 엄청난 잠재력이 있고, 더 활발하게 시너지를 만들어 낼 수 있는 부분이 있다는 것을 감안하면 현지 지도력과의 협력은 사역은 절대적으로 필요하다. 그런데도 우리는 아직도 초창기 선교처럼 우리끼리만 모든 선교를 감당해야 한다고 생각하는 것 같다. 이렇게 되면 현지인들로부터 '왕따'를 당하거나, 낮은 선교 수준에 머물러 있거나, 현지 지도자들과의 동역 사역은 꿈도 꾸기 힘들게 될 것이다.

나는 1999년부터 선교단체인 PWM과 KGM(Korea Global Mission)이 연합한 후 국제본부 설립의 중요성을 강조해왔다. 국제대표로서 수년간을 싱가포르에 거주하면서 이 사역을 위해 애를 써 왔다. KIM 선교회나 PWM 선교회에 소속해 있을 때부터 국제 관계의 중요성을 생각했다. 싱가포르에 10년 이상을 주재해 오면서 국제본부의 역할을 해 왔지만, 이 일을 함께할 인원이 부족할 뿐만 아니라 국제본부의 기능에 대한 선교사들의 이해 부족 때문에 성과를 내지 못했다. 그 후, 나는 GP(Global Partners) 선교회에 적극적으로 말레이시아에 국제본부를 둘 것을 조언해 왔다. 지리적 위치상으로도 한국 선교사들이 제일 많이 파송 되어 있는 아시아권을 관리하기도 쉽고, 물가도 저렴하고, 영어와 현지 말레이어를 사용하며, 다양한 문화, 다양한 종교와 종족이 살고 있다는 점에서 가장 적합하다고 생각했다. 그러나 GP 선교회의 국제대표가 바뀌면서 한국 본부와의 업무 분담에 대한 혼돈과 대표성에 대한 혼란만 가중되어 국제본부 제도 자체를 해체하게 되었다. 사실, 국제본부는 선교 중심의 선교단체가 되게 하는 상징적 의미도 있지만, 더욱 효율적으로 선교사들을 만나고, 현지 선교단체들과 연결하여 선교사들을 파송하고, 선교 훈련과 연계해서 이끌어 나가는 기능도 할 수 있다. 그렇게만 된다면 한 단계 성숙한 국제적 감각을 지닌 선교단체가 될 가능성이 있었던 것인데 국제본부의 폐쇄는 안타까운 일이었다.

나는 한국 선교가 반세기가 흐른 만큼 체계적인 면에서도 성숙한 모습을 보여야 한다고 생각한다. 전략이 있는 선교, 현지인 지도력 개발, 현지의 선교 동력과 협력하는 선교가 바로 그 모습일 것이다. 이러한 일을 이루기 위해서 선교 전진기지는 바로 국제본부 또는 현장에 세워지는 선교단체가 되어야 할 것이다. 국제본부에서 사역하는 많은 선교사는 현지 지향적 선교단체를 만들어 내는데 중요한 몫을 해낼 것이다. 현장에서 선교하면서 본부의 사역도 참여할 수 있기에 선교 본부와 현장의 구별이 필요하지 않은 선교단체, 현장이 중심이 되는 선교단체가 될 것이다. 이는 교통과 통신이 발달한 시대에 선교의 새로운 패러다임이 될 수 있을 것이라고 생각한다. 바로, 현장이 살아나게 하는 선교, 현지와 동역 시대를 열어가는 선교가 되는 길이다.

제 2 장

지금은 동역선교 시대
[동역선교 개발론]

A Journey of Mission Partnership for
National Initiatives

표준국어대사전에 등재된 동역(同役)이란 단어의 뜻은 '선교 따위의 일을 함께 수행하는 것'이다. 놀랍게도 '선교'란 말이 나온다. 함께 일한다는 뜻의 단어는 '동업'이 일반적으로 많이 쓰이며 '동역'은 기독교 용어로 인식되는 경향이 있다. 특별히 선교 사역을 하는데 동역은 필수적인 단어라고 생각한다. 성경에서 바울이 "우리는 하나님의 동역자들이요(고전 3:9)."라고 하는데, '동역'은 영어로 'fellow workers' 또는 'co-workers'란 말로 번역한다. 헬라어로는 '쉬네르고스'(συνεργος)로, 뜻은 '함께 일하는 자' 또는 '조수'이다. 이 단어의 동사형의 뜻은 '같이 일하다', '협조하다'이다. 여기에서 내 눈에 띄는 단어는 역시 '함께'와 '같이'이다. 또한, 바울은 고린도후서 6장 1절에서 "우리가 하나님과 함께 일하는 자"라고 했고, 빌립보서 4장 2절에서는 "주안에서 같은 마음을 품으라."고 말했다. 이 말씀들을 통해 우리가 하나님의 동역자가 되려면 하나님의 뜻을 분별하는 것이 우선이고, 분별이 끝나면 이 일을 수행하는 과정에서 상호 관심과 관계를 맺으며 일을 해 나아가야 한다는 것을 알 수 있다. 그 가운데 성령의 도우심이 우리의 관계를 돈독하게 만든다. 바울은 "우리가 동일한 성령으로 행하지 아니하더냐 동일한 보조로 하지 아니하더냐(고후 12:18)."라고 말한다.

　예수님은 하나님의 뜻을 행하기 위해 오셨고, 열두 명의 제자들을 훈련 시켜 그의 동역자 내지는 그의 사역을 이어받는 자로 세우셨다. 사도들 역시 교회를 세워 복음이 계속 전파되도록 지도자들을 세우는 사명을 감당했다. 기독교의 역사는 곧 복음 전파의 역사이고, 이 역사는 체인(chain) 관계를 통해서 지리적으로, 세대적으로 전파되었다. 종합하면, 하나님으로부터 시작된 동역은 예수님으로, 사도들로, 교회들로, 선교사들로 이어져 나간 것이므로 복음 전파의 역사는 동역의 역사라고 말할 수 있을 것이다. 한편, 바울은 "이제 지체는 많으나 몸은 하나라(고전 12:20)."고 말하며, 성령의 사람들은 지체끼리 갈등을 빚는 것이 아니라 서로 존중하며, 귀하게 여기라고 강조한다. 그러면서 "우리의 아름다운 지체는 그럴 필요가 없느라 오직 하나님이 몸을 고르게 하여 부족한 지체에게 귀중함을 더하사 몸 가운데 분쟁이 없고 오직 여러 지체가 서로 같이 돌보게 하셨느니라(고전 12:24-25)."고 결론을 맺으며 동역의 이유를 설명하고 있다. 앞선 말씀대로 선교는 갈등 구조가 아니라 동역 구조로 발전할 수 있다.

　진실한 동역은 혼자가 아닌 다른 이가 가지고 있는 것과 내가 가지고 있는 것을 함께할 때 나타나는 시너지이다. 하나님께서 우리에게 주님의 피 값으로 세우신 신앙 공동체인 교회를 주셨기에, 교회를 바르게 세워가기 위해서는 동역자가 꼭 필요하다. 하나님이 교회 공동체를 통해서 서로를 알고 돕도록 하심으로 동역 사역을 경험하게 하셨다. 성경에 나타난 하나님의 사람들 역시 언제나 동역 정신이 있었다. 하나님은 늘 동역자를 통하여 하나님 나라의 일들을 이루셨다. 바울에게는 바나바와 같이 이미 세워진 동역자가 있었는가 하면 디모데나 디도와 같이 바울이 세우고 훈련 시킨 동역자들도 있었다. 모세에게는 누이인 미리암 선지자가 있었고 대제사장 아론이 있었으며, 기도할 때는 훌이 곁에 있었다. 다윗에게는 요나단이 있었고, 아브라함에게는 충성스러운 종, 엘리에셀이 있었다. 물론, 동역하다가 바울과 바나바가 그랬던 것처럼, 관계의 어려움이 올 수도 있다. 그러나 동역을 두려워하거나 기피하면 교회 생활이나 사역에 깊이 관여할 수 없게 된다. 동역은 개인적인 친분이나 취미로 맺어가는 것이 아니라, 그리스도 안에서 은혜와 사랑으로 맺어가는 관계성이다. 선교에서 동역이 오래 유지되기 위해서는 사명이 바쳐주어야 한다. 그리고 각 개인은 동역 정신을 함양한 성숙한 인격을 소유한 사람이라야 한다.

"우리는 하나님의 동역자들"

전도나 선교의 목적은 믿지 않는 자들을 믿게 만들어 예수님을 따르는 자, 즉 예수님의 제자를 만드는 데 있다. 제자란 예수님을 만나서 그가 누구이신가를 인식하고 자신들의 생의 주인으로 영접하고 그분께 자신을 삶을 맡기는 사람이다. 그리고 지속적으로 그분을 통해서 영적 영양분을 공급받는 사람이다. 예수님은 이러한 원리를 요한복음 15장에서 포도나무와 가지에 비유하셨다. 가지가 포도나무에 붙어 있을 때, 생명을 유지하며 열매를 거둘 수 있게 하신다고 약속하셨다. 그리고 열매 없는 가지는 잘라서 불살라 버린다고 하셨다. 열매 맺는 삶이란, 예수를 영접한 이가 계속 주님께 붙어 있는 가지가 되어 삶으로 열매를 맺고 그 열매를 통해 다른 생명을 생산하는 삶이다. 하나의 씨가 다른 생명을 생산하는 것이 하나님의 자연의 질서라고 한다면 열매는 씨를 생성하면서 다음 열매를 준비해야 하는데, 씨는 반드시 나무를 통하여 퍼져 나가야 한다. 열매 맺는 성숙한 크리스천이라 함은 자신만의 영적 삶으로 만족하는 것이 아니라 또 다른 성숙한 크리스천을 만들어 내야 할 책임을 수행하는 사람이라고 할 수 있을 것이다.

하나님은 우리의 성숙한 모습을 보기 원하시고 우리가 계속해서 성장하기를 원하고 계신다는 것을 잊어서는 안 된다. 그러면서 하나님이 우리에게 하나님과 보조를 맞추는 일꾼으로서의 책임을 묻고 계시다는 것도 기억해야 한다. 예수님의 말씀처럼 하나님은 창조 시부터 '일하시는 하나님'이시다. 그래서 예수님은 "내 아버지께서 이제까지 일하시니 나도 일한다(요 5:17)."고 말씀하시며 안식일에 병든 자를 고쳐 주셨다. 일하시는 예수님께서는 주님을 따르는 자들과 같이 일하기를 원하시기 때문에 바울이 '우리는 하나님의 동역자'란 말을 쓴 것이다. 예수님을 따르는 과정이 쉽지 않지만, 이 과정을 거치면 일꾼으로 탄생하게 된다. 이렇게 탄생한 일꾼은 하나님의 동역자라는 자부심으로 하나님의 일에 기꺼운 마음으로 나설 수 있게 된다.

예수님은 제자들을 호되게 야단치시기도 하고, 격려도 하시며 강도 높은 훈련을 시키셨다. 그분의 훈련 초반은 종 된 자세로서의 훈련이 주를 이루었다. 종의 자세는 종일 밭에서 일하고 집에 돌아와서도 주인을 위해 음식을 준비하는 자세이다. 그러고서는 누가복음 17장 9-10절과 같이 말할 수 있어야 한다. "명한 대로 하였다고 종에게 감사하겠느냐 이와 같이 너희도 명령 받은 것을 다 행한 후에 이르기를 우리는 무익한 종이라 우리가 하여야 할 일을 한 것뿐이라 할지니라." 종은 주인이 시키는 일에 전념하는 모습과 자세를 취해야 한다. 그러나 예수님은 그들을 훈련하시며 마지막 시간에 십자가를 지시기 전, 이렇게 말씀하신다. "이제부터는 너희를 종이라 하지 아니하리니 종은 주인이 하는 것을 알지 못함이라 너희를 친구라 하였노니 내가 내 아버지께 들을 것을 다 너희에게 알게 하였음이라(요 15:15)." 종의 신분에서 친구의 신분으로 바뀐 것이다. 이 말씀은 이제 예수님의 지도력이 제자들에게 넘어갔고, 제자들은 아버지의 비밀을 가진 하나의 팀이 되어 하나님의 일을 맡게 되리라는 의미이다. 하나님의 동역자는 곧 하나님의 사역팀 멤버가 된다. 팀의 멤버는 리더를 면밀하게 살피며 리더가 원하는 일을 찾아 행하여야 한다. 즉, 하나님의 사역팀 멤버는 하나님과의 교제를 통하여 하나님이 원하시는 일을 찾아야 한다. 동역자인 우리가 주인이신 하나님의 뜻을 찾기 위해 기도하는 일이 얼마나 중요한가를 알게 하시는 말씀이다.

선교의 완성은 무엇인가? 그것은 내가 전도한 사람들이 성숙해져서 하나님의 일에 참여하는 일까지 다다르는 것을 말한다. 즉, 주님을 따르는 자에서 이제는 주님과 동행하는 자가 되는 것이다. '선교사의 시대'에서 '현지인의 자생시대'가 되는 것이며, 이를 위해서는 선교사의 발걸음을 저들의 발걸음과 맞추는 것이 필수적이다. 하나님이 이 땅에 인간의 모습으로 오신 것은 바로 인간인 우리와 발걸음을 맞추시기 위한 그분의 방법이고 전략이다. 우리 역시 이제는 예수님께 우리의 발걸음을 맞추어 동역 정신을 실천해야 한다. 예수님이 하나님과 동역자가 되신 것 같이 우리도 주님과 동역자가 되는 것이다. "내게 주신 영광을 내가 그들에게 주었사오니 이는 우리가 하나가 된 것 같이 그들도 하나가 되게 하려 함이니이다(요 17:22)." 하나님과 동역자가 된 것 같이 우리가 서로 동역자가 되는 것은 하나님이 주신 특권 중 하나이다. 우리 앞에는 추수할 '하나님의 밭'(선교지)이 놓여 있고 우리가 같이 지어야 할 '하나님의 집'(고전 3:9)이 있다.

동역 정신을 깨우치다

동역 정신이란 그냥 만들어지는 것이 아니다. 하나님께서는 우리 주변에 직간접으로 영향을 주는 사람들을 마련해 주셨다. 그들은 나의 삶에 그리고 사역에 영향을 주는 사람들이다. 우리는 그들을 쉽게 무시하는 경향이 있는데, 우리의 삶을 주관하신 하나님의 일을 돌아보면 하나님은 그들을 통해서 우리의 삶을 빛나게 하셨고, 꾸준히 간섭하셨고, 쓰시기 위해 준비하셨다. 마치 이스라엘 백성을 자신의 큰 목적을 위해 훈련 시키신 하나님처럼 말이다. "네게 광야 길을 걷게 하신 것을 기억하라(신 8:2)." 나의 동역 정신을 확립하는데 기여한 사람은 나의 선교 멘토인 조동진 목사이다. 내가 처음 조 목사를 만난 것은 1974년 KIM 선교회에 소속되어 훈련을 받고 있을 때였다. 당시 KIM 선교회는 KEIMA(Korean Evangelistic International Mission Alliance)라는 긴 이름을 가진 선교단체였는데, 후에 KIM이란 이름으로 바뀌었다. 처음에는 동맹이라는 뜻의 Alliance라는 단어가 생소하게 느껴졌다. 한국어로는 '국제선교협력기구'란 이름으로 길게 불렸다. 이때를 계기로 '동맹', '협력'이란 단어를 내 마음속에 깊게 음미하게 되었다. 선교가 어려운 사역이기 때문에, 작은 힘들을 합하면 큰일까지도 해낼 수 있다는 것과 한국인들끼리 부족하면 외국인들과도 함께 해낼 수 있다는 것을 '동맹'과 '협력'이라는 단어를 생각하며 깨달았다. 조동진 목사는 1974년에 아시아 선교 지도자들을 서울에 모아 놓고 아시아인들의 선교협력기구인 AMA를 조직했다. 아시아 선교 지도자들에게 협력을 호소하고 도전하며 함께하는 방법을 제시했다. 당시 한국에서도 유능한 목회자들 가운데 선교적 마음이 있는 분들(한경직 목사, 강신명 목사, 조용기 목사 등)이 있었는데, 이분들과 아시아의 선교 지도자들(Philip Teng, Chandu Ray, GD James, Petrus Octavianus 등)이 함께 모여 협
력으로 이루어지는 선교를 외쳤다. 수년이 지난 후, 나는 AMA 사무총장으로 2003년에는 모스크바, 2006년에는 에베소, 2010년에는 자카르타에서 대회를 개최하는 데 힘을 보탰다. 이 대회들을 섬기며 조동진 목사가 외쳤던 "혼자 할 수 없는 일도 같이하면 할 수 있다."(What we can't do alone, we can do together.)가 생각났다.

동역을 배웠던 또 한 곳은 선교지인 인도네시아이다. 인도네시아의 IMF 선교단체에 소속되어 일을 할 당시 IMF는 외국인 선교사들과 현지 사역자를 합하여 약 200여 명이 사역하는 인도네시아에서 가장 큰 자국 선교단체였다. IMF는 독일에서 온 수위노만 선교사 부부가 세운 선교단체인데 이들은 WEC에 소속된 선교사로서 인도네시아에 오자마자 현지화하겠다는 생각으로 가난한 마을에 들어가 집을 세 얻어 살면서 동래 사람들과도 잘 어울리는 소탈한 선교사들이었다. 그들은 볼캇이라는 동생 부부를 초청하여 같이 사역을 시작했다. 사역 초기부터 선교사와 현지인들을 구분하지 않는 동질성(동역자 정신)을 강조했다. 그 후에 여러 나라에서 선교사들을 많이 초청했다. 지금 기억하기로는 독일, 노르웨이, 스위스, 영국, 미국, 뉴질랜드, 일본 등에서 선교사들이 와서 삶을 공유하고, 사역을 개발해 나갔다. 한편, 신학교를 통해 현지인들을 교육하며 사역자를 발굴해 냈다. 많은 사람이 하나의 선교단체로 모여 각각의 은사에 따라 직분을 분담했다. 각자의 은사대로 배치가 된 부서에서 사역을 하기 전에 매일 기도회로 하루를 시작하는 조화로운 모습은 문화와 민족을 초월하여 마치 천국의 모습을 보는 것 같았다. 기도로 하나 되는 모습, 섬김을 통해 마음이 하나 되는 모습, 지위를 가리지 않고 같은 삶의 패턴을 만들면서 공동체를 이루어 나가는 모습, 나는 이 공동체에서 함께 생활하며 많은 것을 배울 수 있었다. 지금도 그때 공동체가 몹시 그립다.

아쉽게도 선교사들이 선교단체를 떠나면서 그곳에서 보여주었던 동역 의식이 사라졌다. 그 이유는 대표 선교사가 지도력을 가지고 영적으로 성숙한 모습으로 섬기는 모습을 통해 이끌며 정서적으로 순종하는 분위기를 만들었는데, 현지 사람들이 지도력을 이어받으면서 상황이 달라졌기 때문이다. 인도네시아식의 지도력으로 바뀌는 것이다. 대표는 섬기는 자세보다 권위적 태도를 취하기 시작했다. 한 사람의 명령으로 모든 일이 이루어지고, 자녀들을 지도력에 포함 시켜 가족 중심의 지도층이 만들어져서 특권적 세습 단체가 되었다. 물질적인 부분에 있어서도 선교사들이 만들어 놓은 '믿음 선교'의 원리와 제도가 깨지면서 형편이 점점 어려워지게 되었다. 재정적 요청을 하지 않던 분위기는 사라지고 모금에 많은 시간과 노력을 들이는 선교단체가 되어 황폐의 길을 걷고 있는 것은 심히 안타까운 일이다.

여기서 우리는 동역 선교가 쉽지 않다는 것을 알 수 있다. 그러나 성경에서 말해 주고 있는 동역의 원리는 하나님 나라를 위해서 반드시 다시 회복되어야 한다. 이 책에서는 이론으로만 끝나지 않도록 어느 정도의 현실을 고려하면서 조심스럽게 이 문제를 다루어 나가고자 한다.

변화하는 선교 환경

선교 환경은 계속해서 바뀌어 가고 있다. 시대와 환경의 변화, 정치 경제의 변화, 문화적 변화, 종교의 이데올로기 변화가 복합적으로 작용하여 갈등이 심화되고 있는 것이 현실이다. 세계정세의 변화를 통해 우리는 지역적 선교 전략의 특징을 규정할 수 있다. 우리가 선교에 영향을 미치는 변화들을 도외시하면 전략적 선교는 불가능하다. 변화되는 환경에서 사람들의 심성, 태도가 함께 변화되고 환경의 영향 가운데 긍정적이든 부정적이든 사람들은 새로운 문화를 창출해 내가고 있다. 특히, 젊은 세대들은 변화에 민감하여 변화 속도가 빠르기에 세대 갈등을 만들어 내는 경우도 있다. 교회가 빠르게 변화하는 세상을 사는 사람들 가운데 존재하면서 시대에 뒤떨어진 모습으로 안주한다면 교회는 그들과 관계없는 곳이 되고, 그들에게 교회는 '관심 없는 곳'이 될 것이다. 특히나 젊은이들은 세상의 변화에 민감하여 기성세대에 비해 놀라울 정도로 변화된 멘탈을 소유하고 있다. 기성세대와 소통이 끊어지고 있음이 현실이다. 그렇기에 이제 중요한 것은 '어떻게 끊어지지 않게 고리를 이어 갈 것인가?'라는 점이다.

선교에 있어 청중, 즉 타깃을 잃어버리면 그것은 더 이상 선교라 말할 수 없다. 타깃 없는 선교는 시간 낭비, 자원 낭비로 끝나게 된다. 타깃 없이 달리기만 하는 경우는 바울의 말처럼 "달음질하기를 향방 없는 것 같이(고전 9:26)" 하게 되어 승리를 보장받을 수 없게 된다. 빠르게 변화하는 선교 환경 속에서 선교사는 긴장된 마음으로 변화의 민감성을 가지고 적응해 나가야 하며, 새로운 전략을 세워 나아가는 것이 옳은 자세라고 할 수 있다. 다원주의적 종교관, 이슬람 종교의 이데올로기화, 자국 우선주의, 민족 우월주의, 그리고 교회의 세속화 속에서 현대 선교는 힘든 도전에 직면해 있다. 옛날식 전략으로는 사람들을 만나기도 힘들고, 저들의 욕구에 대한 해결점을 찾아 주기도 힘들다. 말만 선교를 한다고 할 뿐 외침의 실체는 없는 경우가 많다. 선교학자 데이비드 보쉬 (David J. Bosch, 1929~1992, 남아프리카공화국)는 현대 선교의 위기를 다음과 같이 진단한다. 1) 과학 기술 발전으로 인해 급속도로 변화하고 있는 세속화, 2) 기독교의 본고장이라고 말할 수 있는 서구 국가들의 탈 기독교화, 3) 종교 다원주의화, 4) 서구 선교사들의 잘못된 이미지, 5) 날이 갈수록 심화하고 있는 빈부의 차이, 5) 서구 교회들의 신학적 불확실성과 선교 신학에 대한 불확실성 등. 그는 이런 요소들로 인해 교회들은 선교에 대한 무관심 내지는 선교 지속성에 대한 의구심을 가지게 되었다고 말한다.

우리가 처한 한국교회의 상황도 선교하기에 녹록지 않아 보인다. 한때 대한민국이 선교의 깃발을 들고 세계를 휘젓고 다녔던 시대가 있었다. 전 아시아와 서구 교회에게 큰 관심을 받기도 했었지만, 지금의 한국교회는 영성을 잃어가면서 선교의 사명도 함께 식은 것 같아 씁쓸한 마음이 든다. 우리 민족의 성정 중 하나가 쉽게 뜨거워졌다가 쉽게 식는 것이기도 하지만 선교가 본격적으로 시작된 지 반세기도 못 가서 늙는 모습을 보이니, 주님이 오실 때까지 어떻게 버텨야 하는가 하는 염려가 든다. 선교에 대해 말하는 사람은 많지만, 선교를 수행하는 사람은 많지 않다는 이야기도 나오고 있다. 추수 밭으로 가는 사람은 많지만, 곡식을 거두어 돌아오는 사람은 많지 않은 것이 현실이다. 아니, 오히려 실망만 하고 돌아오는 경우도 많은데 그 이유는 무엇일까? 내가 생각하건데, 선교의 맥을 잡지 못하는 경우가 많은 것 같다. 전략이 없는 선교의 결과이며 현지인들이 설 자리를 주지 않은 선교사들의 잘못된 리더십의 결과라는 생각이 든다. 선교사들이 보고를 위해 선교하는 모습, 선교지에서 자신들의 삶을 지나치게 걱정하는 헌신 부족의 모습은 이제 더 이상 보이지 말아야 한다. 선교단체들 역시 선교 전략에는 관심 없고 선교사 관리에만 신경을 쓰는데, 이는 심고 뿌리는 자들의 일당은 걱정하지만 정작 소출에는 관심이 없는 것과 마찬가지이다. 선교가 식는 것은 선교사의 책임이 크지만 나는 후원자들에게도 책임이 있다고 본다. 가는 사람이나 보내는 사람 모두가 하나님의 일에 대한 열정과 함께 방향성을 찾아 나아가야 한다. 실망보다 잘 될 수 있는 길을 찾아야 한다고 생각한다.

이러한 변화의 소용돌이 속에서 우리 선교는 깃발을 내려놓아야 할 것인가 아니면 더욱 적극적인 자세로 문제를 해결해 나아가야 할 것인가의 기로에 놓여 있다. 말세의 끝에 와있다는 것은 모두 공감하고 있는

데, 지금 우리의 자세는 안일하기만 하다. 예수께서는 "이 천국 복음이 모든 민족에게 증언되기 위하여 온 세상에 전파되리니 그제야 끝이 오리라(마 24:14)."고 말씀하셨지만, 교회나 선교사들은 아직도 미전도 종족이 많이 있다는 이유로 주님의 재림이 시기상조라고 생각하는 것 같다. 그러나 포기하지 말고 선교의 열정을 다시 가다듬어 우리에게 주어진 책임을 다시 깨달아야 한다. 한국교회는 많은 잠재력을 가지고 있다. 이 잠재력에 불을 살려서 선교지로 나가게 하는 것은 목회자의 몫이고, 선교 잠재력을 충분히 활용하려는 의지를 가지고 선교의 활성화를 꾀하는 것은 전적으로 선교사의 몫이라고 보아야 한다. 변화하는 선교 환경에 따른 새로운 전략이 수립이 절대적으로 필요한 때이다. 나는 현장에서 일어나고 있는 선교 운동과 힘을 합치는 것이 좋은 전략이라고 생각한다. 핵심 전략은 바로 일을 같이하는 것이다. "한 사람이면 패하겠거니와 두 사람이면 맞설 수 있나니 세 겹 줄은 쉽게 끊어지지 아니하느니라(전 4:12)."

현대 선교의 새로운 패러다임

시대가 변하면서 선교의 전략도 변화해야 한다. 하나님께서는 한 민족을 어느 정도의 기간 동안 사용하시다가 또 다른 민족을 들어 쓰시는데, 우리를 사용해 주신 것에 대해 우리는 하나님께 영광을 돌려야 한다. 1792년에 처음 윌리엄 캐리(William Carrey, 1761~1834, 영국)의 인도 파송을 시작으로 영국이 개신교의 종주국이 되었다. 한동안 영국의 선교사들이 주류를 이루다가 선교 운동의 흐름이 미국으로 건너갔다. 미국이 수많은 선교사를 세계에 파송하는 시대를 맞게 된다(첫 선교사로 1814년 아도니람 저드슨을 미얀마로 파송). 미국이 파송한 선교사들의 복음을 통하여 한국에는 수많은 자생 교회들이 생겨났고, 사회적 개화가 시작되었다. 한국은 영성뿐만 아니라 선교를 뒷받침해 줄 수 있는 물질적 자원까지도 마련되어서 최고 삼만 명의 선교사를 파송하는 쾌거를 이루었다. 그러나 최근에는 그 열정이 사라지기 시작했다. KRIM(Korea Research Institute for Mission)에서 발표한 자료를 보면, 2024년 기준 이만 삼천여 명의 선교사가 171개국에 남아 있다. 삼만 명에서 약 삼분의 일이 줄어든 셈인데 대체로 중국에서 철수한 선교사들, 코비드-19로 인한 파송 부진 내지는 지원 중단으로 중간 포기를 하게 된 것이 원인이라고 설명했다. 발표에서 더욱 부정적인 부분은 젊은이들의 선교사 지원이 줄어들었고 한국 선교사의 평균연령이 54세로 노령화되었다는 점이다.

그렇다면 하나님은 여기서 우리의 선교를 중단하시는가? 아니다. 다른 민족을 들어서 쓰시는 하나님의 손길을 볼 수 있다. 옛날에 '선교지'라고 불리던 동남아시아나 아프리카의 남단, 남미의 국가 중 상당수가 선교사로 준비하고 파송을 기다리고 있다. 우리 손에 있던 선교의 깃발이 다른 국가로 옮겨 져 갔구나 하는 생각과 선교 반세기도 안 되어 우리는 선교의 노령화 시대를 맞이했다는 씁쓸한 생각이 드는 것도 사실이다. 그러나 실망하기보다는 선교사의 역할론을 다시 정립해 볼 필요가 있다. 선교사의 숫자에 연연했던 것을 벗어나서 질적인 선교사, 즉 중요한 역할을 감당하는 선교사만이 살아남는 시대를 맞이했다고 생각하면 숫자는 큰 의미가 없게 된다. 중요한 역할을 감당하는 선교사는 누구인가? 바로 선교의 붐이 일어나고 있는 국가에 가서 현지인들과 동역 관계를 맺고 현지 지도자들을 교육하는 역할을 하는 사람이다. 한국은 그동안 하나님의 은혜로 부족함에도 불구하고 선교의 역사를 쓰는 복을 누렸다. 그래서 우리는 성공 또는 실패의 모든 경험을 갖고 있다. 이 경험을 바탕으로 타 국가의 선교사 후보생들을 교육하고 기를 수 있다. 우리가 바울 선교의 방법론, 동역적 안목, 문화적응 방법, 창의적 전략 선교의 방법 등을 가르칠 수 있다면 이 또한 훌륭한 사역이 아니겠는가.

나는 선교사들의 사역을 크게 세 부류로 나눌 수 있다고 본다. 첫째, 현장에서 아직 복음을 들어보지 못한 부족을 대상으로 그들을 위한 토착 교회를 세워주는 일과 미전도 종족에 대한 복음을 확장하는 일을 하는 부류이다. 이 사역은 지금까지 한국 선교사들이 많이 해 오던 일이다. 그러나 시대적으로 점점 더 어려워지고 있는 사역이기도 하다. 주님이 오실 때까지 선교에서 미전도 종족 사역은 끊을 수 없는 중요한 영역이다. 이 사역에 전념하는 선교사들은 '열매는 하나님이 맺게 하신다.'는 생각으로 계속해서 선교적 노력을 기울여야 할 것이다. 선교사들끼리 협력할 방안을 마련하고 현지인들이 참여할 수 있도록 훈련프로그램을 개발하고 교회설립 및 교회를 관리할 수 있는 기회를 부여해야 한다. 둘째, 성경 또는 신학을 가르치는 사역이다. 한국교회가 가지고 있는 성경 지식이나 신학 수준은 선교지에 비하면 상당히 우위에 있다. 선교사들은 그것을 나눌 수 있는 기회를 찾아야 한다. 선교사 모두가 선교학을 가르칠 필요는 없다. 신학교에서 필요한 과목을 자신의 은사와 관심에 따라 연구하고 학위를 취득하여 그 분야의 전문가가 된다면 선교에 큰 도움이 될 것이다. 그러나 신학을 위한 신학이 아니라 영성 있는 신학, 사명이 흐르는 생명 있는 신학으로 발전시켜야 한다. 선교지에는 그러한 신학이 절실히 요구되고 있다.

마지막 셋째, 선교학을 가르치는 일이다. 현장에서 일어나고 있는 선교 운동과 맥을 같이하여 선교 교육을 실시함으로 현지의 선교를 선교답게 수행할 수 있도록 돕는 사역이다. 한국에서는 한때 선교학이 대단한 인기를 끌었다. 당시에 목사나 선교사나 상관없이 많은 한국 교계 지도자들이 미국에 있는 선교대학원에서 앞다투어 학위를 취득하기도 했다. 최근 선교학에 관련된 학위 과정들이 등한시되거나 비인기 학문으로 전락하는 것을 보면서 학문이 인기와 유행을 따라가서는 안 되고 사명과 필요를 따라가야 한다는 생각이 들었다. 어쨌든 우리가 그동안 배우고 경험한 것들을 선교지에 가서 나눌 때가 되었다. 나는 이러한 사역을 싱가포르에서 수년 동안 해 왔다. 동남아시아에서, 아프리카에서, 남미에서 온 학생들을 대상으로 자국 선교사들을 길러내는 자국 선교사 훈련원을 세우도록 교육해 왔다. 이 방법은 선교사를 파송하여 사역하는 것이 아니라 자국인들이 자국인 선교사를 훈련시켜 자국에서 파송할 수 있도록 하는 것이다. 작지만 강한 정예군을 훈련하는 프로그램이다. BIU는 Bethany Fellowship이라는 선교단체에서 파송된 미국 선교사가 1995년에 세운 선교 훈련을 목적으로 하는 선교 교육 중심의 학교이다. 지금은 싱가포르의 지도자들인 텐 콕뱅(중국인) 박사와 수디르 이사야 박사(인도인)가 인도하고 있다. 나는 이 학교에서 2000년부터 지금까지 집중적으로 훈련에 참여하는 특별한 경험을 하고 있다. 나는 이곳이 동역선교의 탁월한 현장이라고 믿는다. 지금도 나와 이곳은 아주 깊숙이 연결되어 있다.

전략 있는 선교

내가 생각하는 우리 선교의 가장 취약점은 전략이 빠진 선교이다. 전략은 원래 군대에서 사용하는 언어인데 이제는 우리 삶 깊숙이 들어와 결과를 창출해 내기 위한 방법을 찾아내는 수단을 일컫는 모든 분야에서 사용되고 있다. 여기서의 전략은 과거에 받은 교훈으로 미래를 준비하는 과정을 말한다. 미래를 계획할 때는 해 보았던 모든 경험과 지식 그리고 앞으로의 가능성을 계산한다. 성경에서 하나님의 미리 계획하시고 준비하시고 실행하심을 볼 수 있다. 바로 예수님이 인간 세상에 오셔서 30년, 그리고 3년의 공생애를 통해 그분의 사명과 미래에 일어날 일들을 준비하신 모습이다. 이 모두가 하나님이 미리 계획하신 스케줄 속에서 이루어졌다. 이것을 하나님의 전략이라고 본다면 우리의 삶도, 우리의 사역도 전략적으로 접근하는 것이 가장 효과적이고 최상의 결과를 창출하는 방법일 것이다. 그러므로 전략적 선교는 선택이 아니라 필수이다. 하나님과 함께 만드는 전략적 삶을 살 때 우리의 삶의 목적이 분명해지고 영적 삶의 질이 높아지게 될 것이다. 선교를 함에 있어 이렇게나 중요한 전략적 안목 없이 진행한다면 결국 아무것도 이루지 못하는 결과를 만들지 않을까 염려가 된다.

한국과 미국을 포함한 세계의 어느 교회든지 선교에 참여하지 않는 교회가 없을 정도로 선교는 교회의 중요한 사역적 관심이다. 그러나 아쉽게도 그 참여에 있어서는 소극적이다. 선교가 전적으로 선교사들의 일이라고 생각하고 교회는 소극적인 자세를 보이는 경우를 보게 된다. 그저 주님이 명하신 일이기에 참여하는 것 정도로 할 일을 다 했다고 생각하는 것 같다. 그런 소극적 참여를 통해서는 만족할 만한 결과는 얻을 수 없을 것이다. 물론, 선교지에서나 선교사들을 통해 접하는 부정적 요소들로 인해 교회가 선교의 자원을 줄이는 경우가 있다. 그렇지만 다른 명목의 사역에 선교라는 이름을 붙여서 사용하는 경우를 보면서 아쉬움을 금할 길이 없다. 선교는 교회라는 존재의 본질에 속한다. 교회의 존재 이유가 바로 영혼 구원이라는 것에 동의한다면 더 이상 선교를 선교사들에게만 맡기는 피동적인 태도는 옳지 않다고 본다. 현재 우리의 선교는 전략 없이 수행되고 있고 방향성을 잃었기에 문제를 확인하고 재도전의 정신을 가질 때이다. 서로가 문제의 해결을 찾아 나섬으로 선교의 질을 높이는 것이 될 것이고 새로운 보람을 찾게 될 것이다. 하나님은 분명 한국교회가 장애물이 많다 하여 그것들로 인하여 포기하기를 원치 않으실 것이다. 이제부터 다시 시작한다는 마음으로 정렬을 가다듬고, 다시 한번 하나님 앞에 지혜를 구해야 할 때이다. 선교 현장이 아무리 어렵다고 하더라도 우리가 못하면 현지인들이라도 할 수 있도록 섬기는 모습으로 나아가야 할 때이다. 이를 통해 선교의 새로운 선교의 지평이 열릴 것이다.

시대적 변화의 소용돌이 속에서 우리가 붙잡아야 할 잣대는 무엇인가? 하나님의 말씀일 수밖에 없다. 말씀에 충실하다 보면 그 말씀 속에서 지혜가 나오고, 도전 정신을 함양하고, 장애물을 뛰어넘을 수 있는 힘과 수많은 변화에 대한 적응 능력을 얻게 된다. 말씀을 잣대로 변화된 지역적 문화를 측정해야 한다. 변화된 상황을 판단할 수 있는 지혜는 결코 변화되지 않는 잣대가 될 것이다. 이 잣대로 우리가 오히려 세상을 판단하고 세상을 변화시키는 것에 도전하게 될 것이다. 주님은 "너희가 내 안에 거하고 내 말이 너희 안에 거하면 무엇이든지 원하는 대로 구하라 그리하면 이루리라(요 15:7)."고 하셨다. 이 말씀은 주님의 도움과 말씀으로 모든 것을 해결할 수 있다는 뜻이다. 중요한 것은, 우리가 주님과 하나 되는 것이며 주님의 계획에 나의 계획을 예속시키는 것이다. 이것이야말로 하나님과의 동역적 전략이 아닌가 생각한다.

나는 변화되고 있는 세상 속에서 선교사의 역할이 무엇이며 어떻게 리더십을 발휘하는 것이 가장 바람직한 모습인가를 고민하고 있다. 선교 리더십은 세상 리더십과는 분명하게 구별되어야 하고, 같은 문화권의 리더십과도 구별되어야 한다. 초문화권을 살아가는 우리는 현장의 리더십 패턴을 이해해야 한다. 선교의 종착역이자 목표는 현지화를 만들어 내는 것이고 여기서 선교사의 역할은 현지인들이 세워지도록 만드는 일과 지도력을 이양하는 것이다.

　내가 1976년에 선교지로 나갈 때까지만 해도 한국에서 '선교사'라고 불리는 사람은 서양에서 온 사람들을 일컫는 말이었다. 내가 인도네시아에 도착했을 때 현지 사람들은 나에게 '뚜안'(Tuan)이라고 불렀다. 이 말은 '주인'이란 뜻이다. 외국인이 주인이라면 자신들은 머슴이라는 의미가 되는데, 인도네시아가 화란에 360년간 지배를 받은 역사가 있다 보니 그런 말이 나올 만도 하다고 생각했다. 그런데 이제는 상황이 달라졌다. 인도네시아인들의 자국에 대한 자부심과 자국 우월주의는 여느 나라와 다를 바가 없는 정도가 되었다. 거기에 교회의 부흥과 선교 운동이 이곳저곳에서 일어나고 있고, 경제 성장이 이를 뒷받침해 주고 있는 상황이다. 그렇다면 이제 선교의 방향이 일방적인 주종 관계가 아니라 동역 관계로 전환을 할 때이고 친구 관계를 맺으며 사역을 하는 전략이 필요하다. 오히려 그들을 세우기 위해 우리가 종이 되는 자세가 필요하기도 하다. 이러한 전략적 자세의 자리매김은 인도네시아에만 국한되지 않는다. 남반부는 지성보다 영성을 강조하는 부흥의 패턴을 가지고 있다. 우리가 그 영성 에너지를 터득하여 호흡을 맞추어 선교의 방향으로 인도하면 큰 선교적 자산이 되리라는 믿는다. 이러한 동역의 전략은 예수님께서도 사용하셨다. 요한복음 15장 15절에서 예수님은 "이제부터는 너희를 종이라 하지 아니하리니 종은 주인이 하는 것을 알지 못함이라 너희를 친구라 하였노니 내가 내 아버지께 들은 것을 다 너희에게 알게 하였음이라."고 하신다. 나는 현대 선교에서 최선의 전략은 그들과 친구의 관계를 맺는 것이라고 생각한다. 친구를 만들기 위해서는 나의 희생이 필요다. 내가 우월하다는 생각을 버리고 상대방의 우월성을 인정하는 태도, 즉 "각각 자기보다 남을 낫게 여기고(빌 2:2)"의 태도를 실천하는 것이다.

한국 선교 운동에서 현지 선교 운동으로

하나님께서 한국교회를 사랑하신 증거는 많이 있다. 그중 하나가 훌륭한 선교사들을 한국에 보내주신 것이다. 그들이 첫 단추를 잘 끼워 주어 훌륭한 선교사의 모델이 되었고, 한국교회는 자생력을 바탕으로 빠르게 성장할 수 있었다. 많은 지도자가 배출되어 일제의 강점기의 혼란 속에서도 정치 지도자, 사회 지도자, 교육 지도자들이 나왔고, 이 역할의 중심에 선교사들이 있었다는 것은 모두가 인정한다. 이들이 개화에 앞장서서 교육과 사회 발전은 물론이거니와 향후 경제 발전까지 이어지는 인프라를 구축하였다. 한국의 교회 성장이 국가의 정신적 근간이 되었다고 해도 과언이 아닐 것이다. 교회의 성장과 그에 따른 경제의 성장은 한국교회가 사명의식을 깨닫게 되는 초석으로 작용했고, 그 사명은 바로 해외 선교이다.

교단별로 산발적으로 실시되었던 한국 선교가 본격적으로 이루어진 것은 약 반세기 전의 일이라고 볼 수 있다. 1973년 빌리 그레이엄(Billy Graham, 1918~2018, 미국) 집회 당시 여의도 광장에 100만 명이 모인 사실은 동서양을 통틀어 그가 개최한 대회 중에서는 가장 큰 대회로 기록되고 있다. 당시, 한국 전쟁의 종전이 체결된 지 20년밖에 안 되었던 때라,

100만 명이 여의도에 모였다는 것에 모두가 놀라지 않을 수 없었다. 숨겨져 있었던 한국교회의 잠재력을 여실히 드러내 준 대회였다. 다음 해에 같은 장소에서 '엑스플로 74' 대회가 개최되었다는 것도 상당한 의미가 있다. 이 대회가 갖는 큰 의미는 바로 그리스도인들의 사명을 강조하는 대회였다는 점이다. 같은 해에 교계와 선교의 지도자들을 모아 아시아선교협의회인 AMA를 조직하였다. 아시아인들의 선교에 대한 책임과 함께 협력을 강조하는 모임을 만들면서 자연스럽게 아시아의 선교를 깨우는 일을 하게 되었다. 이를 계기로 서양 중심의 선교 세력이 아시아 선교의 잠재력을 인식하게 되었다. 영적 각성과 함께 사명을 고취하는 대회들, 그리고 자연스럽게 선교를 강조하는 대회들이 만들어지면서 한국은 2019년 팬데믹 이전까지 거의 3만 명을 170여 국가에 파송하는 선교 국가가 되었다.

숫자가 모든 것은 말해 주는 것은 아니지만 현상적으로 보여주는 것은 역시 숫자나 데이터에 의존하게 된다. 그러나 숫자보다 더 중요한 것은 바로 선교의 질적 성장이다. 질적 성장을 판단하는 기준은 선교 현장에서 만들어지는 선교의 열매들을 가지고 이야기할 수 있을 것이다. 몇 명의 선교사를 파송했는지가 중요한 것이 아니고 선교 현장에 얼마나 많은 제자가 생겨나고, 사역자들이 만들어지고, 복음의 열정이 불붙게 되었는지가 중요한 것이라고 할 수 있다. 현장에서 복음의 역동성이 일어나게 하는 것이 선교의 성숙이라고 할 수 있지만, 이런 일은 많은 시간을 필요로 한다. 복음의 씨를 뿌려 지역의 복음화를 끌어내는 것, 아직 복음이 들어가지 않은 미전도 종족에 대한 열정을 가지고 사역하는 것이 선교사에게 중요한 일임에는 틀림없지만, 현지인으로 구성된 지도자들을 세워 복음 전도의 열정을 갖도록 하는 것이 현대 선교의 중요한 방법이 아닐까 생각한다.

나는 2023년 6월 26일부터 30일까지 태국의 수도 방콕에서 하나님이 하시는 놀라운 일을 보았다. 나는 인도네시아 선교 컨퍼런스가 방콕에서 개최되어 초청을 받고 참석하였다. 130여 명의 선교사와 선교사 후보생, 그리고 선교 지원자들이 모여 '인도네시아의 선교 시대'를 선언하는 뜻깊은 컨퍼런스였다. WP(World Partners)라는 선교단체는 1985년에 일본인 앗수미 선교사와 GP 선교회의 안성원 선교사가 지원했던 인도네시아 자생 선교단체이다. 인도네시아 보르네오섬에 세워진 안중안 신학교(STT ATI)의 파무지(Pamuji)라는 졸업생이 주축이 되어 선교단체를 만들었다. 그를 통해 인도네시아 전국으로 선교 운동이 확산되었고 동남아시아의 14개국에 30여 명의 선교사를 파송하기에 이르렀다. 인도네시아는 더는 선교지로만 남아 있지 않고 선교국으로서의 면모를 갖추고 있었다. 나는 이 모임에 참석하여 어렵게 설립된 칼리만탄의 안중안 신학교가 성장한 모습을 보았다. 신학교가 시작될 때부터 선교학 교수로서 "선교는 너희들의 책임이다."라고 외쳤던 기억을 떠올리며 뿌려진 씨는 반드시 열매를 맺게 하시는 하나님의 일하심에 감사의 기도를 드리지 않을 수 없었다.

이렇듯 선교의 바람은 쌍방으로 불고 있다. 이제는 우리가 주도하는 선교가 아니라 하나님이 만들어 내시는 선교 운동이 일어나고 있다. 나는 이제 민족을 초월한 선교의 동역 정신을 키워나가는 것이 향후 한국 선교의 과제라고 생각한다. 더욱이 우리가 선교에 실망하고 손을 놓으려고 할 때 하나님은 다른 민족을 세워서 이 일을 계속하고 계시다. 우리에게 반세기 전에 우리에게 주어진 귀한 일들을 놓쳐 버린다면 그것은 우리 선교가 고령화되어 가고 있다는 의미일 것이다. 우리가 아브라함에게 주신 '각 민족을 향한 복'을 놓쳐 버린다면 이 얼마나 불행한 일이 되겠는가? 서양 교회들의 경우, 선교의 불이 붙고 있을 당시에 신앙과 삶의 가치를 확고히 하며 살았지만, 이 사명을 잃어버린 젊은 세대는 심각한 방향 상실을 경험하고 있는 것을 본다. 우리도 저들의 전초를 밟지 말아야 하겠다는 생각을 하게 된다.

동역(同役)은 선교의 동력(動力)

동역의 범위는 크게 한국인과 한국인의 관계, 한국인과 현지인과의 관계, 그리고 한국인 선교사와 국제적인 관계 등으로 구분할 수 있을 것 같다. 나는 한국 선교사들과 동역하면서 바탐 신학원 프로젝트를 수행했다. 또 타국 선교사들과 동역하여 인도네시아의 안중안 신학교를 설립했다. 그리고 현지인들과 동역하여 말레이시아 신학원을 설립했다. 각각의 프로젝트가 앞서 제안한 동역의 범위를 설정하는 기준이 되었다. 그리고 아시아 선교 지도자들과 함께 AMA의 사무총장으로서 10년간 섬길 기회를 가졌다. 나에게는 이 사역들이 모두 동역이라는 가치 아래 수행되었기에 큰 의미가 있다. 한국 선교사들과 일본 선교사를 포함하여 외국 선교사들과 같이하는 선교, 현지인들과 만들어 낸 프로젝트, 그리고 국제적 포럼에서 함께 섬겼던 사역들. 나는 정글부터 국제무대까지, 정글 숲에서부터 빌딩의 숲속으로, 이 모두 동역이라는 마음가짐으로 사역들을 감당했다. 결국, '내'가 아니라 '우리'라는 가치 아래 만든 것이고 그 위에는 하나님이 함께 하셨기에 가능했다는 고백을 할 수 밖에 없다.

한국 선교에서 협력 선교의 현장을 찾아보기는 쉽지 않다. 이것이 바로 한국 선교의 맹점이라고 말할 수 있을 것이다. 하나님 나라 확장을 목표로 하는 선교라면 협력 선교는 당연히 시행되어야 할 선교 사역의 전략이다. 한국인들의 특성을 말할 때, '모래알'과 같다는 이야기를 하기도 한다. 그러나 모래가 시멘트와 섞이고 물이 부어지면 깰 수 없는 단단한 콘크리트가 만들어진다. 콘크리트로는 튼튼한 건축물을 만들 수 있다. 모래와 같은 우리라도 시멘트와 같은 말씀, 물과 같은 성령의 능력이 합쳐지면 하나님이 기뻐하실 건축물을 만들어 낼 수 있을 것이다. 그러므로 하나님의 나라의 일꾼들은 당연히 협력하여 사역해야 하고, 우리의 일이 하나님 나라의 발전을 위한 일이기에 '내 것'은 없고 같이 이루어 나가는 '하나님의 일'만 남아 있다는 것을 명심해야 한다. 예수님은 "우리와 같이 그들도 하나가 되게 하옵소서(요 17:11)."라고 기도하셨다. 하나님과 예수님이 하나이신 것처럼 우리가 예수님과 하나 되기를, 그리고 하나님의 가족인 믿는 자들이 하나 되기를 기도하신 것이다. 시너지는 하나됨으로부터 시작된다. 교파, 교단, 교회, 지방, 교육 배경 등이 다른 다양한 사람들이 서로 어울리는 것이 쉬운 일은 아니지만, 하나님이 우리를 신뢰하셔서 맡겨 주신 일이라는 믿음과 각자가 할 수 있는 은사에 따른 사역들을 귀하게 여기면서 서로를 축복하고 격려할 수 있는 신앙적 여유를 가진다면 열매는 풍성하게 맺힐 것이다. 더는 한국인들끼리만이 아니라 현지인들까지 포함한 협력의 시대가 왔다고 생각해야 한다.

처음 바탐 신학원 설립 사역을 시작할 때는 너무나 외롭고 힘들었다. 그러나 현지 지도자들이 각자의 힘을 다해 돕는 사역으로 발전해 나갔고, PWM 선교회(지금 GP 선교회) 소속의 한국인 선교사들이 협력해서 동역하는 특권을 누리게 되었다. 당시에 제일 먼저 나의 제안을 따라 사역에 참여한 분은 여성 선교사인 김화수 선교사이다. 이 사역을 위해 긴 시간을 투자하지는 못했지만, 초창기 어려웠던 기간 중 바탐 현장에 머물며 가능성도 보이지 않는 개척의 어려움을 견디며 참아준 사람이 바로 김화수 선교사이다. 창립자로서 나는 그를 떠올릴 때마다 늘 감사한 마음이 앞선다. 그 후에 박상배 선교사 내외분이 현장에 머물면서 학생들을 잘 관리하며, 영적인 자세를 가르치는 중요한 일을 맡아 주었다. 그는 영성이 먼저 준비되어야 사역의 열정이 생긴다는 것을 아는 사람이었기 때문에 하나님을 향한 헌신과 희생을 위한 기도 교육이 우선시

되어야 한다고 생각했다. 학생들 책상 위에 미전도 종족들의 이름을 쓴 딱지를 붙여 놓고 기도하도록 훈련 시켰다. 영성과 함께 타 종족에 대한 부담, 즉 선교적 마음을 갖도록 훈련 시킨 것이다. 박상배 선교사는 부담 없는 나의 동역자였다. 그래서 내가 바탐에만 머물지 말고 타 지역 개척을 위해 떠나자는 제안을 하였고 그는 내 의견을 수용하여 말레이시아로 선교지를 옮기기로 결정하였다. 말레이시아는 인도네시아와 달리 강력한 이슬람 국가이기에 영적 싸움에 준비가 된 사람만이 살아남을 수 있는 곳이다. 나는 박 선교사가 가진 강력한 영성으로 이 사역을 해낼 수 있겠다는 믿음이 있었기에 말레이시아 개척 사역을 제안하게 된 것이다. 말레이시아는 많은 선교사들이 모슬렘을 대상으로 하는 사역을 꿈꾸며 머물러 있었지만 대부분 실패로 끝난 선교의 현장이다. 때문에, 박상배 선교사는 나와의 친분과 하나님의 부르심을 고려하여 참담하고 힘든 곳이지만 쿠알라룸푸르, 페낭 등에 정착했다. 그러다가 영적 전쟁이 상대적으로 쉬운 곳인 동부 말레이시아 꾸찡으로 떠나게 되었다. 그리고 바탐 신학원의 교역자 훈련원을 개설하여 남택수 선교사에게 이양하였다.

바탐 신학원은 김영숙 선교사에게 맡겨져 한 단계 업그레이드된 모습으로 진행되고 있다. 우선 정부의 공식 인가를 받게 되어 신학대학교로 학위를 받게 된 것이다. 그전에는 2년제 야간이었지만 지금은 4년제 주간과 야간으로 진행되고 있다. 정부의 종교 교사 자격증을 얻을 수 있는 지정학교로 인가가 남으로써 학생들은 정식 종교 교사 자격증을 받아 일반 학교에서 성경을 가르칠 수 있는 자격을 취득하게 되었다.

이뿐만 아니라 목회자와 교육자들을 배출할 수 있는 학위들 (S.Th., SPD, M.Th.)을 수여하게 되었다. 학구적인 면에서는 많이 발전했지만 선교와 전도 등 복음 전파와 영  혼 구원의 목적을 둔 바솜(BASOM)의 본질은 지켜가야 하는 과제는 남아 있다.

바탐 신학원에 선교사 간 협력, 선교의 흐름을 이어주는 선후배 프로젝트, 현지인들의 지도력을 추구하는 협력, 교단이 다르더라도 하나님 나라만을 위한 협력 등 다양한 모습이 담긴다면 이보다 더 귀한 사역은 없을 것으로 본다. 아직 부족하고 규모 또한 작지만, 하나님의 영광을 선포하며, 선교의 모델이 되고, 하나님 나라를 확장해 나가는 신학교가 되기를 희망한다. 100퍼센트 자립도 하나님이 함께하시면 가능하리라고 본다. 하나님이 세우실 책임감과 사명감이 넘치는 현지 지도자가 나타나기를 기도하고 있다. 협력은 아름다운 것이고, 협력은 사역자의 기쁨이며 하나님의 기쁨이다. 이렇게 좋은 면이 많은 협력이라도 자신을 중심으로 하면 실패한다. 협력의 삼각관계의 위에는 반드시 하나님이 계셔야 한다.

자생적 선교의 비전

'자생'이란 '타인의 도움 없이 해당 지역에서 자력으로 살아간다는 것'을 의미한다. '토착화'란 단어는 뿌리를 내려 지역 특성에 맞게 동화되는 것이다. 이 두 단어는 자국의 잠재력을 키워 스스로 책임을 질 수 있도록 만들어 주는 것을 의미하는 단어들이다. 장기적으로 자신들의 잠재력으로 자국을 복음화할 수 있는 능력을 키운다면 그보다 더 좋은 방법은 없을 것이다. 그리고 그것을 선교의 종착역이라고 말할 수 있을 것이다. 우리 선교는 지나치게 간섭 또는 도움을 주거나, 아니면 지나치게 선교사 입장에서 사역을 진행하는 취약점을 가지고 있다. 그렇다 보니 수혜자가 가진 잠재력을 발휘할 기회를 빼앗거나 잠재된 능력을 스스로 개발할 기회를 상실하게 만든다. 교육학에 빗대어 설명하자면, 일반적 교수법(Pedagogy)과 자율적 교수법(Andragogy) 이라는 개념을 들 수 있다. 교육학에서는 지나치게 교사 의존적인 교육과 피교육자의 창의적 교육 방법을 구분하고 있다. 대부분의 교육 방법은 교사가 중심이 된 지식 전달로 끝나 버리는 경우가 많다. 그러나 자율적 교육 방법에서 교사의 역할은 피교육자의 창의적 개발을 위한 멘토로 제한된다. 저들이 스스로 깨닫도록 기다려주는 것이다. 당연히 교육자에게는 대단한 인내가 필요하다. 교사 중심이 아니라 학생 중심으로 속도 조절을 해야 한다. 예수님은 갈릴리 사람들을 데려다 놓고 세계를 향한 지도자들을 만들기까지 상당한 노력과 인내심을 가지고 기다리셨다.

선교에 이 원리를 적용한다면 지나친 교사인 선교사에게 의존하는 의존적 선교와 현지인들이 자율적인 창의력을 개발하여 만드는 선교 개발, 즉 자생적 선교로 구분할 수 있을 것이다. 우리는 쉽게 우리의 방법이 최고라고 생각하고 우리 것을 지나치게 강조하기를 좋아한다. 그러나 그 방법이 아무리 훌륭하다고 하더라도 현지인들에게 익숙하지 않으면 그것은 저들에게는 '나의 것'이 아니라 '남의 것'이 되어 버린다. 남의 것은 익숙하지 않다. 옛날, 한국에 온 서양 선교사들이 소개한 '삼자 정책'은 바로 현지인들의 자생력을 기르기 위한 정책이었다. 선교사에게 가장 힘든 재정적 자립과 선교사가 가장 수용하기 어려운 전통적 지도력의 모델들이 있지만, 토착화를 위해서는 그것들을 인정하고 저들을 포교하기 위한 방법을 연구하고 적용해야 한다. 한국에 온 초기 선교사들은 한국교회를 세우는 데 있어서 삼자 정책을 수립함으로 큰 역할을 했다. 삼자 정책은 재정적 자립을 위한 '자급'(Self-Supporting), 지도력의 현지화를 위한 '자치'(Self-Governing), 그리고 현지의 방법을 채택하는 '자전'(Self-propagating)이다. 나는 시간이 한참 흘렀어도 여전히 이 방법들이 옳다고 여기며, 지역마다 민족마다 적용에 차이는 있을 수 있지만, 시행 불가는 아니라고 생각한다. 우리의 선교 역시 이 방법을 계속 추구해 나아가야 한다고 생각한다.

인도네시아 바탐 신학원은 1992년에 설립되어 자생적 기관이 되기 위해 부단히 노력해 왔다. 나는 나의 후임자 선교사들에게 절대 공식적인 보직을 맡지 말라고 권유하였다. 선교사가 여전히 개척자(Pioneer)나 부모(Parent)의 단계에 머물러서는 자생적 선교를 기대하기 어렵다. 현대 선교에서 선교사는 동역자(Partner) 내지는 조력자(Participate) 위치에 머물러 현지인 스스로가 주인의식을 갖도록 하는 정책을 시행해야 한다고 본다. 물론 설익은 과일을 딸 수는 없다. 그러나 너무 익어도 상품 가치가 떨어지기 때문에 어느 정도 선에서 열매를 거두는 지혜가 필요하다. 선교사가 조언자로 머무르는 것은 현지인들이 선교사에게 대한 의존도를 줄이기 위해서이다. 바땀 사역에서 후임자들이었던 박상배 선교사나 김영숙 선교사는 이 원리를 철저하게 지켰다. 저들은 아무런 보직도 맡지 않았고 그저 교수일 뿐이었다. 그러나 이들의 역할은 대단히 중요했다. 학교의 기본이 흔들리지 않게 하고, 학생들의 영성이 쇠하지 않게 하고, 학교의 질이 떨어지지 않게 하는 일과 학교가 어려울 때 재정적 지원을 하는 등의 다양한 일을 감당했다. 자생적이고 토착화 된 학교를 위해서 학교의 교과 제도나, 교과 과정, 그리고 심지어는 졸업식 행사까지도 모두 인도네시아식으로 실행했다. 문제는 위에서 말한 선교사의 참여가 언제까지 이루어질 것이냐 하는 것이다. 모든 것은 하나님께 달려 있다. 섬기는 데까지 섬겨야 한다는 생각을 가지고 지금까지 유지해 오고 있으나 언젠가는 강력한 현지 지도자가 나타나 학교의 일을 내 일처럼 책임지려는 마음을 가지고 이끌어 나갈 것이라고 믿고 이를 위해 기도하고 있다. '한국인의 학교'란 생각이 아니라 내가 책임져야 할 '우리의 학교'라는 생각을 하는 사람이 나타날 때까지 우리는 인내를 가지고 기다리고 있다. 그리고 동역의 끈을 놓지 말아야 할 것이다. 여전히 먼 길을 가야 하는 상황이지만 일단, 현지화 작업은 끝났으니 자립화만 남았다고 보고 있다.

싱가포르의 BSM(Bethany School of Missions) 선교대학원은 싱가포르뿐만 아니라 외국에서 오는 학생들을 교육하는 기관이다. 나는 이 학교에서 약 30년 동안 강의를 하고 있다. BSM의 특징은 선교의 자생력을 강조하는 학교라는 점이다. 학교의 규모나 시설이나 방법적인 면에서 자국 수준을 고려한 학교이다. 싱가포르는 선진국(아시아에서 가장 높은 개인 GDP를 가짐)이지만, BSM에는 아프리카나 동남아시아에서 온 학생들이 많다. 우리는 저들의 삶의 양식은 바꾸지 않는 범위 내에서 자유롭게 학문을 하되 자신들의 상황에 맞는, 그리고 자신들이 필요로 하는 학문을 개척하도록 돕고 있다. 이 학교의 교육 프로그램에서는 소위 '상황화'(Contextualization)란 말을 많이 쓰고 있다. 토착화된 교육을 이루기 위한 노력의 일환이다. 우선, 나라 곳곳 화려한 시설로 채워진 싱가포르이지만 이 학교는 가장 후진 곳에 위치해 있고 학습 또한 좁은 공간에서 이루어지고 있다. BSM의 학생들은 같이 공부하고 기도하고 예배하는 공동생활을 하며 타인의 필요를 채워주는 일, 즉 섬김을 배우는 공동체로 자라고 있다. 같이 섬기는 일을 배우고, 주위 환경을 청결케 하는 책임 등을 맡겨서 현대 젊은이들에게 취약한 부분을 보완하는 교육을 실시하여 선교학이라는 학문뿐만 아니라 삶까지 교육하는 학교이다. 현대 학교 시스템에서는 쉽게 찾아볼 수 없는 교육 프로그램이라고 할 수 있겠다. 교육을 이수한 학생들은 자국으로 돌아가 경험한 교육철학을 그대로 실행하는 교육 프로그램 만든다. 1995년 이후로 지금 전 세계에 약 1,000개의 학교가 세워졌고 자생력을 키우는 교육 프로그램이 진행되고 있다. BSM 선교 교육은 자국인들의 수준에서 자국 선교를 꿈꾸게 하는 프로그램의 모델이 되었다.

선교지 중심의 교육 운동

선교는 성도의 성숙 정도를 측정하는 잣대라고 말할 수 있다. 선교를 한다는 것은 자신의 신앙관리에 집중하던 모습에서 타인의 신앙에 관심을 가지는 단계까지 가게 되었다는 것을 말해 주기 때문이다. 우리의 기도가 자신만을 위한 기도에서 벗어나고 예수님을 믿는 것이 자신의 복을 받기 위한 수단이라는 생각에서 벗어나 하나님의 마음을 헤아리고 하나님께 순복하는 자세와 하나님의 영광을 선포하는 기도와 신앙생활이 된다면 이미 성숙한 신앙의 자세이다. 주님이 기도로 먼저 가르쳐 주셨다. "나의 원대로 마시옵고 아버지의 원대로 하옵소서(막 14:36)." 기도란 하나님의 뜻을 분별하는 과정이고, 자신의 소원을 하나님의 뜻에 맞추는 것이라고 생각하는 성숙한 마음이 있는 성도는 이미 선교적 마음을 가진 사람이라고 말할 수 있을 것이다. 요나의 이야기를 보면 분명하게 나타나 있다. 요나는 영혼에 대한 관심보다 자신을 비추는 햇빛을 가려주는 박넝쿨에 관심이 있었다. 죽어가는 박넝쿨을 보며 자신의 처지를 비관하며 하나님께 간구하는 실패한 선교사를 향해 하나님은 오히려 하나님을 욕하고 악독이 하늘에 달한 백성들(니느웨 시민들)을 안타깝게 생각하셨다. "이 큰 성읍 니느웨에는 좌우를 분변하지 못하는 자가 십이만여 명이요 가축도 많이 있나니 내가 어찌 아끼지 아니하겠느냐(욘 4:11)." 이 말씀에는 하나님의 마음이 잘 나타나 있다. 하나님은 우리가 이기적 신앙생활에서 벗어나 남을 위한 희생적 신앙생활 하기를 원하신다는 것을 알 수 있다. 이 마음이 곧 선교적 마음이다.

선교사가 자신의 은사나 교육적 배경 그리고 자신이 관심을 가진 분야를 계속해서 연구하고 사역에 접목하는 것은 자신에게나 사역의 질적 측면에 있어 중요한 사안이라고 생각한다. 다시 말해서 사역자는 사역적 전문성을 갖추어야 한다. 나 같은 경우, 나에게 주어진 전문성은 교육이라고 생각한다. 주님의 지상 명령 중 "가르쳐 지키게 하라(마 28:20)."는 말씀이 나에게 깊이 새겨진 이유는 내가 한국을 떠나기 전 3년간 중학교 교사 생활을 했던 경험이 큰 작용을 했다. 이때의 경험으로 나의 사역 방향이 정해진 것이 아닌가 생각한다. 정글에서 교회를 설립할 때에도 제직들을 교육해서 교회설립 사역에 동원했던 일이나 안중안 신학교 설립 사역을 하게 된 동기나, 싱가포르의 베다니 선교대학원에서 강의, 바탐 신학원 설립, 그리고 말레이시아에서의 신학 교육 사역 등 모두가 교육과 관련된 사역이다. 아마도 나의 열정이 '교육'에 있었기 때문일 것이다. 이러한 연유로 인하여 안식년이 되면 쉬기보다는 나의 업그레이드를 위해 힘을 썼다. 미국의 대학들을 다니면서 선교학 또는 선교 교육학 학위 과정을 밟았다. 결국에 나는 '선교사' 그리고 '교육자'가 되었다. 부족한 실력으로 선교지에 갔기 때문에 '어떻게 하면 나를 업그레이드해서 교육 사역에 열중할 수 있을까?'를 고민하고 있었는데 하나님은 늘 기회를 주셨고 필요한 재정(학비)도 마련해 주셔서 나 자신을 훈련하는 기회를 얻게 되었다.

교육 사역의 일환으로 바탐 신학원을 개척하면서 어떻게 하면 전도와 선교의 프로그램을 바탐 뿐만 아니라 다른 지역에도 개발할 수 있을 것인가를 많이 연구했다. 인도네시아의 반둥이라는 도시에 바시르 타리겐

(Basir Tarigent)이란 오랜 친구가 있었다. 그는 반둥에서 오랫동안 일반 건축공학을 강의하던 교수였는데 대학교수직을 그만두고 신학 공부를 한 후 목회자가 되어 교회를 개척했다. 그런데 그 교회가 점점 부흥하여 약 1,000명 가까운 성도가 나오는 교회로 성장하였다. 나는 그와 교제하면서 나의 비전인 학교 사역과 선교에 대한 도전을 나누었고 그가 나의 제안을 받아들여 자신의 교회에 일반 성도들을 위한 전도학교인 반둥 신학원(BASOM : Bandung School of Ministry)을 개척하기로 결정하였다. 많은 교회 평신도들이 이 학교에 입학하였지만 생각한 것처럼 쉬운 일은 아니었다. 그 이유는 그곳에 있는 개 교회 지도자들은 교육에 대한 전문성이 결여되었고, 당시 싱가포르에 거주하고 있는 나와는 거리도 멀고 해서 등한시되었기 때문이다. 이어서 싱가포르에 있는 베다니 선교대학원의 지원을 받아 계속 진행이 되었으나 몇 년 후에는 일반 대학으로 변신하여 하라판 방사 기술대학(Institut Teknologi Harpan Bangsa)으로 바뀌어 많은 청년에게 기독교 세계관을 가지고 교육을 하는 공식 대학이 되었다. 그곳에 있었던 바솜 신학원은 수마트라의 메단으로 옮겨 조그마한 규모로 운영하였다.

'바솜 선교교육 운동'이란 평신도, 선교와 전도, 그리고 프로그램 중심의 교육 기관을 말한다. 교육이란 지나치게 규모가 커지면 운영하는 것이 큰 짐이 될 수밖에 없다. 그래서 우리는 학생 수가 적어도 운영비를 마련하는데 문제가 되지 않는 규모로 만들기를 원했다. 건물이나 제도, 그리고 인적인 수요에 집중하지 않고 프로그램에 집중하는 것은 그렇게 많은 경비를 들이지 않아도 된다. 물론, 학교로서 유명하거나 학생들이 선호하는 학교의 면모를 갖출 수는 없겠지만 적은 숫자의 교직원들이라도 헌신만 되어있다면 학생들을 가족같이, 그리고 개인별로 특별한 관심을 갖는 교육을 할 수 있다. 그러면 규모와 관계없이 참된 교육이 이루어지게 되어 있다. 이러한 원리는 예수님께서 제시하신 원리이다. 철저하게 헌신 된 예수님의 제자들은 순교를 무릅쓰면서 복음을 전하는 사역자가 되었다. 이런 결과는 바로 개인에 대한 관심과 삶을 통한 교육에서 나온 것이다. 그렇다면 현대 신학 교육은 대량 생산의 방향이 아닌 소수의 사람을 인격적인, 개인적인, 그리고 개별적 은사에 맞춘 교육의 방향으로 이루어져야 한다. 그럴 때라야 질이 떨어지는 교육을 피할 수 있을 것이다. 교회가 교회다워지려면 교육의 본질로 돌아가 신학 교육을 시키든지 전도 교육을 시키든지 해야 한다. 최근 신학교의 학생 숫자가 줄어드는 경향은 어느 국가에서 든 볼 수 있는데 더는 숫자에 연연하지 않는 작고, 쓸모 있는 교육의 현장을 만들어 질적 성장에 교육의 초점을 맞출 때가 된 것 같다.

우리의 신앙은 실망이 아니라 적응이고, 부정적 요소나 환경에서도 긍정을 찾아내고, 해결점을 찾는 것이 하나님의 일이 되어야 하고 하나님의 일에는 하나님의 지혜와 도우심이 있을 것이라고 믿어야 한다. 앞서 언급한 인도네시아 바탐의 바솜 선교교육 운동은 어떻게 하든 교육만 이루어질 수 있다면 환경에 적응하면서 영성과 사명에 초점을 만드는 운동이다. 어디서나 언제든지, 어떤 방법으로든, 그리고 누구에게든 선교 교육이 필요한 이유는 그것이 신앙을 성숙하게 만드는 일이고, 그러한 선교의 마음은 우리로 하여금 나만을 위한 신앙에서 하나님의 마음으로 사는 신앙으로 발전하게 하는 것이다. 그래서 나의 선교 교육은 말레이시아에서도 싱가포르에서도 적은 숫자를 귀하게 여기며 교육해 왔다.

제자를 삼는 제자

선교지에서 지도력에 관심을 갖는 이유는 주님의 지상 명령과 관련있다. 제자를 삼으라는 명령에 따라 그들이 스스로 설 자리까지 마련해 주고 그들이 주인 인식을 가지고 사역을 스스로 이끌어 갈 때까지 기다려 주고 보살펴 주고 세워주는 것이 선교 지도자의 역할이기 때문이다. 이러한 선교 지도력은 세상에서 자신의 이익을 추구하는 경제계나 자신의 입지만을 높이려는 정치계에 있는 사회 지도력과는 차별되어야 한다. 경제나 정치도 사회 제도이고 어떻게 보면 남을 위해 존재해야 하는데 현실은 그렇지 못하다. 오늘도 치열하게 싸우기만 하는 사람들을 보면서 이기적인 지도력에 환멸을 느끼는 국민이 많다. 국민을 위해서 존재해야 할 사람들이 자신의 이익만을 챙기고 있기에 결국은 갈등의 연속인 것을 부인할 수 없다. 그렇다면 선교는 어떠한가? 선교 현장은 어떠한가? 교회는 어떤가? 인간은 다른 사람들을 지배하려는 기질이 있지만 예수님은 메시아로서 인간의 지배 욕구를 포기하시고 십자가를 지심으로 섬김의 본을 보이셨다. 우리가 주님의 제자라면 예수님이 보여주신 겸손의 모습을 따르는 것이 당연하다. 바울은 주님의 리더십을 표현하기를 "그는 근본 하나님의 본체시나 하나님과 동등됨을 취할 것으로 여기지 아니하시고 오히려 자기를 비워 종의 형체를 가지사 사람들과 같이 되셨고 사람의 모양으로 나타나사 자기를 낮추시고 죽기까지 복종하셨으니 곧 십자가에 죽으심이라(빌 2:6-8)."고 하였다. 진정한 리더십은 자신을 낮추는 겸손에서 시작하여 희생하므로 나 아닌 다른 이가 이익을 볼 수 있도록 하고, 그가 세워질 수 있는 리더십을 발휘하는 것이다.

하워드 헨드릭스(Howard Hendricks, 1924~2013, 미국)는 『사람을 세우는 사람』이라는 책에서 엘리야가 엘리사의 좋은 멘토가 되어 엘리사를 더 큰 인물로 만들어 냈다고 말한다. 엘리야는 하나님의 실존에 대한 확신, 하나님의 메시지의 대리자라는 확신, 그리고 하나님의 자원을 소유하고 있다는 확신을 가지고 엘리사에게 신앙의 모델과 사역의 이양을 계획했다. '사람을 세우는 지도자'라는 말 한마디 안에 지도자의 역할이 얼마나 중요하고 사람을 세우는 것이 최상의 목적이 아닌가 하는 생각이 든다. 사람을 세우는 지도자의 표본은 바로 예수님이다. 동역은 서로를 세워주는 모델이고, 제자를 삼되 나의 제자가 아니라 주님의 제자가 되도록 하는 것이고, 나와의 관계는 상하 관계가 아니라 동지의 관계가 되어야 하지 않을까?

성경에는 모세가 누가 자신의 뒤를 이어 많은 이스라엘 백성을 이끌 것인가에 대해 고민한 흔적이 있다. 자신의 나이는 점점 많아지고 자신이 이끄는 이스라엘의 인구는 증가했는데 누가 이 일을 계속할 것인가에 대한 고민이 드는 것은 당연하다. 그는 회중 가운데 이 무리를 이끌 '한 사람'을 달라고, 그리고 저들을 '목자 없는 양'과 같이 되지 않게 해 달라고 기도했다(민 27:16). 그때 하나님께서 눈의 아들 여호수아를 말씀하시며 "눈의 아들 여호수아는 그 안에 영이 머무는 자니 너는 데려다가 그에게 안수(민 27:18)"하라고 하셨다. 그리고 모세는 즉시 그를 회중 앞에 세우고 그에게 '위탁'하는 안수식을 거행하였다(민 27:19).

예수님께서 "나를 믿는 자는 내가 하는 일을 그도 할 것이요 또한 그보다 큰 일도 하리니 이는 내가 아버지께로 감이라(요 14:12)."고 하신 말씀이 제자를 삼으시고, 그들을 훈련하시고 사역을 일임하시기 전 하신 말씀이라고 한다면 제자가 스승보다 더 큰 일을 하게 만드셨다는 점에서 위대한 스승이라는 것을 증명하고 있다. 멘토링 사역이나 선교지 사역에서 '제자를 삼는 일'과 '제자를 훈련시켜 또 다른 제자를 만드는 일'은 디모데후서 2장 2절의 "또 네가(디모데) 많은 증인 앞에서 내게(바울) 들은 바를 충성된 사람들(디모데가 삼은 제자)에게 부탁하라 그들이 또 다른 사람들(또 다른 제자)을 가르칠 수 있으리라."는 말씀에 근거한다. 바울에서부터 또 다른 제자까지 계속 이어진다는 말은 제자훈련의 연속성이 곧 지도력의 연속성이라고 말하고 있는 것이다. 헨드릭스는 멘토링을 통해서 우리 뒤를 따라오는 사람들에게 유산을 남겨 놓게 되는데 그 유산이란 그리스도를 위한 일에 깊은 영향력을 행사하는 것이라고 말한다. 지도력은 곧 '영향력'이라는 말과 같이 내가 가진 문화를 전수하는 것은 인류학적 교육의 개념이다. 교육 인류학자인 죠지 스핀들러(George D. Spindler, 1920~2014, 미국)는 교육을 "자신의 가치관과 문화를 피교육자에게 전수(Transmitting) 시키는 것"이라고 정의한다. 다양한 교육은 말과 글이 아니라 삶을 통해서 전달된다는 것이다. 우리의 삶의 패턴과 모범이 별다른 인식 없이 삶을 통해 전수되기 때문에 이러한 전달 과정은 리더십의 구조를 통해 많이 행해지고 있다고 보아야 한다. 내가 가지고 있는 메시지가 형상화되는 것이고, 그 형상화는 모델링을 통해서 타인에게 전달되는 것이라고 할 수 있다.

목회자 재교육 프로그램

선교지에서 또 다른 동역자를 만드는 것은 목사 재교육 프로그램이다. 남미나 아프리카 그리고 동남아시아에는 목회자들을 대량으로 배출하기는 하지만 신학 교육에 질이 떨어져 목회 리더십이나 사명의식, 시대에 맞는 메시지 준비, 그리고 목양에 대한 관심이 많이 부족하다. 이러한 문제를 해결해 줄 방법이 목회자 재교육이다. 신학 교육 이후 저들이 현장에서 사역하면서 자신이 부족함을 많이 느꼈다고 고백하고 있다. 저들에게 선교적 차원에서 지역 복음화에 대한 부담이나 책임감을 갖도록 도전하는 것이 필요했다. 특히나 타 종교에 대한 관대함 때문에 복음적 접근이 부족하다는 것을 깨닫게 되었다. 신학교는 학문적인 면만 강조해서는 안 된다. 교회가 세워지게 하고, 교회가 힘을 얻도록 해야 한다. 그 이유는 예수님은 "내 교회를 세우리니(마 16:18)"라고 하셨고 교회를 통해서 예배를 받으실 뿐만 아니라 교회가 하나님이 말씀하시는 복음의 통로가 되기 때문이다. 신학 교육의 근본적 목표는 삶에서 복음을 전하는 일꾼들을 길러내는 것이기도 하지만 무엇보다 실전에 강한, 실천적 일꾼을 만들어 내는 것이 되어야 한다고 생각했다.

이러한 목적을 달성하기 위해서 바탐 신학원 주변에 흩어져 있는 많은 교회와 접촉을 하고 관계를 맺는 것이 중요했다. 주변 교회들이 학생을 보내올 수도  있고 학생들에게는 교회와 관련된 학문을 가까운 곳에서 배울 수 있다는 이점이 있기에 목회자들을 위한 세미나를 개최하게 되었다. 매년 다른 주제를 가지고 현지 사역자들이 가장 갈급해 하는 분야를 다루되 복음과 전도에 대한 도전을 빼놓지 않았다. 처음에는 호텔을 빌려서 시작했지만 수꾸빵이라는 페리 터미널에서 멀지 않은 곳에 아주 헌신 된 성실한 크리스천인 모텔 주인과 연결되었다. 그분이 자신의 모텔에서 교역자 세미나를 개최하면 실비로 제공하겠다고 해서 그곳에서 정기적으로 교역자 재교육 프로그램을 실시하기로 결정하였다. 이 프로그램에는 한국과 미국에서 훌륭한 강사들을 모시기로 했는데 한국 예뜨랑선교회 대표인 서규석 목사, 안산동산교회 담임 김인중 목사, 당시 워싱턴에 있는 펠로쉽 교회 김원기 담임 목사 등을 포함하여 현지 목회자들까지 강사로 선정하여 5일 동안 세미나를 개최하였다. 좋은 강사를 현지에서 섭외할 수만 있다면 그 효과성이 더욱 증대된다는 것을 깨닫게 되었다.

한국이나 선교지에서 많은 집회가 열리지만 일회성으로 끝나는 것은 아쉬운 일이다. 예수님의 지상 명령의 초점이 제자 삼는 일이라고 한다면, 지속적인 훈련과 배출을 위해 제자를 키우는 과정이 필요하고 그 말은 교육이 따라와야 한다는 뜻이다. 선교사라는 존재가 언젠가는 사라져야 한다면 아니, 사라지는 것이 원칙이기에 그 후에 무슨 일이 벌어질 것인지 예측하고 준비해야 한다. 그렇기에 우리의 눈에 맞는 선교가 아닌 저들 눈에 맞춘 선교가 되는 것이 바람직하다. 한국의 강사들이 어느 곳에 우르르 달려가서 말씀을 전하거나 가르친다고들 하지만 많은 경우 그들의 교육 내용이 현지 상황에 맞지 않은 경우가 많다. 한국 교회에 관한 새로운 내용을 소개하는 것이 도움은 되겠지만 결국 사람들은 자신들의 눈으로, 또 귀로 보고 듣고 해석을 하기에 우리가 전하는 메시지가 실질적인 부분에 도움을 주지 못한다는 것을 알게 됐다. 되도록 현지의 훌륭한 지도자들을 찾아 강사로 쓰는 것이 대안이 될 수 있다. 문제는 현지에서 찾을 수 있는 강사가 제한적이라는 것이다. 그리고 강의 내용적인 면에서 복음에 대한 강조가 약하다는 점이다. 인도네시아에 살면서 자신들의 스타일로 재미와 흥미를 일으키는 강의를 하긴 하지만 진리가 빠진 메시지가 많다는 것을 자주 느껴왔다.

한편, 세미나에 참여하는 사람들도 방향과 목표를 분명히 할 필요가 있다. 식사를 비롯한 다양한 대접에 대한 기대 보다는 배움의 기대를 더욱 가져야 한다. 그래서 이러한 이벤트가 헛된 시간 보냄이 아니라 목회에 실질적으로 도움을 받는 시간이 되도록 해야 했다. 바솜 신학원의 경우 학생들의 수료식을 거행한다든지, 저들도 참석하도록 하여 이 세미나가 목회자들뿐만 아니라 예비 목회자들, 또는 전도자들에게도 교회와 연계된 학문, 교회와 연계된 사역을 할 수 있는 기회라는 것을 일깨워주었다. 학문 위주에서 실습 위주의 학문임을 자연스럽게 경험하도록 하는 좋은 기회로 만들어 주려고 했다. 세미나는 약 5, 6년 지속했는데, 담당자가 바뀌면서 그동안 진행해 오던 교역자 재교육 프로그램은 사라졌다. 시대적 요구에 따라 신학교는 신학 교육 및 학위 중심으로 바뀌었다. 모든 것이 하나님 뜻에 의해 움직여지는 것이기에 바울이 아볼로를 대신할 수 없고, 아볼로가 바울을 대신할 수 없듯이 책임 선교사의 몫을 감당하도록 축복하는 것이 선임 선교사인 나의 책임이라고 생각한다. 동역의 원리를 지향하는 사역자로서 서로가 방향은 달라도 하나님 나라는 은사에 따라 발전해 나가는 것이 맞다고 생각을 했기에 잘 진행되도록 축복하는 것이 창립자가 해야 할 동역적 역할이라고 생각한다.

제3장

맞춤형 동역선교사
[현대 선교사 역할론]

A Journey of Mission Partnership for National Initiatives

선교는 계속해서 변화하고 있었다. 선교에 대한 주님의 명령은 변함없지만, 그것을 수행하는 방법은 변화해야 한다. 이유는 복음의 대상자들이 변화하고 있고 그 대상자들이 사는 환경도 변화하고 있기 때문이다. 현대의 물질만능주의 시대의 가치관은 옛 선조들이 살던 시대의 가치관과 전혀 달라져 있고, 복음에 대한 세속화된 젊은 세대의 반응은 옛날 같지 않다. 선교 대상자들인 타 종교인 역시 종교의 변질과 세속화 그리고 종교의 이데올로기화의 상황에 놓였기에 옛 전략으로는 저들을 만나기도, 변화를 시키기도 어렵다. 이제 전략을 다시 수립하지 않으면 안 되는 시대가 왔다. 기술 발달로 인한 소통의 방법도 많이 달라짐으로 모든 것이 국제화된 상황에서 옛것만을 고집하는 방식은 점점 퇴색될 것이다. 복음은 변화할 수 없지만, 그 전달 방법은 새롭게 변해야 한다. 방법을 개발해야 하고 그 새로운 방법을 가지고 민중에게 다가가야 한다. '이러한 변화 가운데 선교사의 자세는 어떠해야 하는가?' 하는 문제를 다룰 필요가 있다. 이 장에서는 선교사 역할론의 변화에 관한 것을 다루고자 한다. 선교사의 역할은 당연히 성경에서 그 원리를 찾아야 한다. 성경에서 볼 수 있는 지도자의 역할은 사람을 세우고 그들에게 일을 맡기는 것에 초점을 둔다. 세월이 흘러도 이 원리는 변함이 없어야 한다. 그런데 지금까지 우리 선교사들은 한국적 전통성에만 편중되어 있다는 것을 지적하지 않을 수 없다. 지도자 중심의 선교는 동역과는 거리가 먼 지도력 패턴이다. 섬김의 지도력이란 현지인들 중심으로 만들어 나가야 하고, 섬김이란 현지 지도자를 동역자로 만들어 나가는 과정을 말하는 것이다.

선교사들은 헌신만 하면 일이 끝나는 것으로 생각해서는 안 된다. 또 선교사가 일방적으로 선교지에 왔다는 것만으로 귀한 헌신을 했다고 생각하지 말아야 한다. 선교사는 선교 현장에서 자신의 역할이 무엇인가를 고민해야 한다. 20세기 들어 서구의 많은 교회의 선교사 파송에 대한 열의가 식어가기 시작했다. 21세기 들어서는 많은 선교사가 현장에 너무 오래 남아 있을 수 없다는 판단으로 철수를 했다. 이들이 철수한 자리를 현지인들이 메우는 식으로 선교의 방법이 변화했다. 많은 국가가 식민지로부터 독립하면서 자국 중심의 지도력을 형성했고 외국의 도움을 끊으려는 형태로 바뀌면서 선교사들의 입지는 좁아졌고, 현지인들로 대체되기 시작한 것이다. 개신교 초기에 교회가 가장 관심을 가졌던 국가는 인도와 중국이었다. 이제는 이 국가들이 정치적으로 선교를 막기 위해 선교사 비자를 허락지 않게 되었고, 기독교를 외세의 문화로 생각하는 경향성을 띠고 있다. 또 어떤 국가들은 선교사 없이 자국민들로만 충분히 사역을 해나갈 수 있다는 판단에서 선교사를 철수시키고 있기도 하다. 그래서 서구 교회들은 사람을 철수하고 단지 재정적으로 지원하기로 결정을 하기도 하고, 단기 선교로 대체하는 형태로 바꾸기도

했다. 그 결과 파송 교회들의 선교에 대한 열정이 점점 사라지게 되었고 서구 교회들은 선교의 사명을 희미하게 소유하면서 교회가 생명력을 잃어버리는 결과를 맞게 되었다. 인도의 경우, 선교 현장을 자국 선교사들로 대체하면서 수많은 자생 선교단체가 생겨났는데 그중 일부의 선교단체는 재정을 지원받기 위한 수단으로 변질되었다. 상황이 이렇다 보니 '선교를 포기해야 할 것인가? 아니면 이런 상황에도 선교사를 계속 보내야 할까?' 하는 딜레마가 생긴다. 앞서 말했듯이, 선교 현장에 일어나는 선교 운동은 하나님이 하시는 일이고, 우리의 선교는 계속돼야 하는 예수님의 엄중한 명령이기에 방법을 다시 찾아야만 한다. 이 시대에 맞게 개발해야 할 선교 전략은 무엇인가? 그것은 바로 '맞춤형 동역선교사'를 개발하는 것이다.

선교지 맞춤형 선교사

선교지 맞춤형 선교사란 무엇인가? 선교사가 필요한 선교지가 아니라 선교지가 필요한 선교사가 되는 것이다. 선교사가 선교지를 정하는 일은 평생의 삶의 방향을 좌우하는 일이기에 진중하게 임해야 한다. 언어를 배우고 문화를 익히는 것이 쉬운 일이 아니기 때문에 선교지를 잘못 선택을 했을 경우 그 결과는 일생을 좌우하는 일이 될 수 있다. 한 언어를 배우고 문화에 익숙해지는 것 자체도 쉬운 일이 아니지만, 혹여나 선교지를 옮기게 되면 다른 나라에서는 사용하지 못하는 언어가 되니 많은 고생이 될 것이다. 그래서 선교지를 선택할 때 하나님의 편에서보다 나의 편에서 판단을 하는 경우가 많이 있다. 요즈음 선교 헌신자들이 선교지를 택하는 기준은 무엇일까? 가장 먼저 자녀 교육 문제가 해결되어야 하고, 인터넷이나 휴대폰을 이용할 수 있는 곳이면서 쇼핑이 가능한 곳이어야 한다. 사역의 가능성보다 지나치게 자신의 삶의 표준에 맞추다 보니 선교의 열매를 기대할 수 없게 되는 것이다. 사역이 우선이고 삶은 적응해 나가려는 자세가 옳다. 나는 인도네시아 정글 속으로 들어갈 때 단지, 하나님이 살려 주셔서 살아남을 수 있는 곳이면 족하다는 생각을 가졌던 기억이 난다. '사람이 사는 곳이라면 나도 살 수 있다.'고 생각했다. 현장에 가서 보니 하나님은 내가 해야 할 일, 우리의 동역자들, 그리고 정글 속에서도 즐길 수 있는 모든 여건을 준비해 주신 것을 보고는 오지로 가기로 한 선택을 잘했다는 생각을 지금도 한다. 말라리아를 비롯한 각종 병마와 짐승들로부터의 위험, 물에 빠져 허덕였던 경험, 오토바이를 타고 다니다 무릎뼈를 다친 일 등 갖가지 육신의 고통을 겪었지만, 그 보상으로 이곳저곳에 교회들이 세워지게 되었다. 선교의 열매를 보는 순간, 모든 것을 다 잊을 수가 있었다. 뿐만 아니라 가장 가난하고 무식한 사람들과 대화법을 배우면서 나의 낮아짐을 경험할 수 있었고, 가난의 삶을 보는 순간 긍휼의 마음을 갖는다는 것이 얼마나 어려운가 하는 것을 배우게 되었다. 나의 자녀들도 이런 환경 속에서 자란 것이 저들의 삶을 개척해 나가는데 원동력이 되었다고 생각한다. 일반 교육을 받으며 꼭 배워야 할 것은 배우지 못했지만, 배워서는 안 될 것들을 배우지 않았다는 것이 더 큰 배움이라고 생각한다. 세상에서는 배우기 힘든 긍휼의 인격, 자신들의 환경에 대한 감사, 그리고 낮아지는 자세 등을 배운 것이다. 이 과정이 바로 현장 맞춤형 선교사로 성장하는 과정이었다.

그 후, 싱가포르에서의 적응은 그리 어렵지 않았다. 정글에서 갓 나와 도시 적응에 약간의 긴장은 되었지만, 무난히 적응해 나갈 수 있었다. 정글의 거대한 숲이 이제는 빌딩 숲으로 바뀌었다. 편리한 삶, 아름다운 도시 생활이었지만, 무엇보다 선교사의 적응은 삶의 적응보다 사역적 적응이 더 중요한 부분이라고 생각했다. 그래서 나는 '이곳 대도시에서 무엇을 해 낼 수 있을까?' 하는 사역 개발의 문제에 몰두했다. '무엇을 해서 하나님을 기쁘게 하고 나에게 주어진 사명을 감당할 것인가?' 정글에서 10년 이상을 지내면서 적응 능력이나 사역 개발에 자신감이 있었는데, 싱가포르라는 국제도시는 상황이 달랐다. 환경만 다른 것이 아니라 언어도 달랐다. 도시인들의 성격은 정글인들과는 현저하게 차이가 있을 뿐만 아니라 생활 수준은 하늘과 땅 차이 같았다. 처음 싱가포르에 도착하자마자 나의 적응 능력을 키우고, 교계 상황을 알기 위해 여러 교회를 열심히 방문하였다. 국제선교단체들이 개최하는 선교 기도회에 참석을 해 보기도 했다. 그러나 내가 인도네시아에서 해 오던 개척 사역과는 판이하게 다름을 인식하게 되었다.

처음, 지디 제임스 박사가 개설한 SOME(School of Mission and Evangelism) 선교훈련원의 원장직을 요청을 받아 정식 선교사로 초청되었다. 이 사역은 싱가포르 선교 헌신자들을 훈련하는 선교훈련원이다. 비록 훈련생은 10여 명의 적은 숫자였지만, 강의하고 강사를 초청하고 훈련을 담당하는 사역이기에 보람 있는 사역이라고 생각했다. 그러나 사역을 하면서 싱가포르 사람들의 경우, 단기 선교는 기꺼이 가려고 하지만 풀타임 선교사로 나가려는 사람이 많지 않다는 것을 깨닫게 되었다. 저들에게는 직장이 보장되고 싱가포르라는 안락한 생활환경을 떠나 어려운 삶에 적응해 나가려는 생각이 없기 때문이다. 이러한 사람들을 선교사로 키운다는 것은 나에게 큰 부담이 아닐 수 없었다. 더욱이 영어가 모국어인 싱가포르인에게 강의하기 위해서는 인도네시아에 익숙한 내가 감당하기에는 또 다른 도전이었다. 언어를 다시 배워야 되는 부분에 긴장이 되었다.

선교사에게 언어와 문화는 필수적으로 중요하고 그다음은 친구를 사귀는 기술이 중요하다. 싱가포르에는 중국인이 74퍼센트, 말레이인이 14퍼센트, 그리고 인도 타밀 사람들이 9퍼센트 정도이고 나머지는 외국인이다. 기독교인은 주로 중국인 중, 젊은이들이 대부분이다. 나의 교제권은 주로 중국인들이었기에 그들의 교회를 다니면서 중국인들을 사귀었다. 교제권을 넓히기 위해 많은 노력을 했는데 역시 쉽지 않다는 것을 깨닫게 되었다. 이유는 싱가포르 사람들의 특이한 성격 때문이다. 자기 일에 너무 집착하고 삶 자체가 지나치게 조직화 되어 있어 융통성을 찾아볼 수 없다. 그렇기에 농담이나 대화를 즐기는 법을 모르는 사람 같아서 접근하기가 쉽지 않았다. 일반적으로 사람들은 친절하고 좋지만 폭넓은 생각이나 여유가 있는 사람이 많지 않고 모두가 심각하다. 이들과 친구가 되기 위해 부단한 노력이 필요했고, 결국은 SOME 교육을 통해서 몇 명의 학생들과 기도하는 시간, 대화하는 시간을 가짐으로 약간의 만족을 얻을 수밖에 없었다.

약 2년 동안 교회를 방문하여 저들과 사귀면서 교회에서 설교할 수 있는 기회를 얻게 되었는데 나의 설교 내용은 늘 선교적 도전이었다. 설교를 통해 도전하면서 나는 이들에게 복음을 전할 것에서 그치지 않고 이들이 복음을 전하는 사람이 되는 기회를 제공하는 것이 싱가포르 사람들을 위한 선교라고 생각하게 되었다. 내가 설교할 때마다 저들의 요구는 인도네시아의 선교 활동에 대해 이야기를 해달라는 것이었다. 결국, 나의 이미지는 '인도네시아 선교사'인 것이다. 이 때, 사역에 관한 두어 가지 생각이 떠올랐다. 하나는 나의 개척 정신을 바탕으로 싱가포르에서 가까운(페리로 한 시간 거리) 인도네시아 섬인 바탐에 학교를 세워 싱가포르 목회자들에게 가르칠 수 있는 기회를 제공하는 것이다. 다른 하나는 싱가포르가 동남아시아의 허브(Hub)적 위치에 있기에 이곳을 중심으로 주변 국가를 다니며 지도자들을 세우는 일을 하는 것이다. 이 사역을 통해 싱가포르의 사역적 가치를 찾음과 동시에 나 또한 크게 보람을 갖게 될 것이라는 생각이 들었다. 싱가포르를 도울 수 있는 길은 단기 선교를 통해서 선교 사역에 참여할 수 있도록 하는 것이라는 확신을 갖게 되었다. 정글 사역을 시작할 당시, 많은 두려움을 이기면서 정착을 해 본 경험이 있고 적응하는 것을 넘어 그곳 생활을 즐기게 되었고 열매도 있었다. 그러니 이제는 싱가포르라는 도시국가에서 선교사로 살아남기 위해서 정글에서 그랬던 것처럼, 이 지역이 필요로 하는 사역을 개발하고 아무리 적응이 어려워도 개척 정신으로 임하면서 즐기자고 생각했다. 이런 결심을 하게 된 것은 바로 현장이 필요로 하는 맞춤형 선교사가 되겠다는 생각 때문이다.

도시선교로 가는 길

현대 선교는 도시를 빼놓고는 생각할 수가 없다. 도시로 몰리는 사람들, 도시화 되는 상황들을 고려한다면 도시선교에 전략적 포커스를 두어야 한다. 현재, 전 세계인구의 절반 이상이 도시에 살고 있으며, 2030년에는 도시인의 숫자가 세계인구 81억 중 약 50억 명이 될 것이라는 예측도 있다. 세계의 도시인구가 한 해에 7,700만 명씩 증가하고 있는데, 이는 개도국 도시인구의 2배에 달하는 숫자이고, 면적으로 따지면 3배가 도시로 몰려들고 있다는 의미이다. 1950년 당시, 전 세계의 도시 거주 인구는 전체 인구의 1/3 미만이었는데, 2007년에는 이 수치가 50퍼센트를 넘었다. UN의 전망에 따르면, 2050년에 전 세계 총 인구는 백억 명으로 증가할 것이고 이 중에서 70억 명이 도시에 거주할 것이라고 한다. 한편, 2030년에는 인구 1천만 명 이상인 메가시티가 40개가 넘을 것이라고 한다. 그렇다면 현대 선교 전략도 당연히 도시에 집중되어야 함은 자명한 일이다. 나는 인도네시아 칼리만탄 정글에서 미전도 종족을 찾아서 오지로 다니던 경험을 했다. 50여 년이 지난 지금 그 지역은 정글로 다니던 배가 에어컨이 나오는 버스로 변했고, 오지를 비행하던 선교 비행기(MAF)는 상업용 비행기로 대체되어 정글을 누비고 있다. 더 변한 것은 저들의 삶이다. 자연 속에서 자연 그대로 살던 다약(Dayak)족들은 이제 그들의 특징인 순진성을 잃어버렸다. 우리가 전한 복음을 듣고 순수한 기독교의 신앙만을 고집했던 저들이 도시인들로 인해 이슬람의 영향을 듬뿍 받고 있다는 사실은 우리의 마음을 씁쓸하게 만든다.

선교지라고 하면 통상 오지를 생각하는 경우가 많다. '미전도 종족' 지역이라고 하면 오지가 연상되는 것은 사실이지만, 인구분포로 말하면 오지보다는 도시에 복음을 들어야 할 사람들이 훨씬 많다는 사실을 기억할 필요가 있다. 단지, 오지는 사람들이 들어가지 않으려는 경향 때문에 부각되는 면이 있다. 세계는 점점 더 도시화 되고 있기에 복음 전파 지역을 선정함에 있어 도시가 중요해지고 있다. 내가 1976년부터 시작한 정글의 추수 밭을 떠나 1990년 싱가포르로 이주하게 된 것은 나의 뜻이 아니라 당시 KIM 선교회의 대표였던 조동진 목사의 제안 때문이다. 물론, 하나님의 뜻이라고 생각하기도 했지만, 선교회의 지도력을 세우려는 의지와 자녀 교육을 걱정하셨던 선교회 대표의 마음 씀과 나의 순종이 만들어 낸 결과이다.

그래서 나는 도시선교의 의미를 찾기 시작했다. 지금은 고인이 되신 뉴욕에 있는 리디머 장로교회(Redeemer Presbyterian Church)의 팀 켈러(Tim Keller, 1950~2023, 미국) 목사가 도시선교에 역점을 두었던 이유는 모든 국가가 지방에서 도시로 옮겨오는 추세가 두드러진다는 것을 인식했기 때문이다. 도시선교에 집중하는 것이 시대적 사명이라고 생각했다. 그는 "도시를 위해, 도시와 함께하는 교회가 되려면 현재에 존재하는 교회, 이웃과 이웃 사회를 섬기는 교회, 도시와 기꺼이 대화하고 도시의 결점, 질병, 필요 요구에 주의를 기울이는 교회가 되어야 한다."고 가르쳤다. 즉, 복음으로 도시를 변화시키는 선교 운동을 통해 복음의 생태계를 만들어 도시를 하나님의 나라로 변화시켜야 한다는 것이다. 인구 통계학적, 경제적, 정치적, 그리고 문화적 이유로 도시는 21세기 선교의 중요한 선교지이다. 예수님도 베드로를 부르실 때 "깊은 데로 가서 그물을 내려 고기를 잡으라(눅 5:4)."고 명령하셨는데, 기왕이면 물고기 많은 곳에 그물을 던지라는 명령으로 들린다.

싱가포르인의 삶의 스타일은 내가 생각한 것과 완전히 다른 모습이었다. 가난하게 사는 사람들을 대하면서 검소하게 사는 방법에 익숙해진 나는 도시 생활에 적응하느라 얼마간 문화충격을 받아야 했다. 정글에서 오토바이를 새로 구입했을 때 사람들은 새로 산 나의 오토바이를 부러워했었다. 그러나 싱가포르에서 중고차를 구입하고 보니 다른 사람들 차와 비교가 되어 내 사정이 처량하게 보였다. 그나마 중고차라도 소유한 것은 싱가포르에서는 중산층으로 취급된다. 부유한 국가임에도 모든 것이 비싸기에 아껴 써야 하고 아껴 먹어야 하는 모습은 정글에서 정글 사람들이 가져오는 풍부한 식재료로 풍족히 살던 자유로운 삶과 많이 비교되었다. 싱가포르에서는 모든 것을 돈으로 해결해야 했다. 내가 더 슬펐던 것은 '싱가포르도 선교지인가요?'라는 질문을 하면서 교회들이 후원비를 중단한 경우를 겪었다는 것이다. 나는 하나님이 보내셨으니 하나님이 책임져 주실 거라 생각을 하며 절약과 근검으로 적응해 나가기로 했다.

싱가포르는 지리적으로 동남아시아의 중심이고, 교통은 물론, 안전하기로 이름이 나 있는 도시이기 때문에 알려진 국제 선교단체들이 싱가포르에 거점을 두고 있다.
대표적인 단체가 OMF 국제본부이다. 그 밖에 여러 국제 선교단체들이 아시아 복음화를 위한 교두보로 삼고 있었으나 지금은 치솟는 경제적 문제로 이곳을 떠나는 추세이다.

'내가 편하기 위해 추수의 밭을 버리고 이곳에 왔는가?' 하는 질문과 자녀 교육 때문에 싱가포르에 머무는 것은 의미가 없을 뿐 아니라 선교사로서 하나님 앞에서 제대로 된 자세가 아니라고 생각했다. 물론, 우리는 네 명의 자녀들을 싱가포르 로컬 스쿨에 보내 교육하면서 많은 특혜를 누렸지만 이것을 이곳에 온 이유로 생각할 수 없었다. 하나님은 실수하시는 분이 아니시고, 나에게 무슨 사역이 주어질지 생각하면 흥분되었다. '하나님은 틀림없이 좋은 길로 인도해 주신다.'는 생각 때문이다. 그 결과, 하나님께서 내게 맡겨 주신 사명은 싱가포르 사람들을 선교의 대상이 아니라 선교의 참여자로 만드는 일이라는 것을 깨닫게 되었다.

민족주의의 도전

 2025년 현재, 미국 트럼프 대통령은 '미국 우선주의'를 외치면서 전 세계 국가에 자국의 책임을 인식하도록 도전하고 있다. 미국이라는 국가는 청교도들이 신앙의 자유를 찾아온 사람들에 의해 시작된 나라라는 신앙적 인식을 가지고 있으면서 국가적, 선교적 사명을 가진 개신교 국가로 다른 국가에 신앙적 영향력을 미쳐왔다. 미국은 세계에서 선교사들을 가장 많이 파송한 국가이다. 이로 인해 미국이 다른 나라들이 부러워할 만큼의 위대한 국가가 되었다는 사실을 누구도 부인할 수 없을 것이다. 그런데 미국이 힘의 균형을 깨고 다른 많은 나라에 민족주의를 부추기는 것은 위험한 발상이라고 생각을 한다. 미국은 계속해서 모든 나라가 화합하고 국제 질서를 지키고 배려하는 상호 존중 국가를 만드는 일에 앞장서야 하는 사명이 있기 때문이다. 미국이 '우리가 잘살아야 너희들을 도울 수 있지 않겠느냐?' 하는 생각을 가지고 있다면 다행이지만, '우리만 잘살면 된다.'는 생각을 한다면 다른 나라에 자국 우선주의로 영향력을 확대하게 될 것이고 자연히 다른 나라 역시 민족주의로 방향을 바꾸면 서로 배척의 대상이 되지 않을까 우려하고 있다. 사실, '자국 우선주의'나 '종족 우월주의'는 선교계에서 상당히 오래전부터 써 온 말이다. 현실적으로 세계는 점점 더 민족주의로 바뀌어 가는 상황에서 선교사가 가져야 할 자세는 어떠해야 하는가? '나 중심주의'가 아니 '현지인 중심주의'로 바뀌어야 하고, '선교사 중심'의 사역이 아니라 '현지인 중심'의 사역으로 바뀌어야 하며, 이끄는 자로서의 리더가 아니고 섬기는 자로서의 리더로 바뀌어야 할 것이다. 그렇게만 된다면 선교의 패턴은 선교사와 현지인들 간의 관계를 주종 관계는 물론 아니고, 동역자의 관계가 형성되어 더도 아니고 덜도 아닌 친구의 모습으로서의 동역자 관계가 만들어질 것이다. 주님께서 요한복음 15장 15절에서 제자들에게 말씀하신 친구 관계의 특징은 솔직한 관계이고 신뢰의 관계라고 표현하신다. 이 말씀은 주종 관계를 말씀하실 때와는 전혀 다른 순간에 말씀하신 것이다. 주님께서 저들을 이미 충분하게 교육시키시고 난 후, 십자가와 부활의 복음을 전해야 할 지도자가 되어야 할 순간, 이제는 종의 위치에서 '하나님의 동역자'로서 예수님께서 위임하신 일을 실행해 나가야 할 순간에 말씀하신 것이다. '하나님의 비밀'(골 4:3)을 맡은 자가 되어야 하는 지도자로서의 성숙성을 말씀하신 것이다. 결국, 현대 선교의 특징은 현지인들과 친분 관계를 우선시해야 한다는 것이고, 이러한 친구 관계가 형성되면 많은 이질적 요소들이 사라지고 하나님의 일꾼으로서의 정체성만 남게 된다. 상호 협조하면서 가지고 있는 자원들을 공유하면서 일을 할 수 있다는 것, 그것은 일을 쉽게 만들어 내는 동역의 관계가 되는 것이다.

한편, 현대 사회의 또 다른 장애물은 종교 다원주의라고 하겠다. 현대인들에게 가장 어필되는 부분은 절대 진리를 주장하는 종교를 배척하고, 오히려 포용성을 가진 모든 종교에서 찾을 수 있는 대화의 자리일 것이다. 2차 세계대전 이후 식민주의의 종식과 더불어 모든 종교는 선교적 사명을 인식하고 자신들의 종교를 전 세계로 확대하려는 운동을 시작했다. 아시아 종교는 자신들의 종교적 가치를 깨닫고 자기들의 지리적 영역을 넘어 서구의 기독교를 넘겨다보기 시작하였다. 아시아 종교 중에 회교, 불교, 힌두교의 선교 강화는 기독교에 큰 도전이 아닐 수 없다. 세계의 4대 종교가 아시아에서 창시되었다는 것만으로 아시아가 가지고 있는 종교적 잠재력은 다원주의적 잠재력이라고 말할 수 있다. 그러나 실상은 기독교 문화라고 불리는 서구 문화가 정치나 교육을 통하여 앞다투어 종교 다원주의를 외치고 있다. 기독교 대학이라고 불리는 영국, 그리고 미국의 소위 '아이비리그'(Ivy League) 대학들, 즉 미국 동부의 명문대학들은 하나같이 선교를 목적으로 세워졌지만 모두 세속화되거나 종교 다원주의 교육을 실시하고 있다. 종교 다원주의를 주장하는 현대 사회를 살면서 절대 진리에 대한 현대인들, 특별히 젊은 세대의 거부감은 선교 전략을 세우는 데 있어 엄청난 장벽이며 복음의 소통을 위한 선교사의 고민거리로 남아 있다.

현대의 종교 다원주의가 발흥하고 있는 이유는 종교가 국가의 정체성이나 사회 통합의 수단이 되고 사회 개선을 위한 정치 참여가 자연히 종교의 사회화 현상을 초래하기 때문이다. 지금 세계 종교는 초자연의 문제나 구원 등의 영적 문제보다 현세의 문제에 집착하며 사회 참여적 부분에 관심을 두는 것으로 전환되었다. 종교가 정치화되는 까닭은 정치가 종교를 이용하는 데도 원인이 있다고 생각한다. 기독교는 종교라고 불러서는 안 된다. 기독교는 예수님과의 관계성과 성령의 능력을 통해서 개인의 삶이 변화되어 사회가 변화하게 되는 것을 말한다. 역사적으로 볼 때 하나님의 창조 질서 회복은 인간의 가치와 존엄, 그리고 한 인간의 자유권을 부여하는 진리인데 이를 깨닫는 기독교를 추구하는 모든 나라의 삶의 질은 높아졌고 살만한 곳으로 변했고, 기독교의 인간 가치와 존엄을 기치로 한 정치 지도력은 인간의 삶의 질을 높이는 데 기여하였다. 그것이 하나님이 창조하신 에덴의 질서라고 말할 수 있다. 그러나 세상이 달라졌다는 것이 불행이다. 타 종교에 대한 기독교인들의 태도가 포교나 사랑의 대상이 아니고 타협의 대상으로 변했고, 하나님의 거룩성을 추구하기보다 물질주의적 가치관으로 대체되면서 신앙적 저하로 연결되었다. 결국, 종교 다원주의가 세속주의로 변화하게 되었는데, 이러한 종교의 사회화 현상은 현대 사회의 실용주의가 낳은 결과물이라고 볼 수 있다. 문제는 이러한 상황 속에서 선교 리더십을 어떻게 행사해야 할 것인가이다. 더욱 헌신 된 모습으로 성령의 이끌림을 받아 하나님과 더욱 깊은 교제를 나누고 순간마다 예수님과 동행을 통해 변화된 삶을 보여주는 방법 외에는 다른 방법이 없다고 생각한다. 즉, 삶의 모범을 통해 주님을 믿는 증거를 보이는 것이다. 그리고 열심히 섬김을 통해서 기독교인이 삶에서 세상과의 차별화를 보여주어야 할 것이다. 결국, 민족주의는 천국 시민주의로 바뀌어야 하는데 그것은 인간이 아닌 초월하신 하나님의 영, 성령의 도움으로만 가능하다고 생각한다.

현지 지도력 개발 선교

주님의 3년간 공생애를 보면 복음 전파와 함께 가르침을 통한 지도자 훈련에 사역 포커스를 맞추신 것을 볼 수 있다. 훈련 방법을 보면 저들의 삶 속으로 들어가셔서, 삶과 관련된 내용을 가지고 저들이 알아듣기 쉽게 말씀하셨다. 때로는 비유를 사용하시기도 하고, 현장에서 찾을 수 있는 사물들을 이용하셔서 시청각 교육을 하시므로 저들이 어려워하는 천국 복음에 대한 내용을 쉽게 설명하시고 풀어주셨다. 때문에, 멀게만 느껴지고 남의 것으로만 느껴졌던 '하나님 나라'가 쉽고 익숙해질 수 있었고, 이해와 깨달음은 자신들을 놀라게 만들었고 하나님 나라가 바로 자신들의 마음 속에 있음을 깨닫게 되었다. 복음 이해력에 있어 형식에만 편중된 바리새인들이 전한 율법과는 전혀 차원이 다른 의미를 지니게 되었음을 깨달으면서 수많은 군중이 예수님을 따르게 되었다.

이러한 군중들 대부분을 '관중들'이라고 말해야 옳을 것이다. 왜냐하면 저들은 대부분 예수님이 나타내시는 기적에 관심이 많았고, 자신들이 가지고 있는 병에서 고침 받기를 원했고, 주님이 주시는 떡을 먹고 배부른 경험 때문에 따라다니는 사람들이었기 때문이다. 우리는 육신의 필요를 채우기 위해 주님을 찾기 원하지만, 더 큰 의미를 깨달아야 하는데 그것은 주님의 미션에 대한 것이다. 주님의 구원 메시지는 '어떻게 죄의 문제를 해결할 것인가?', '어떻게 하나님께 다가갈 수 있겠는가?' 하는 것이다. 이러한 복음을 들고 세계로 나가야 하는 사명을 위해 열두 명을 세우시고 그들을 향해 쏟으신 주님의 시간과 열정과 주님의 기대를 눈여겨 볼 필요가 있다. 많은 시간을 제자들을 훈련하는 일에 투자하신 것을 복음서를 통해서 볼 수 있는데, 그것은 군중들은 육신의 필요 때문에 주님을 필요로 하는 사람들이지만 제자들은 '예수님이 필요로 하는 사람들'이기 때문이다. 소수 훈련에 대한 주님의 열정과 관심은 그들을 통해서 아버지께서 주신 지상의 미션으로 이어지게 될 것이기 때문이다. 예수님은 결국 그들에게 "너희는 가서 모든 민족을 제자로 삼아"라고 명령하셨다. 한 사람은 주님을 배반하고 떠났지만 적어도 열한 명의 사도는 한 명(요한 사도)만을 제외하고 지중해를 중심으로 각처로 흩어져 복음을 전하다 순교하게 되었고 저들을 통해서 복음이 전 세계로 퍼져 나갔다. 도마의 경우는 동쪽 인도로 가서 순교했다고 전해진다.

이러한 주님의 사역 모델을 따른다면 우리의 선교 사역 역시 현지 지도자 훈련에 역점을 두어야 할 것이다. 비록 적은 숫자가 될 수도 있지만, 저들을 확실하게 훈련을 시켜 놓으면 선교사가 떠나도 저들은 남아서 자리를 지키고 자국 복음화와 더 나아가서 세계 복음화를 위한 일을 책임지게 될 것이다. 물론 쉬운 일도 아니고, 짧은 시간에 이루어질 일도 아니다. 주님은 3년에 해 놓으신 사역이지만 우리는 30년이 걸릴지도 모른다. 주님이 떠나신 이후, 성령께서 저들에게 계속해서 불을 붙여 주시고, 주님의 말씀을 기억나게 하시고, 능력을 보여주실 것이다. 그렇다면 사역의 기본은 영성 교육이 먼저이다. "예루살렘을 떠나지 말고 내게서 들은바 아버지께서 약속하신 것을 기다리라(행 1:4)."고 말씀하신 것은 영성이 먼저라는 것이다. 바울도 에베소에서 열두 명의 일꾼의 사역 훈련을 시작하기 전 "너희가 믿을 때에 성령을 받았느냐(행 19:2)."라고 질문하면서 훈련 교육을 시작하였다.

1985년 보르네오섬에 안중안 신학교가 세워질 때 나의 강의는 주로 선교와 관련된 내용이었다. 당시만 해도 인도네시아인들은 선교를 '외국인의 몫'이라고 생각했다. 그러나 선교가 외국인에게만 주어진 사명이 아니라, 크리스천이라면 모두 참여해야 할 사명임을 강조했다. 강의를 하면서도 '이러한 말이 저들에게 먹혀 들어갈까?' 하는 의구심을 가졌지만 2023년 6월, 방콕에서 있었던 인도네시아 선교대회에 참여했을 때, 40여 년 전에 뿌려 놓은 씨가 이제 열매를 맺고 있다는 것을 알게 되었다. WP(World Partners) 선교회 대표는 빠무지(Pamuji) 목사이다. 그는 안중안 신학교 교장으로 섬기던 분인데 늘 나의 선교학 강의에 많은 관심을 가졌던 형제이다. 나는 싱가포르로 떠난 후, 선교집회에서나 AMA 선교대회를 통해 선교의 주역이 다른 사람이 아니라 바로 인도네시아인들이라는 것을 깨닫게 되었다. 그 후 안성원 선교사님의 도움으로 인도네시아에서 WP라는 이름의 떠오르는 선교단체가 되었다. 하나님께서는 선교지였던 인도네시아

를 선교국으로 만드신 것이다. 30여 명의 선교사가 문화권이 비슷한 동남아시아에 파송되어 현지인들처럼 살면서 복음을 전하고 있고, 많은 후보생이 파송을 기다리고 있는 모습은 이제 선교 시대가 인도네시아인들에게 도래했다는 것을 느끼도록 하기에 충분했다. 인도네시아 경제적 상황이 아직 우리보다 약하기에 후원 금액 자체는 적지만 열성적으로 후원하고 있고 선교사들 또한 검소하게 사역하는 것을 본다. 오히려 그들은 "선교비가 부족하기에 현지인처럼 살 수 있다."고 말했는데, 그들의 헌신의 정도를 가늠할 수 있었다. 인도네시아 선교사들은 어려서부터 다양한 종교와 접하면서 교육을 받았고, 다양한 사람들과 교제를 나누며 친분을 쌓았다. 이런 배경은 선교사가 되기에 아주 적절하다고 하겠다. 저들에게는 두세 개의 언어는 거뜬히 해낼 수 있는 능력이 있다.

이제, 선교사들의 선교 보고서에서 많은 사람의 숫자에 관심이나 기대를 갖기 전에 우리는 적은 숫자라도 관심을 가지고 제대로 된 훈련을 시켜 사명을 이어받도록 하는지에 관심을 가져야 할 것이다. 현장에서 일어나는 선교 운동을 보면서 이제는 현지에서 일어나는 선교 세력과 힘을 합치는 선교가 제대로 된 현대적 선교모델이 아닌가 생각한다.

싱가포르의 사역적 의미

선교사가 선교지 맞춤형 선교사가 되기 위해서는 선교지가 어떠한 환경이든 하나님께서 보내주신 곳이라고 확신을 해야 하고 하나님의 도움을 받아 자신이 그 환경에 적응해 나가야 하며, 어떠한 사역을 개발하거나 참여하는 일에 대한 충분한 연구와 적응 노력이 필요하다. 나의 경우 싱가포르와 정글 상황이 너무나 달랐다. 정글의 생활은 살면서 익숙해졌고, 정글 사람들은 순진했기에 환경적 적응이 쉽지 않았지만 관계적 적응은 비교적 쉽게 잘하는 편이라 현지인들과 많은 접촉을 했다. 그러나 싱가포르는 배운 사람들, 가진 사람들, 그리고 우월적 생각을 가진 사람들이 대다수였기에 관계성을 넓힌다는 것이 상당히 부담되었다. 그래도 관계성을 넓히지 않으면 아무것도 할 수 없겠다는 생각이 들어서 접촉하는 일을 하게 되었다. 먼저는 싱가포르 사람들 중 단기 선교로 나의 인도네시아 사역지인 칼리만탄섬을 방문했던 사람들을 찾아다니며 교제권을 넓혔다. 그리고 아내가 하와이에 살고 있을 때 연구하기 위해 방문했던 가정을 찾아 교제했고, 늘 알고 있었던 미국 선교사들을 찾았다. 또, OMF에서 개최하는 기도회에 참석하여 사람들을 만나고 소개하는 시간을 가졌다. 한인교회도 찾아 주일 예배를 드리면서 한국인들과도 교제권을 넓혔고 담임 목회자였던 고(故) 손중철 선교사님과도 교제 및 선교지를 오가면서 우리의 비전을 나누기도 하였다. 싱가포르 교회를 방문하여 계속해서 얼굴을 알리는 일을 했지만 친구가 되기는 쉽지 않았는데, 각자의 일에 집중하고 있는 사람들이기에 그들에게는 사람을 쉽게 사귈 수 있는 여유가 없었다. 그래도 내가 존속할 수 있는 길, 내가 만들어 낼 수 있는 사역은 교제권의 확장을 통해 이루어진다는 생각을 많이 했기 때문에 어려워도 이 일을 계속해야만 했다.

다행스러운 것은 교제권을 확장하면서 만난 사람들 중에서 우리에게 기꺼이 도움을 주려고 노력하는 이들이 있었다는 것이다. 그들이 나를 도운 이유는 자신들이 가지고 있는 선교의 비전을 어떤 형식으로든 펼칠 수 있는 기회가 있어야 하는데 자신들만으로는 한계가 있다는 것이었다. 즉, 자신들이 풀타임 선교사로 가는 것에 대한 기피 현상이 있기에 단기 선교라는 사역에 매력을 느끼고 있다는 것을 알게 되었다. 또, 자신들의 역량을 충분히 발휘할 수 있는 사역을 개발하기 원한다는 것을 깨닫게 되었다. 가장 쉬운 일은 주변 국가를 다니면서 강의를 하게 하는 것이었다. 서부 칼리만탄의 안중안 신학교를 방문해서 강의를 했던 완치완 목사와의 사귐이 가장 의미 있는 사귐이었다. 싱가포르에 10년 이상을 살면서 그와 가장 가까운 관계를 유지했다. 그는 바탐 신학교 개발에 힘을 보태 주었고, 강의를 했다. 그와 나는 동남아시아 선교 여행을 하면서 사역을 공동개발하는 기회를 갖게 되었는데, 나에게는 너무나 좋은 선교 파트너십이 생긴 것이다. 그는 교회를 개척하기도 했지만 가르치는 은사가 있어 각 곳에 다니면서 강의를 하는 것을 즐겨 했다. 이러한 은사를 고려하면 나의 사역을 개발하는 것, 그리고 그러한 은사를 가진 사람들과 교제하면서 사역을 공동으로 개발할 수 있는 것은 동역 사역 차원에서나 사역의 효율성, 그리고 쉽게 부담 없이 만나 사역을 계획한다는 차원에서 큰 이점이 있으며, 나 또한 그들과 행복한 시간을 공유하는 시간이었다. 한편, 이러한 사역을 개발함에 있어 재정적 뒷받침이 되어야 했다. 싱가포르에서 만난 친구들은 모두 자신들의 몫을 자신들이 지불하는 것에 동의하였기에 우리는 사역적 공감대를 형성하면서 경비보다는 커리큘럼을 디자인하는 것에만 신경을 썼다. 이 부분도 선진국인 싱가포르에서의 사역적 특혜라고 말할 수 있을 것이다.

BIU 총장인 수디르 이사야는 내가 싱가포르에서 만난 가장 친분 있는 동역자이다. 싱가포르를 떠난 지금까지 그가 운영하는 대학에서 zoom으로 과목들을 가르

치며 약 30여 년 관계를 맺고 있다. 그는 끊을 수 없는 나의 동역자이고 나의 친구이다. 이사야 박사는 인도사람으로서 풀러 신학교에서 Ph.D. 학위를 받는 학자이다. 그는 하와이의 카우아이(Kawai)섬에 있는 헤가이 연구소(Haggai Institute, 지금은 Haggai International로 불림) 총장직을 마다하고 소박한 환경과 봉급을 받으며 싱가포르에 남아 각국에서 오는 선교 지도자들의 교육에 전념하고 있는 신실한 하나님의 종이다. BIU(전 Bethany School of Misson)는 30여 년의 역사를 가진 선교사들을 훈련하는 특수 대학원으로서 토착 선교를 강조하는 초문화권의 가장 효과적인 사역을 감당할 수 있도록 삶을 통한 교육 방법을 채택하고 있다. 동남아시아, 아프리카와 남미 등으로부터 학생들을 모집하여 B.A., M.A., Ph.D.의 학위를 제공하는 학교인데, 비록 학교의 규모는 작지만 자국에 돌아가 자국 선교 학교를 설립하도록 하는 훈련 또는 교육의 기초를 닦아주는 노력을 하고 있다. 학생들은 2년간의 강력한 훈련을 통해서 교육자로, 훈련자로서 자질을 갖추며 기본 지식을 습득하고 있다. 훈련 후 모두 자국으로 돌아가 자국 선교사 또는 사역자들을 훈련한다는 신념으로 학교를 세우는데, 이미 전 세계적으로 세워진 선교훈련원이 천여개가 넘는다. BIU는 타 문화로의 선교사 파송만을 고집하는 것이 아니라

자국인 선교사들을 배출하여 자국 복음화에 힘쓰거나 타국에 나가 선교 활동을 하는 선교사들을 배출하는 특수 훈련원이다. 이러한 노력은 기존의 선교사 파송이라는 전통적 방법에서 벗어나 자국 선교사들을 배출하여 문화권, 언어권이 다른 지역으로 파송하는 새로운 선교 전략이라고 말할 수 있을 것이다.

자국 선교사가 자국에서 활동을 한다는 것은 여러 면에서 효과성을 얻을 수 있다. 먼저 자국이기 때문에 자국 상황을 잘 이해한다. 정치, 사회, 문화 등이 이질적이지 않으면서도 현대 선교의 큰 문제인 비자 문제가 해결된다는 것은 큰 이점이다. 또한 경제적으로도 외국인에 준하는 생활비가 들지 않을 뿐만 아니라 사역비도 많이 절약할 수 있다는 장점이 있다. 우리는 주님의 지상 명령을 수행하려고 할 때 "가라!"고 하신 말씀에 지나치게 역점을 둘 때가 많다. 가지 않고도 할 수 있는 일이 있고, 조금만 떠나도 주님의 지상 명령을 수행할 수 있는 길이 있다. 명령형 말씀인 "제자를 삼으라."는 말씀에 더 집중한다면 자국 선교사 훈련은 꼭 필요한 사역이라는 생각이 든다. BIU가 실행하고 있는 적은 정예 일꾼을 키우는 훈련은 자국 복음화에 스스로가 힘쓰게 하는 운동이기에 이 방법은 아무리 강조해도 부족함이 없을 것이다.

싱가포르는 동남아시아에서 중요한 선교의 거점이다. 싱가포르에 머물면서 인도네시아 바탐섬에 신학교를 세우는 일, 그리고 가까운 지역인 말레이시아, 인도네시아, 캄보디아, 태국, 베트남, 스리랑카, 인도 등을 방문하면서 사역을 할 수 있었던 것은 지리적인 조건뿐만 아니라 싱가포르의 훌륭한 선교 지도자들과 함께 팀이 되었기에 동역적 사역이 가능했던 것이다. 싱가포르는 지리적인 조건 때문에 많은 국제 선교단체들이 거점을 두고 있지만, 경제적인 부담 때문에 철수하기 시작했고, 한국 선교사들도 거의 찾아볼 수 없는 상황이 되었다. 그러나 싱가포르 자생 선교훈련원인 BIU는 자국 교회들의 후원을 받으면서 지속적으로 운영되고 있다. 외국에서 온 학생들이 BIU에 입학하면 싱가포르 교회가 한두 명씩에게 장학금을 지급하고 2년이 지나 졸업을 책임을 지고 있다. 졸업 후 그들이 자국으로 돌아가게 되어도 계속적으로 관계 및 기도의 지원을 하는 등 지속적인 파트너십을 형성하는 경우도 있고, 아니면 한두 사람을 책임지고 공부가 끝날 때까지 지원하는 경우도 있다. 선교를 자국인들이 할 수 있도록 유도하는 것은 현대적 선교의 방법이며, 이때 해외 선교사들의 역할은 자국 선교에 힘을 실어 주는 사역을 개발하는 것이다.

싱가포르, 선교 훈련의 허브로

싱가포르는 가장 안전한 사회를 이루고 있다. 신문을 보면 국내 소식은 거의 찾아 보기 힘든데, 이유는 싱가포르가 정치적으로 안정되어 있고 사회적으로 치안이 잘 되어 있어 뉴스거리를 만드는 사람들이 없기 때문이다. 신문이나 TV는 대부분 국제 소식으로 가득 차 있다. 교통은 동남아시아에서 가장 활발한 항공 연결이 이루어져 있어서 동남아시아의 교통의 중심지라고 말할 수 있을 것이다. 경제도 1인당 GDP가 아시아 국가 중 가장 높은 10만 불이 넘으니, 자연히 물가가 비싸다. 정부에서 배려하는 시설들이 많아 지하철, 버스 등 대중교통은 그리 비싸지 않기에 자국인이 살아가기에는 그리 경비가 많이 들지 않는다. 그러나 주택이 비싸 외국인이 살기에는 부담이 많이 되는 곳이다.

싱가포르에는 SBC(Singapore Bible Seminary)나 TTC(Trinity Theological College)와 같은 신학교가 있고 많은 목회 지도자들을 배출하고 있다. 그러나 우리가 섬기는 BIU는 선교 지도자들을 길러내는 특화된 학교이다. BIU에서 강조하는 교육 철학 중 첫째는 상황화 교육이다. 상황화란, 각 종족의 문화적 요소를 감안하면서 그들의 수준에 익숙한 방법으로 교육 프로그램을 개발하여 문화적 친숙성으로 복음의 씨를 뿌려 이질적인 요소들을 제거하는 방법이다. 신학적 해석의 문제라고 하기보다 복음 전파의 방법적 요소를 고려한 것으로 자신들의 상황에서 선교를 자유롭게 개발할 수 있도록 하는 것이다. 그러한 연유로 BIU에서의 교육 환경은 열악하고 간단하지만 제3 세계 국가에서 온 학생들이 편안한 마음으로 교육에 임하고, 가족 같은 분위기에서 서로 돕고 협력하는 것을 익히고 있다. 이러한 모델은 자국에서 훈련원을 개설할 때 쉽게 사용할 수 있는 방법이기에 자신들이 처한 환경에서 부담 없이 만들어 낼 수 있는 교육 제도이다. 또 다른 교육 철학은 복음의 지식(Knowing)과 신앙인격(Being) 훈련, 그리고 기술(Doing) 훈련이다. 전인적 훈련은 적은 숫자, 가족적 분위기 그리고 이론과 함께 실습을 겸비한 훈련으로 진행된다. 교실에서 배우는 교육, 합숙을 통해서 서로 협력하는 훈련, 그리고 주변 국가(말레이시아, 인도네시아 등)에 다니면서 실습을 하므로 초문화권에 대한 이해와 경험을 쌓게 한다.

지금의 선교는 자국의 선교사들을 배출하도록 하는 것이 가장 효과적인 선교 방법이다. 한 나라에서 다른 나라로 선교사를 파송한다는 것은 훈련면에서나 비용면에서 선교사들의 희생이 따라야 하는 일이지만, 자국에서 자국으로 파송을 한다는 것은 선교사가 치러야 하는 장애들, 즉 비자 문제, 문화 문제, 언어 문제, 경제 문제가 훨씬 쉽게 해결될 수 있다. 우리나라의 경우, 단일 문화에서 살아왔지만, 동남아시아의 많은 국가는 수많은 종족으로 구성되어 있다. 주님의 지상 명령 중, 모든 '민족'이라고 할 때, 헬라어로는 '에트네'(ἔθνη)라고 한다. 에트네는 '작은 부족'을 의미한다. 때문에, 국경을 넘어 다른 나라로 간다기보다는 같은 국가에서도 자국 부족을 얼마든지 찾을 수 있는 근거가 되는 단어이다. 인도네시아의 경우, 350여 개의 언어가 사용되고 있고 다양한 민족이 한 나라를 이루고 있다. 그리고 사람들이 거주하는 섬만 해도 3,500개가 넘는데(모든 섬을 합하면 17,000여 개) 여러 민족이 함께 살고 있기에 한 섬에서 다른 섬으로 파송하는 것은 완전히 선교적 사역이 된다. 이러한 특수성 때문에 많은 선교사가 필요하고 많은 교회가 선교적 마인드를 가지고 타 종족 내지는 타 섬으로 파송하는 것에 대한 거룩한 부담을 갖는 것이 바로 그들의 선교 사역이 될 것이다. 인도의 경우, 남쪽에는 많은 그리스도인이 살고 있고, 선교단체도 많이 존재한다. 대부분의 선교단체는 선교사를 훈련하여 힌두교가 강세인 북인도나 오지로 선교사를 파송하고 있다.

나는 싱가포르에 머물면서 현지 선교사들을 훈련하는 사역에 참여할 수 있는 특권을 가진 것을 정말 귀하게 생각하다. 내가 아프리카나 동남아시아 국가에 다닐 수 있는 경제적, 자원적 여력은 없지만, 저들을 한 지역에서 만날 수 있다는 것과 비대면(zoom) 방법으로 만날 수 있다는 것은 경비 면에서나 연결의 편리성 면에서 큰 특혜가 아닐 수 없다. 사실, 질적인 차원에서 보자면 대면으로 만나고 같이 교제권을 형성하고 머리를 맞대면서 대화를 해야 하는데 그러한 기회가 없다는 것이 아쉬움으로 남아 있다. 복음을 전할 때 "때를 얻든지 못 얻든지 항상 힘쓰라(딤후 4:2)."는 말씀은 시간적 또는 상황적 기회를 가리지 말고 복음 전파에 열심을 다 하라는 말씀으로 이해해야 한다. 그러므로 비대면의 특징은 물리적 거리를 초월할 수 있다는 장점이 있고, 교육의 질적인 면을 향상할 수 있다. 다만, 대면을 통한 인격적 만남이 부족하다는 약점을 보완할 수만 있다면 무한한 가능성을 찾아낼 수 있다고 본다. 여기에서 나는 자국인들의 자생력을 키우는 선교가 미래의 선교라고 믿는다. 우리는 지금까지 귀하게 쓰임 받은 민족이지만 앞으로는 모든 민족이 같이 이 일을 해야 할 때가 올 것이다. BIU는 비록 내가 세운 학교도 아니고 싱가포르에서 그리 유명한 학교도 아니고 소박하지만 전 세계를 향한 사역을 훈련시키고 현지인들을 훈련하여 보내고 있다. BIU사역은 협력을 통해서 하나님 나라가 효과적으로 발전해 나가게 되는 동역 사역이라는 점에서 나는 큰 만족을 느끼고 있다.

대상자에게 맞춘 선교

세월이 흐를수록 사회는 바뀌고 그에 따르는 문화도 바뀐다. 정치체제도 바뀌고 경제적인 생활도 바뀌어 간다. 우리가 모델로 생각하는 성경 속 바울의 시대나, 19세기 말에 한국에 들어온 선교사들의 시대나, 내가 1976년 인도네시아에 도착했을 시대의 환경은 지금의 선교지와 비교해서 많이 다르다. 그러나 바울이 보여주었고, 과거의 선교의 역사가 일관되게 말해 주고 있는 것은 현지인들을 세우는 선교이다. 선교사 위주가 아닌, 현지인들이 주인의식을 갖도록 하는 선교, 그리고 선교사의 역할은 현지인 중심으로 리더십이 형성될 수 있게 돕고 때가 되면 떠나는 것은 세월이 바뀌어도 달라지지 않는 선교 방법이다. 시대는 늘 변하고 있기 마련이지만 선교사들은 변하지 않는 말씀과 변화하는 상황을 동시에 볼 수 있는 눈이 필요하다. 내가 전하는 말씀에 충실해야 할 뿐만 아니라 내가 준비한 말씀이 변화하고 있는 청중들에게 이해가 되겠는지, 특별히 그들이 사는 상황(context)에 맞는지를 살펴야 한다. 청중은 변화에 민감하다. 그리고 자신도 모르는 사이에 문화는 빠르게 변해가고 있다. 그런데 우리가 이 변화에 민감하게 반응하지 못하면 그것은 새 시대를 선언하시면서 전하신 예수님의 방법과는 거리가 멀어지게 될 것이다("새 포도주는 새 부대에" 마 9:17). 예수님은 상황화 전략에 탁월하셨고 민감하셨다. 무식하고 가난했던 군중들에게는 쉽게 예화로 그리고 낮은 자세로 말씀하셨지만, 율법으로 최고의 지식을 자랑하는 이들에게는 강하게 직설적으로 하셨다. 상황판단에 능통하신 예수님의 커뮤니케이션 방법을 배워야 한다. 바로 이것이 청중 대상을 고려한 상황적 복음 전파의 방법이다.

조동진 박사는 서구 기독교를 "침략과 정복과 수탈의 역사를 로마 기독교 제국으로부터 이어받은 서구 기독교 제국주의 식민주의 도구로 몰락하였던 근대 기독교 선교는 정복자의 영광과 그들을 위한 황금과 하나님을 뒤섰어 놓은 치욕의 길을 걸었다."고 혹평하였다. 그러나 지금의 선교지 변화는 식민지였던 나라들이 강력한 자국중심주의를 가져서 바뀌고 있다. 20세기 들어 한 국가의 생존은 타국에 의존하지 않고 자국이 책임을 져야 한다는 미국 대통령인 우드로 윌슨(Woodrow Wilson, 1856~1924, 미국)이 말한 '민족자결주의' 가 세계 각국의 정치체계 자결권을 세우기 시작하면서 어려워도 힘들어도 우리의 것이 있어야 한다는 통치적 책임감을 갖게 하였다. 이를 통해 국가의 독립을 최우선시하는 나라들이 생기게 되었다. 동인도 회사를 중심으로 시작된 신민지 제도는 힘을 잃게 되었고 각 국가는 독립 국가를 선언하였다. 이러한 정치의 변화는 세월이 흐르면서 '자국'이라는 정체성은 누구의 간섭도 받아서는 안 되며, 의존해서도 안 되고, 스스로 책임지고 지켜나가야 하는 것으로 발전했다. 선교사는 이런 생각이 선교에 걸림돌이 될지, 아니면 자립을 위한 발판이 될지를 생각해야 하고 그 상황에 맞는 전략을 수립해야 한다.

종족 우월주의란 삶의 방식이나 가치관 그리고 적응 능력이 다른 그룹의 사람보다 훨씬 우월하다고 생각하는 사고방식이다. 때문에 다른 그룹의 사람을 경멸하는 것을 당연한 것으로 생각하게 함으로써 결국 자신은 우월감에 사로잡히고 다른 인종에 대하여 적대감을 갖게 하며, 그 결과로 폭력이나 인종차별 또는 자신의 그룹과 같이 되어야 한다고 강력하게 주장한다. 인간 역시 동물의 약육강식의 습성과 같이, 강하면 잡아먹고 약하면 잡혀 먹힌다는 생각을 가지고 있다. 조금 강하면 종족 우월주의와 같이 것들이 생겨 다른 종족을 경멸하고, 불이익을 주려는 생각을 한다. 개인을 넘어 국가 역시 같은 생각을 가지고 전쟁을 일으키기도 하고 다른 나라를 식민지로 삼기도 한다. 힘이 약한 국가들은 자국우선주의란 명분을 가지고 자력갱신을 하려고 몸부림을 치는 것을 역사에서 읽을 수 있고, 현대의 국제상황도 별반 다르지 않다고 생각한다. 이러한 경제적 종속주의의 바탕에서 문화적, 사회적 종속주의가 사라지는 상황에서의 선교는 지배세력으로 남아있어야 할 것인가, 아니면 제국적 자세를 가지고 나아가야 할 것인가에 대해 고민해야 한다. 정답은 바로 주님이 행하신 일, 섬김의 지도력이다.

제자들을 향한 주님의 지도력의 마지막 보루는 '섬김'을 가르치시는 것이었다. 제자들이 예수님으로 인하여 많은 사람들로부터 엄청난 인기와 영광을 누려왔다는 것은 부정할 수 없다. 그렇다면 그러한 인기와 영광으로 예수님을 계속 섬길 수가 있고, 교회들을 섬길 수 있을까? 이것은 예수님이 원하시는 지도력이 아니다. 예수님은 오히려 "인자가 온 것은 섬김을 받으려 함이 아니라 도리어 섬기려 하고 자기 목숨을 많은 사람의 대속물로 주려 함이니라(마 20:28)."고 말씀하신다. 때문에 주님이 저들을 지도자로 만드시고 파송시키시는 순간에 마지막으로 하신 교육은 '섬기는 지도력'이었다. 선교 동역이란 상황화 선교와 맥을 같이 한다. 내가 만들 것이기 때문에 책임감을 갖는 것은 당연하지만 여기서 그치지 않고 다른 사람이 만든 것이라도 하나님의 나라 발전을 위해 같이 모였다면 최선을 다하여 일이 되도록 만드는 것이다. 사역의 자세에서나, 사역의 내용에서, 그리고 상황적 적응 문제에 있어 눈높이를 이해하는 일과 복음의 이해력과 복음의 수용성을 고려하여 복음 전하는 자는 무릎을 구부려 상대방의 수준에 맞추는 자세를 취해야 한다. 이때의 대화나 지도력의 모습은 마치 요한복음 4장처럼 천한 사마리아 여인에게 복음을 전하셔서 완벽하고 확실한 고백을 이끌어 내어 그 여인이 사는 마을의 위대한 전도자로 만드신 방법이 아닌가 생각을 한다.

자비량 교육선교

또 다른 동역선교의 모델은 국제인들과 같이 섬기는 일이었다. 선교지에서는 아내의 역할이 많이 있다. 그래서 선교사의 아내라고 부르거나 사모님이라고 부르지 않고 '아무개 선교사'라는 개별적 명칭을 갖는다. 어떻게 보면 남편보다 아내가 더 큰 일을 할 수 있는 분야들이 있다. 아내들의 자상함, 언어 습득 능력과 내조 역할 등 남편 선교사들보다 더 많은 일을 할 수 있다. 뿐만 아니라 자녀들 교육까지 책임을 맡는 경우가 많기에 정말 선교사 중의 선교사라고 말할 수 있을 것이다. 내 아내의 경우 첫 번째 사역인 정글에서의 사역 역할은 극히 제한적이었다. 정글의 환경이 너무 열악하고 어렵고 힘들어서 남편인 나 혼자 동역자들과 배나 선교 비행기를 타고 정글로 떠날 때가 많았다. 아내는 주로 집에서 아이들을 돌보는 일을 했고, 안중안 신학교 제2기 사역을 할 때는 신학생들을 상담하고, 영어를 가르치고, 학교 내 작은 상점(주로 책과 학용품 판매)을 책임지는 역할을 했다. 싱가포르로 옮기면서 안식년 동안에 취득한 캘리포니아 교사 자격증으로 제4기 선교가 싱가포르에서 시작될 때, 사용할 수 있는 기회를 가지게 되었다. ICS(International Community School)라는 기독교 초중고 국제학교에서 불과 70여 명의 적은 인원이지만, 봉사할 수 있었다. 당시 나의 세 명의 자녀들은 그 전에 싱가포르 현지 학교에 다녔고, 미국에서 고등학교를 졸업한 후 대학에 진학했다. 막내딸만

이 학교에 입학하여 미국식 공부를 하게 되었는데 이 학교는 신앙을 중요하게 여기는 학교이기에 마음 놓고 보낼 수 있었다. 이 학교에는 미국인 교사가 대부분이었다. 적은 봉급이지만 선교사 마음을 가진 헌신 된 교사들이 신앙적으로 아이들을 교육하는 학교였다. 아내는 6학년 한 반을 맡아서 지도를 하게 되었다. 지금은 많이 발전하여 300명 이상 공부하는 제법 큰 학교가 되어 한국 학생들이 입학하는 좋은 학교로 알려지게 되었다. 막내딸은 이곳에서 중고등학교 과정을 마치고 미국 캘리포니아에 있는 USC 사립 대학에 입학하여 4년간 장학금을 받으며 다니게 되었다. 막내딸이 비록 작은 학교에서 공부했지만 교사들의 헌신적인 자세와 교육열을 통해서 아이들이 제대로 된 교육을 받을 수 있었음을 보여주고 있다.

아내는 5년간 이 학교에서 봉사하면서 일반 교육뿐만 아니라 아이들의 신앙 지도를 위해 많은 신경을 썼다. 방학이 되면 주변 국가인 말레이시아로 건너가 해변가에서 아이들을 위한 신앙 캠프를 진행함으로써 아이들의 신앙 교육에 힘을 썼다. 재정적으로 값비싼 싱가포르의 삶이 하나님의 특별한 은혜로 채워지면서 사역과 함께 경제적 도움을 줄 수

가 있었다. 아내의 교사 사역은 자비량 선교의 일부가 되어 사역과 경제적 도움을 같이 받을 수 있는 기회가 되었다. 향후 한국 선교의 길은 이러한 사역들을 찾아야 한다고 생각을 한다. 복음만을 전할 수 있는 곳에서는 복음의 확산을 위해 노력해야 하고, 직접 복음을 전하기 쉽지 않은 곳에서는 다른 일을 통해서 사람들을 접촉하고 그들에게 선한 영향력을 끼치는 선교가 바람직하고, 섬기는 사역이 필요한 곳에서는 마음껏 섬길 수 있을 길을 찾아야 한다고 생각한다. 안식년 동안 쉼보다 연구를 진행하면서 다음 팀의 자비량 선교의 꿈을 이루었던 경험은 복음 전파의 기회로 보나, 경제적 이득으로 보나 바람직한 사역이었음을 깨닫게 해 주었다.

현대 선교의 새로운 전략은 선교의 다양성을 개발하는 데 있다고 본다. 다양성이란 선교사가 대상자가 있는 곳으로 가는 것이고, 관계성을 만들어서 사람을 만나고 교제하며, 동료 의식을 갖게 하는 것이다. 예수님은 사마리아 여인에게 다가 가서 물을 달라고 말씀하시면서 그 여인과 대화의 길을 여셨고, 상종치 못할 관계에서 마음을 열어 받아들이는 관계로 만드셨다. 예수님의 전도를 위해 사마리아 여인을 만난 사건은 당시의 유대인의 전통으로는 용납될 수 없는 획기적인 행보였다. 전통을 깨서라도 영혼 구원에 비중을 두신 주님의 결단이었다. 바울도 사도행전 18장에서 고린도의 한 천막 공장에서 만난 아굴라 부부를 전도하고 그들을 동역자로 만드는 전도와 제자 훈련의 계기를 마련했다. 그러므로 자비량 선교란 재정적 조달 이상의 사역이 될 수 있다. 사람은 자신의 상황이 상대의 상황과 비슷한 경험을 할 때 마음의 문을 열게 되는

데 그것을 통해 상대를 인정할 수 있는 관계를 만들어 낸다. 때문에, 바울은 감옥도 복음을 전할 수 있는 절호의 기회로 생각을 했던 것이다. 바로 자신과 그곳에 있는 사람들과 처지의 동질성 때문이다. 그는 감옥에서도 제자들을 얻었다(몬 1:10).

한국에 최초로 온 선교사 중 한 명인 알렌(Horace Newton Allen, 1858~1932, 미국) 선교사는 의료 선교를 통해 선교사들의 선한 봉사의 이미지를 확보하였다. 그 후 언더우드(Horace Grant Underwood, 1859~1916, 미국), 아펜젤러(Henry Appenzeller, 1858~1902, 미국), 스크렌턴(William Benton Scranton, 1856~1922, 미국) 선교사 등은 의료와 함께 교육선교를 시작할 수 있는 길을 마련하는 데 큰 역할을 한 분들이다. 당시 저들이 파악한 것은 한국에 당장 필요한 것은 가난을 극복하는 것이었다. 신학교를 세우는 일보다, 교회를 세우는 일보다 앞서야 하는 것은 가난에서 벗어나는 것이라고 생각을 했다. 해결 방안은 교육이었다. 일반 교육을 통해서 한국 선교의 터전을 마련해 준 것이다. 그러므로 우리 선교는 이제 부족한 재정을 채우기 위해서 그리고 사람들을 쉽게 접촉하기 위해서 자비량 선교에 대한 연구를 많이 할 필요가 있다. 아내의 자비량 선교는 어린이들에게 복음을 깨닫게 하는 교육과 함께 복음을 깊이 전할 수 있는 기회가 되었다.

다양성을 배우는 MK 교육

선교사들에게 있어 자녀(Missionary Kids, MK) 교육은 풀 수 없는 과제로 생각하는 경우가 많다. 그래서인지 선교사들이 가고 싶은 선교지로 가지 못하고 학교 시설이 제대로 되어 있는 도시로 몰리는 경향이 있다. 서구 선교사들은 일찍이 선교사 자녀들을 위한 학교를 저렴하고 한적한 곳에 설립하고 기숙사 시설을 만들어 여러 나라에서 온 선교사 자녀들에게 신앙 교육 중심의 일반 교육을 시키는 제도를 만들어 놓았다. 전에는 한국 선교사의 자녀들을 이 학교에 보내기도 하였지만, 지금은 서구 선교사 시대가 아니기에 그런 학교들이 문을 닫게 되었다. 나는 선교사들에게 자녀 교육 기회를 현장에서 찾으라는 소리를 많이 해 왔다. 학교가 없는 정글에서는 가정에서 교육시켰다. 또한, 여러 국가를 다니면서 교육을 받게 된 경험은 내 자녀들에게는 교실에서 배울 수 없는 또 다른 교육을 받는 기회가 되었다. 선교지를 긍정적으로 바라보면, 지식적인 것에만 관심을 갖는 한국 부모들의 교육 열정보다 훨씬 다양한 문화적 교육을 받을 수 있는 혜택이 있다. 그런 면에서 나는 선교지야말로 자녀교육의 최고의 장소라고 생각한다. 내 자녀들의 경우 싱가포르에서 학력 위주의 교과 교육 제도 아래에 있었다. 이 역시 좋은 기회였지만, 중국, 인도, 말레이 아이들과 놀면서 저들의 다양성을 배우는 것이 더욱 귀한 기회였다고 생각한다.

싱가포르의 경우 정부는 정부 예산에 무려 25퍼센트를 교육 재정으로 사용한다. 시설이나 교사들의 처우나 그리고 교육의 질적 수준을 높여 놓았기에 로컬 스쿨이라고 해도 타국의 국제학교나 다름없는 교육적 질과 수준을 유지하고 있다. 단, 영어를 본인들만의 특색 있는 영어('싱글리쉬'라 부름)로 사용하고 있고, 또 모국어(중국어, 말레이어, 타밀어)를 필수로 배워야 해서 외국인 아이들에게는 상당한 부담이 되기도 한다. 공립학교이기 때문에 수업료는 없지만, 수준 있고 규율 있는 교육을 받을 수 있다. 정글에서 학교 없이 고생했던 것을 생각한다면 싱가포르 교육이 자녀들에게는 행복한 순간이었을 것 같은데 실상은 그렇지 못했다. 그것은 싱가포르 교육이 아이들에게 스트레스를 너무 많이 주었기 때문이다. 다행스러웠던 것은 자녀들을 입학시킨 학교는 정부 지원을 받는 기독교 사립 학교인 쿠와천(Kua Cheon) 장로교 초등학교였다는 점이다. 채플이나 수업 시작 전 기도를 할 수 있어 신앙 교육이 동시에 이루어지고 있었다. 그 부분이 자녀들의 신앙 교육에 많은 도움을 주었다. 큰 딸 연주는 싱가포르에서 가장 우수한 중고등학교(4년제 영국식 교육 제도)인 RGS(Raffles Girls School)학교에서 총학생회장으로 선출되어 3년간 지도력을 배우고 발휘할 수 있는 좋은 경험을 갖게 되었다. 아마 연주에게 그러한 경험은 자신의 지도력을 개발하는 데 크게 도움이 되었을 것으로 생각한다.

선교지에서의 자녀 교육은 무엇보다 부모의 마음 자세가 중요하다고 생각한다. 학교에서 배우는 지식도 중요하지만 타 문화에 대한 적응 능력, 각 나라마다 가지고 있는 특색 있는 교육을 익히는 것, 그리고 아이들이 놀면서 배울 수 있는 부분을 고려하는 것이 시대를 사는 아이들에게 더 좋은 교육 방법이라고 생각한다. 싱가포르에서 우리 자녀들의 시각 확장에 도움은 준 사람들은 주로 중국 아이들이었다. 두어 가지 정도를 배울 수 있었는데, 첫 번째는 '가족'에 대한 가치이다. 싱가포르에 사는 중국 아이들은 영국적인 문화에 익숙하긴 하지만 중국인의 전통적 가족관을 잘 지키고 있다. 유교 사상에서 나온 부모에 대한 공경심이 바로 그것이다. 나의 자녀 4명(1남 3녀)은 이들에게 영향을 받아서인지 부모에 대한 극진한 생각을 가지고 있다. 두 번째는 '재정 관리' 능력이다. 돈을 낭비하는 법이 없다. 늘 절약하고 근검이 습관화되어 있고, 재정 관리에 탁월한 능력을 가지 있다. 지금은 다들 장성해서 가정을 이루었는데, 재정 관리를 잘하고 있어 부모나 타인에게 의존하지 않고 사는 것을 보면 다행이라는 생각이 든다. 이렇듯 선교지에서 교육은 처한 상황 속에서, 또는 친구들의 삶을 통해서 많은 것을 배우게 된다.

나의 자녀 교육 경험을 열악한 국가에서 사역하는 모든 선교사에게 적용할 수는 없다. 그렇지만 한 가지만 나눈다면 나는 어머니의 역할이 크다고 생각한다. 내 아내인 박대련 선교사는 자녀 교육의 책임을 확실하게 했다. 나는 아내 선교사의 사역 몫을 대신했고 자녀들만 잘 키워주어도 좋은 결과를 얻을 것으로 늘 생각해 왔다. 아내의 자녀 교육 경험은 여기서 그치지 않았고 싱가포르 국제학교 교사가 되어 사역으로도 역량을 발휘할 기회를 찾게 되었다. MK는 국적 미상의 아이들이 될 가능성이 많이 있다. 그러나 최근 들어 한국의 위상이 상승하면서 자녀들은 한국인이라는 자부심을 강요하지 않아도 스스로 갖고 있고, 다양한 언어를 구사하며, 문화에서도 탁월한 적응 능력을 가지고 있다. 옛날에 MK의 경우 '제3의 문화 키즈'라 불리며 적응을 잘하지 못하는 국적 없는 아이라고 생각을 했지만, 지금은 시대가 달라져 자녀들로 하여금 국제적인 감각을 갖게 해 주고 그 경험을 바탕으로 직업도 쉽게 찾을 수 있는 특혜가 있다는 평가를 한다. 지금은 MK 중 선교사로 지원하는 경우가 많이 있어 한국과 미국에서 MK를 위한 선교사 훈련 프로그램들이 개발되고 있다. 선교지에서 자라난 자녀들이 자신들의 제2의 고향과 같은 곳으로 파송을 받는다면 누구보다 훌륭한 선교사의 자질을 소유한 사람이 될 것이다. 그러므로 선교사 자녀는 가장 행복한 부류의 아이들이라고 말할 수 있다. 어디에 데려다 놓아도 적응할 수 있는 능력이 있기 때문이다.

맞춤형 선교사란 선교사 자신이 현장에 적응하는 능력을 말하는 것이고, 자녀들에게 미치는 부정적인 요소들을 긍정으로 바꾸려 하는 노력은 맞춤형 선교사 자신의 노력에 달렸다고 생각한다. 인간은 어느 곳이든 적응할 수 있는 능력을 가지고 있다. 이스라엘 백성들은 광야 생활 40년을 통해서 불가능을 가능으로 바꾸었고, 불신에서 하나님의 은혜를 깨닫는 민족으로 바뀌었다. 물론 하나님의 형벌과 채찍을 경험하면서 성장했지만, 저들은 모세가 성막을 지을 때 그 삭막한 광야에서 성막을 짓고 넘칠만한 헌물을 가져다 바쳤는데, 저들의 신앙과 헌신을 말해 주는 말씀이라고 생각한다. "구름이 회막에 덮이고 여호와의 영광이 성막에 충만하매(출 40:34)"라고 말씀하신다. 이 말씀은 이스라엘 백성들이 성막을 사랑하여 하나님께 바치는 모습을 보시고 하나님의 기쁨을 그대로 표현하신 것이다.

제4장

현장화 된 교육선교
[선교교육 이론]

A Journey of Mission Partnership for
National Initiatives

주님의 사역의 중심은 제자들을 훈련하는 일이었다. 마태복음 9장에 보면 주님의 사역 방법은 세 가지로 나뉜다. 제일 먼저 언급하신 것은 '가르치셨다'(Teaching), 두 번째는 '전하셨다'(Preaching), 세 번째는 '고치셨다'(Healing)이다. 이 세 가지는 선교 사역에 없어서는 안 되는 중요한 과제라고 생각된다. 예수님이 전하셨다는 것은 씨를 뿌리셨다는 것을 의미하고, 가르치셨다는 것은 나온 씨를 양육하는 것을 말하며, 고치셨다는 것은 긍휼 사역, 즉 저들의 비참한 상황을 해결해 주시기 위해 저들의 병을 고쳐 주시고 인간의 문제를 해결해 주시는 사랑의 주님이심을 깨닫게 하시는 사역이라고 말할 수 있다. 긍휼 사역은 주님으로 인해 선한 마음으로 바뀐 우리의 마음이 마치 자신의 위험을 무릅쓰고 강도를 만난 사람을 치료해 주고 끝까지 돌보아 준 선한 사마리아인의 마음과 같음을 말하는 것이다. '거듭난 사람의 마음'이 바로 이런 마음이 아닐까 생각한다. 이러한 접근 방법을 통해서 예수님은 인간의 육신의 병을 해결해 주시고 더 중요한 영혼의 병, 즉 죄의 병을 고쳐 주셨는데 이 부분이 주님 사역의 핵심이다. 이러한 사역을 통해 사랑의 복음이 각 곳으로 전파되고, 뿌려진 씨들이 육신의 필요를 채워주는 것으로 끝나거나 잊혀져 버리는 경우도 있지만, 씨가 싹을 틔우게 되면 양육의 단계를 밟는다. 여기서 주님은 양육을 기다리는 선택된 사람들을 위한 사역의 우선순위를 가르치는 일에 열중하셨다. 당시 청중들은 유대 지도자들로부터 율법 교육을 받았지만 깨닫지 못하고 화석처럼 생명 없는 메시지와 위선적 행위로 인하여 청중들에게는 아무런 감동을 주지 못했다. 그러나 주님의 메시지는 그들의 마음을 터치하셨는데, 앞선 내용과 방법을 사용하셔서 교육 프로그램을 개발하셨다고 할 수 있다.

예수님의 교육 프로그램은 제자들을 선택하는 일부터 시작된다. 그들의 상황을 파악하시고 그들에게 꼭 맞는 맞춤형 교육 방법을 채택하셨다. 늘 예화를 사용하심으로써 저들이 쉽게 알아들을 수 있게 하셨다. 뿐만 아니라 되도록 회당과 같은 공식적인 장소보다는 가정이나 일터, 그리고 사건 현장으로 가서서 그 사건과 관련된 말씀을 하셨다는 것이 예수님의 교육 사역의 특징이다. 특징을 자세히 살펴보면 첫째, 저들의 배경과 이해력에 호소하셨다. 저들의 교육 수준, 관심, 경험 등을 살펴보셨고, 이것들을 배경으로 말씀을 전개하셨기에 주님의 메시지를 쉽게 깨달을 수 있었던 것이다. 당시, 제자들이 살던 곳은 어촌이요 농촌이었다. 때문에, 저들의 심성은 도시인들과 같지 않았고, 저들은 율법을 많이 안다는 바리새인이나 서기관과 같이 교만을 떨지 않는 순수한 사람들이었다. 그래서 말씀을 받아들이기를 좋아하는 사람들이었다. 이러한 사람들 중에서 열두 명을 선택한 것이다. 주님의 교육의 특징은 삶의 현장에서 말씀하셨다는 것이다. 예수님은 저들이 사는 삶의 현장 속에서 저들과 식사도 하시고 토론도 하셨다. 장소나 환경을 가리지 않고 말씀을 전하셨다는 것은 말씀과 삶의 현장과의 관련성을 강조하신 것이다. 저들의 수준에 맞추셨으니 자연히 저들은 말씀에 관심을 갖지 않을 수 없었다. 저들은 깨닫기 시작하면서 말씀에 더욱 심취할 수 있었고 예수님은 그들의 이해력에 호소할 수 있게 되었다. 주님의 교육의 특징 중 또 다른 것은 사건 현장에서 사건과 관련된 주제를 가지고 말씀을 이어 가셨다는 것이다. 예를 들어 요한복음 6장에 오천 명을 먹이신 기적은 당시에 대단한 사건이었기에 큰 화젯거리가 될 수밖에 없었다. 또한, 떡은 가난한 사람들에게 큰 관심거리가 아닐 수 없었다. 그래서 주님은 '진정한 떡'(True Bread), '생명의 떡'(Bread of Life)을 설명하시는 데 있어 육신의 양식을 가지고 영원한 양식을 설명하실 좋은 기회를 절대 놓치지 않으셨고, 예수님 자신이 바로 생명의 떡이라고 말씀하신다. "나는 생명의 떡이니 내게 오는 자는 결코 주리지 아니할 터이요 나를 믿는 자는 영원히 목마르지 아니하리라(요 6:35)." 예수님의 이러한 획기적인 교육 방법은 시각적 호소 면에서나 경험적 면에서 가장 효과적인 교육 방법이었던 것이다. 그리고 육신의 필요를 영적인 필요를 설명하시는데 사용하셨다는 것이다.

상황에 맞춘 교육 프로그램

교회 설립 사역이든 학교 설립 사역이든 현장이 필요로 하는 사역 개발에 초점을 맞추어야 한다. 선교사를 위한 선교 사역이 되어서는 안 되고, 현장을 위한 선  교 사역이 되어야 한다. 우리는 때때로 선교사 개인의 요건에 맞는 곳을 선택하는데, 선교사를 필요로 하는 곳으로 가야 한다고 다시 강조하고 싶다. 선교사를 필요로 하는 곳에 가려고 할 때, 많은 희생이 요구되기도 한다. 우리의 육신적 필요가 채워지는가에 대한 조건을 따지려고 한다면 끝이 없다는 것을 알아야 하고, 선교의 헌신은 고도의 헌신이기에 그러한 것들은 감수해야 한다. 더 중요한 것은 나 스스로가 현장 적응 능력을 키우는 것이다. 하나님은 헌신만 있다면 우리의 적응 능력을 키워주신다. 이스라엘 백성들을 광야로 내치신 것은 저들로 하여금 적응 능력을 키우게 하고 하나님을 의지하는 삶을 배우도록 하게 하시려는 것이다. 어차피 가나안을 정복하려면 적들과 싸워야 하고 새로운 지역을 개척해야 하는 개척 정신이 필요하다. 만일 이스라엘이 고센 땅에서 약 1개월이 걸리는 가나안 땅으로 직행했다면 이러한 훈련의 기회를 놓쳤을 것이다. 하나님은 저들에게 40년 광야 생활을 허락하심으로 적응 능력과 함께 하나님을 경외하고 의지하는 법을 가르치셨고 성막 건축을 통해서 하나님 중심의 예배의 삶이 무엇인가를 가르치셨다. 그러므로 선교의 적응 능력은 주어지는 것이 아니라 만들어지는 것이다. 하나님이 도와주시면 모든 것이 가능하고, 훈련받는 동안에 주시는 하나님의 축복과 자신감은 훈련을 경험한 사람만이 알 수 있게 된다. 그러므로 두려워할 필요가 없다. 내가 적응하고 현장의 수준으로 맞추고, 특별히 프로젝트는 현장이 필요로 하고 저들이 할 수 있는 범위 내에서 개발하면 된다.

나는 1976년 인도네시아 정글인 칼리만탄으로 파송되었을 때 그곳이 어디에 위치하고 있는지 어떤 상황인지 전혀 몰랐다. 마치 아브라함의 "갈 바를 알지 못하고 나아갔으며(히 11:8)"의 믿음의 행위가 적용된 것이다. 처음에는 그렇게 험지로 보내신 하나님께 원망도 했지만, 나의 적응 능력을 확인하면서 자신감이 생기기 시작하였다. 또한, 그곳에 나타나는 열매를 보고 후회가 아니라 감사가 넘쳤다. 이런 경험을 바탕으로 나의 사역에 대한 철학은 나 중심이 아닌 하나님 중심, 그리고 현지인 중심이라는 것을 수립할 수 있었다. 인도네시아 정글 사역에서 정말 많은 것을 배웠고 개척 사역에 자신감을 갖게 되면서 싱가포르 그리고 말레이시아의 사역 개발에 쉽게 접근할 수 있었다. '내가 아니라 현장이 필요로 하는 사역이 무엇인가?'를 고민하면서 리서치 했을 때 말레이 언어로 이루어진 사역이 가장 필요하다는 것을 알게 되었다. 이슬람 국가인 말레이시아이기에 어렵고 정치적 방해가 있더라도 할 수 있는 일을 찾아 그들에게 필요한 사역을 개발하는 것이 절대적으로 중요했다. 좀 더 지혜롭게, 전략적으로 접근해야 하겠다는 생각을 하게 되었다. 먼저, 현장에서 동역자를 찾는 일, 그들과 자주 접촉하며 교제하는 일, 회의를 통해서 그들의 의견을 수렴하고 함께 지혜를 모으는 일에 열중하게 되었다. 동역 정신은 무한한 가능성을 제공하기 때문에 이를 신뢰하면서 나아가니, 하나님께서 다양한 부류의 사람들을 만나게 해 주셨다. 우선 MBS(Malaysia Bible Seminary)라는 신학교의 교수들 3명을 만났다. 영어과 과장, 선교학과 교수, 그리고 또 한 분은 중국인과 결혼을 한 말레이시아 사람이었다. 이들을 통해서 미래에 MBS 학교와 함께 교과과정을 개발할 생각을 했다. 그리고 미국인 선교사, 한국인 선교사, 산부인과 의사, CPA인 평신도 목회자, 현지 목회자 등 다양한 배경을 가진 사람들이 함께 사역을 하기로 했다. 장소도 페낭(Penang)의 경우 교회의 부속 건물을 빌려서 강의를 하게 되었고, 이포(Ipoh)의 경우는 산부인과 의사인 테오 박사가 YMCA 이사로 섬기고 있어 호텔의 행사장 하나를 빌려서 사용하게 되었고, 쿠알라룸푸르(Kuala Lumpur)의 경우는 한국의 최종국 선교사가 한 빌딩을 빌려서 시작을 했고, 조호르바루(Johor Bahru)의 경우는 CPA가 인도하는 교회의 한 교실을 빌려서 개원하는 등 네 도시에 SAM(Sekolah Alkitab Malaysia)이라는 같은 이름의 학교를 세우게 되었다.

교과과정은 모두 같은 과목을 가르칠 수 있도록 교수진을 확보하고 이 교수진들이 각 학교를 돌아가면서 가르치게 하는 제도를 만들었다. 각 지역 학교들은 코디를 세워 각 학교의 학생들을 모집하고 학생들을 교육하는 책임을 지도록 했다. 강사나 교수로 임명된 분들은 각 학교에 다니면서 강의를 진행했다. 네 학교를 총괄하는 코디로는 나의 뒤를 이어 MBS 영어과 과장이었던 에디 호(Eddy Ho) 박사를 지명했다. 그는 수

년간 잘 진행하다가 지병으로 61세에 세상을 떠나고 말았다. 이렇게 각 곳에 학교를 세우게 된 것은 말레이시아 상황에 맞는 교육을 하기 위한 전략이었다. 그리고 정부의 눈에 띄지 않는 학교를 세우기 위한 것이었다. 말레이시아 정부는 영어나 중국어로는 신학교 교육을 허락하지만, 말레이어를 사용하는 신학 교육을 허락하지 않기 때문이다. 두 번째 SAM 학교의 특징은 학생들이 학교로 오는 일반 교육 모델이 아니라 학교가 학생들에게 다가가는 모델이다. 그래서 쉽게 입학을 할 수 있고 쉽게 공부를 끝낼 수 있다. 게다가 학교에 입학하는 학생들은 말레이시아 변방의 사람들이기 때문에 낮에 직장에서 일하고 밤이나 주말에 공부하는 형편에 놓여 있었다. 그래서 이들의 상황을 고려하면서 교육하기 위한 것이었다. 인도네시아어나 말레이시아어가 거의 같으므로 인도네시아 노무자들이 밤에 교육을 받을 수 있도록 했다.

우리 선교의 대상은 여러 계층의 사람들로 구성되어 있었다. 인도네시아의 칼리만탄의 안중안 신학교는 1985년 설립 당시, 정글 사역을 담당할 사역자들을 교육 대상으로 두었기에 그들을 교육하는 것에 전념했다. 전원 기숙사 생활을 하면서 신앙 및 삶의 교육을 하는 학교를 만들었다. 1992년 인도네시아 바탐 신학원은 개발 지역이었기에 젊은이들이 전도와 선교 교육을 받아 직장 동료들에게 복음을 전파하기 위한 학교로 설립하였다. 2000년 말레이시아는 변방의 사람들이 변방의 사람들에게 자신들의 언어인 말레이어로 복음을 전하고 설교할 일꾼을 훈련하는 학교로 만들었다. 말레이시아에는 정부가 인정하는 주인의식을 가진 종족이 전 인구의 57퍼센트인 말레이(Malay) 종족인데, 이들을 본토 종족(Bumiputera)이라고 부른다. 이들은 100퍼센트 이슬람 신도들로서 정치, 문화, 사회의 주역들로 자리잡고 있으며 자부심을 가지고 있다. 이 외의 사바 사람들(동부 말레이시아), 중국인, 인도인, 그리고 원주민(Orang Asli)들은 변방의 사람들로 취급받고 있다. 말레이시아는 말레이시아어(Bahasa Malay)가 공식적인 언어이고, 영어는 일부 과목과 비지니스 언어로 또는 일상에서 일부 사용하고 있다.

우리가 개발하고 있는 사역에서 중점사항은 모든 교육 현장에서 사회에서 상용되고 있는 말레이어로 된 신학교를 만드는 것에 있었다. 많은 젊은이가 영어보다 말레이어를 사용하고 있는데, 저들을 위한 말레이어 설교자가 부족했다. SAM 프로젝트는 이 문제를 해결하기 위한 과제를 부여받았다. 모든 교육 훈련 사역은 상황에 맞춘 프로그램들이다. 대량생산의 교육이 아닌 현지에 맞는 맞춤식 교육, 또 이론만을 중시하는 교육이 아니라, 성경 교육과 함께 현장이 필요로 하는 실습 교육을 통해서 자국민 수준에 맞는 교육이 이루어지는, 진정한 의미에서 일꾼들을 배출할 수 있는 교육이라 할 것이다. 이 사역 개발은 수많은 교회의 관심사였지만 말레이시아의 정치 상황이 녹록지 않다고 생각하고 방관하거나 늦추는 상황이었다. 나 또한 현장의 요청을 받아 이 사역을 개발하고 있지만 많은 시간이 필요하다는 것을 느끼며, 미래 보장 역시 되지 않는, 쉽지 않은 프로젝트라는 것을 체감하고 있었다.

한 사람의 소중한 지도자

도날드 맥가브란(Donald McGavran, 1897~1990, 인도) 박사가 선교지의 현지 리더십을 말할 때, 풀뿌리 리더십(Grassroot Leadership), 로컬 리더십(Local Leadership), 국가 리더십(National Leadership), 그리고 국제 리더십(International Leadership) 등으로 구분된 개념을 제시했다. 그는 현지인에게 맞는 교육 프로그램을 개발하여 일꾼을 세우는 일이 중요하다고 말했다. 예수님의 교육 대상은 풀뿌리 리더십에 포커스가 맞추어졌고 예수님은 그들을 3년간 교육하셨다. 강력한 훈련 후에 저들에게 전 세계로 가서 복음을 전하라는 소위 세계적 비전을 말씀하셨다. 저들의 배경과 수준을 보면 말도 안 되는 것 같지만 결국은 그 일이 이루어졌다. 예수님은 "나를 믿는 자는 내가 하는 일을 그도 할 것이요 또한 그보다 큰 일도 하리니(요 14:12)"라고 하시며 교육만 제대로 된다면 모든 것이 가능하다고 생각하셨다. 사실 모든 제자가 전 세계로 흩어져 복음을 전했을 뿐만 아니라 순교까지도 각오하게 되었다. 주님은 지상에서 사역들을 제자에게 부탁하시고 평안히 하늘로 떠나셨다. 실제적으로 주님의 제자들은 주님이 가 보시지 못했던 지중해 연안 국가들과 로마와 인도까지 가서 순교를 당하기까지 복음을 전하는 위대한 전파자가 되었다.

한국 근대사에서 한국의 개화를 이끌고 정치사를 바꾸어 놓은 인물들의 배경을 보면 한국에 온 선교사들이 있다. 선교사들이 주로 실행한 방법은 인재 교육이었다. 이승만 박사는 선교사들이 세운 배재 학당을 다녔고 일본 강점기에 선교사가 준 영어 성경을 가지고 5년간의 옥중 생활을 하면서 영어 성경을 통해 신앙도 갖게 되었다. 그는 영어 공부에 집중하였는데 그 덕에 미국으로 유학을 하여 조지 워싱턴 대학교(학사), 하버드 대학교(석사), 그리고 프린스턴 대학교(박사) 등의 유명 학교에서 학위를 받게 되었다. 선교사가 건네 준 성경 한 권이 그를 위대하게 만든 것이다. 그가 프린스턴 대학교에서 박사학위를 시작하기 전 미래의 비전이 무엇이냐라는 질문에 '교육과 선교를 통한 기독교 국가 건설'이라고 기록했다고 한다. 이렇게 위대한 생각을 하는 인물이 되었다는 것에는 그의 삶을 바꾸어 준 선교사의 영향력이 있었을 것이다. 한국의 첫 대통령, 건국의 아버지가 이렇게 사명적으로도 위대한 사람이었다는 것은 그에게 복음을 전해준 선교사가 무명의 인물일지라도 그의 역할은 대단한 것임에 틀림이 없다. 여기에서 얻을 수 있는 교훈은 지금 보이는 현상으로 인간을 판단하지 말고 미래의 그 사람을 보라는 것이다. 미래의 지도자를 만드는 것은 먼저 한 인간에 대해 집중적으로 관심을 갖는 것과 교육이라는 방법을 통해서 만들어질 수 있다는 것을 보아야 한다. 주님의 겨자씨의 비유에서 하나님의 나라는 "겨자씨 한 알과 같으니 땅에 심길 때에는 땅 위의 모든 씨보다 작은 것이로되 심긴 후에는 자라서 모든 풀보다 커지며 큰 가지를 내나니 공중의 새들이 그 그늘에 깃들일 만큼 되느니라(막 4:31-32)."고 하셨다. 이 말씀은 작은 것이라도 하나님의 기적으로 큰 나무가 될 수 있다는 가능성을 알려 주신 것이다.

인도네시아의 경제 성장과 함께 자연스럽게 일어나고 있는 선교 운동은 하나님의 때에 만들어진 시기적절한 하나님의 운동이 아닐 수 없다. 한국에서의 선교 운동이 그랬듯이, 그리고 영국과 미국이 그랬듯이 선교는 젊은이들에게는 삶의 방향을 제시해 주는 축복의 길이고, 성도들에게는 하나님의 일에 참여하는 길을 열어 주는 일이다. 선교가 하나님의 축복을 나누는 길이라고 생각을 한다면 선교 운동은 한 국가에 하나님의 뜻을 이루는 중대한 사건이 아닐 수 없다. 한국교회는 이러한 축복의 길을 절대 놓쳐서는 안 된다. 우리가 놓치면 다른 국가들의 독차지가 될 것이고, 우리가 무관심할 때 하나님은 다른 사람들에게 축복의 계기를 마련해 주실 것이다. 이제는 이 일을 더 잘 수행하기 위해 성숙한 선교, 전략 있는 선교를 논해야 할 때이고, 협력을 논해야 할 때라고 생각한다. 현지 지도력을 세우는 선교가 곧 그 국가에 축복이 될 것이라는 생각을 하면서, 향후 한국 선교의 방향은 현지 지도자들을 세워서 선교의 명령을 받들어 사회와 문화를 개혁하여 하나님의 문화로 재창출하는, 그래서 한 국가의 운명을 좌우하는 놀라운 일들로 이어져야 한다.

가르치는 선교의 열정

앞서 언급한 겨자씨의 비유에서도 확인했듯이 교육은 기적을 창출해 낸다. 주님의 사역의 포커스는 가르치는 일이셨고, 그 가르침은 소수의 제자를 만들어 냈고, 그 소수는 세계를 복음으로 정복하는 기적을 만들어 냈다. 학교를 세우든, 교회를 세우든, 제자를 세우든 교육은 항상 따라붙는 과정이다. 교육 프로그램 개발은 현장을 고려해 현실적이어야 하고, 그 규모와는 관계없이 적절한 커리큘럼이 제공되어야 한다. 교육은 한순간에 이루어지지 않는다. 많은 공을 들이며 인내하고, 기다리는 과정이 필요하며, 때로는 가뭄이 와서 시드는 시기도 있지만, 하나님께서 이른 비와 늦은 비를 주시라는 믿음을 가지고 실망하지 말고 기다려야 한다.

주님은 가르치시는 일에 중점을 두셨고, 시도 때도 없이 산에서, 들에서, 바닷가에서, 거리를 다니시면서, 가정에서, 심지어는 식사 자리에서까지 가르침의 장소로 활용하셨다. 주님의 훈련은 인간 삶에 깊이 들어가서 삶과 관련된 주제를 이용해 말씀을 쉽게 가르치셨고 그 말씀의 중심은 바로 '천국 복음'이었다. 가르침을 가장 중요한 사역으로 여기신 것은 가르침이 성숙한 성도를 만들어 낼 수 있는 유일한 방법이기 때문이다. 영적인 성숙이 바로 하나님이 원하시는 한 성도의 모습이 되어야 하기 때문이다. 예수님께 부르짖은 환자들, 배고픈 군중을 그냥 보내지 않으셨다. 예수님께서 "너희가 먹을 것을 주라(마 14:16)."고 하신 말씀은 우리에게 큰 도전이 아닐 수 없다. 복음 없이는 인간의 문제가 해결될 수 없다는 것을 주님은 잘 아셨다. 현대 선교의 '제자 삼는 일'은 "가르쳐 지키게 하라."는 말씀을 따라야 할 것이다. 선교사가 오지에서 교회를 세우든, 도시에서 사역을 개발하든, 아니면 심지어 유치원이나 고아원을 운영하는 모든 일이 가르침과 병행되지 않으면, 주님의 제자를 만들어 낼 수 없을 것이다. 수준이 낮으면 낮은 대로, 높으면 높은 대로 저들에게 맞는 교육 환경을 만들고 교과과정을 만들어 훈련해 내야만이 저들을 통해서 미래를 준비하고 선교사가 떠나가도 저들은 남아서 자신들의 자리를 지킬 수 있을 것이다. 그래서 미국에 초창기에 정착한 청교도나 유럽 이민자들, 한국에 온 선교사들 모두 가장 먼저 시작한 것이 학교를 세워서 교육 사역을 하는 것이었다. 그리고 그때 한 교육 사역이

유명한 학교들을 만들어 낸 것이다. 교육에 따라 삶의 질이 달라지고, 복음의 이해력이 증진되며, 지도자로 성장하는 데 큰 도움을 준다. 인간을 살리며, 삶의 질을 높이며, 사회의 질서를 회복하며, 국가의 정의를 회복하는 것에 신앙 교육처럼 중요한 것은 없다고 생각한다. 성경은 인간이 어떻게 하나님을 섬기고 서로를 사랑할 수 있는지에 대한 방법을 가르쳐 주는 책이다. 여러 국가 중 복음을 깨달은 국가들의 삶의 질을 보면 교육이 중시되었고, 교육이 부실한 국가들과 현저하게 차이를 이루는 것을 알 수 있다.

교육 개발을 선교의 초점으로 두는 것에는 몇 가지 중요한 요소들이 있다. 서방국가들이 개발한 교육의 기조는 일곱 가지 요소인데, 대표적으로 로날드 하버마스(Ronald Habermas)와 클라우스 이슬러(Klaus Issler)가 주장했다. 이 기조들은 예수님의 사역에서도 얼마든지 찾아볼 수 있다. 첫째는 **가르치는 사람**(Teacher)이 준비되어야 한다. 주님은 30년이란 긴 기간 동안 조용히 하나님의 때를 준비하셨다. 말씀을 배우시기도 하시고, 세상 삶을 실제로 경험하시기도 하셨다. 둘째, **교과과정(Curriculum)**이 준비되어야 한다. '무엇을 가르칠 것인가?'이다. 주님의 메시지의 핵심은 '천국 복음'인데, 주님의 설교 단골 메뉴였다. 하나님의 임재와 주권, 하나님 나라의 경영, 하나님께 예배와 영광 등 갖가지 내용을 준비하셔서 강연하셨다. 셋째, 교육의 **목적**(Purpose) 또는 목표가 분명했다. 목표를 두고 저들에게 훈련하신 것이다. 그것은 저들을 통해서 세계에 복음을 전하시려는 계획이셨다. 주님의 지상 명령은 바로 무지한 이들을 교육을 통해 세계를 바라볼 수 있는 인물로 만드시는 것이었다. 넷째는 **학생**(Students)을 말한다. 대상자들 한 명 한 명에 대한 깊은 관심과 애정을 가지고 계셨고 저들은 예수님을 부인하고 깨닫지 못해도 끝까지 참으시는 모습을 보여주셨다. 다섯째, **교육 환경**(Environment)이다. 바리새인들이 차지하고 있는 유대교의 기득권 속에서 주님은 율법의 의미를 가르치셨고, 진정한 의미의 구원이 무엇인지를 가르치셨다. 규정이나 전통을 싫어하셨기에 안식일이나 회당에서 전하기보다는 언제 어디에서든지 말씀하셨다. 여섯째는 **교육 활동**(Activities)이다. 현장에서 찾을 수 있는 모든 것, 말씀과 주변 환경을 망라하여 예화를 통해서 저들의 이해력에 호소하셨다. 마지막은 **교육의 결과**(Result)로, 교육 후 많은 부족한 부분들을 성령을 통해서 깨닫게 하시고, 충만케 하심으로 완전히 다른 인물로 만들어 주셨다. 교육이라는 방법과 하나님의 보혜사를 통해서 완벽한 전도자이자 선교사로 만들어 주신 것이다. 이러한 일곱 가지 요소는 주님이 제자들을 훈련하시는 프로그램으로 들어가 있는데 현대 교육선교에도 하나도 빠져서는 안 되는 것들이다.

나는 선교지에서 30년을 보내면서 가르치는 일에 열중하였다. 정글 사역을 하면서 배우지 못한 부족들(다약족)에게도 교육의 능력이 나타날 수 있다고 믿고 쉬운 교재를 준비해서 가르치는 일을 계속했다. 시간이 지나니 그들이 깨닫게 되고 또 사명이 생기게 되니 저들을 통해서 주변에 교회를 세우고 또 훈련하는 것이 가능해졌다. 그런 사역을 반복하다 보니 10여 개의 교회가 세워졌고 저들에게 맡겨 놓을 수 있을 만큼 성숙하게 되었다. 50년이 가까운 지금에도 교회들이 건실하게 자라고 있다는 소식을 접하면 옛날의 그 교육이 효력을 발휘하고 있지 않나 하는 생각을 한다. 바울은 에베소를 중심으로 세운 교회들에 감독을 세워 당시 '사나운 이리들', 즉 이단들이 교회들을 파괴하지 않도록 저들에게 "여러분이 일깨어 내가 삼 년이나 밤낮 쉬지 않고 눈물로 각 사람을 훈계하던 것을 기억하라(행20:31)."고 말했다. 마음 놓고 맡기고 떠날 수 있었던 것은 바로 '교육의 능력'이었다.

삶을 통한 교육

선교는 인류학과 밀접한 관계를 가지고 있다. 선교가 시행되려면 인류학을 알아야 한다. 문화인류학(Cultural Anthropology)은 거대한 이름 같지만, 간단히 말해 '인간의 삶의 패턴을 연구하는 학문'이다. 사람마다 문화의 배경과 삶의 패턴이 다르기에 인류학자들은 한 부족을 선택하여 그들의 삶에 들어가 집중적으로, 세부적으로 연구한다. 이 학문을 통해서 인간의 공통적인 삶의 양식과 부족마다 가지고 있는 언어의 분석과 문화의 다양성을 가지고 표현하는 방식이 다른 것을 찾아내어 저들을 교육하는 자료로 사용한다. 복음 전파자, 즉 선교사는 초문화권의 현장에서 사역하는 사람들이기에 이 분야에 큰 관심을 가져야 한다. 왜냐하면 복음이 저들에게 이해될 수 있도록 만드는 것이 효과적인 복음 전파를 위한 주요 과제이기 때문이다. 복음은 인간을 살리는 위대한 보고이지만 이해되지 않

아 자신들의 것으로 받아들여지지 않으면 아무런 변화를 경험할 수 없게 된다.

율법을 기조로 하는 바리새인이나 서기관의 가르침이나 오늘날 천주교의 예배는 의식만을 강조하고 있는데, 저들을 따르는 사람들의 삶에 변화가 없다는 것은 복음이 저들 속에서 살아 움직이지 않기 때문이다. 그것은 교육의 부족으로 인한 것이다. 선교지에서 오랫동안 산 사람들은 인류학자가 된다고 하는데, 그 이유는 문화인류학이 인간의 삶의 방식을 연구하는 일이기에 선교사는 자신도 모르게 인류학자가 된다는 것이다. 저들의 문화를 배우고 언어를 습득하며 저들의 삶의 방식을 때로는 의도적으로 또는 무의식적으로 습득을 하게 된다. 훌륭한 선교사일수록 자국보다는 선교지에서 더욱 익숙하고 선교지가 더 편하다는 이야기를 하는데, 이것은 선교지에서의 삶에 익숙해졌다는 의미이다.

선교 교육에 있어서 현장 교육이 대단히 중요한 이유는 선교학은 이론에 강한 것이 아니라 실전에 강한 것이기 때문이다. 선교학은 실천신학이다. 때문에 인류학적 교육이란 말은 삶을 통한 교육을 말하는 것이다. 소위 초문화권 교육학(Intercultural Education)은 인류학적 교육학이라는 말이다. 나는 바이올라 대학에서 이 분야에 대한 공부를 하면서 인간의 교육이란 공식적인 교육보다 비공식적으로 이루어지는 기회나 그 양이 훨씬 더 많다는 것을 배웠다. 시간을 비롯하여 배움의 질도 마찬가지이다. 즉, 인간의 배움은 삶을 통해서 자연스럽게 많은 것을 습득하게 되는 것이기에 삶을 통한 배움을 의도적으로 기획을 한다면 인간은 무한한 발전의 가능성을 갖는다. 그렇다면 인간의 삶 자체가 교육의 삶을 살고 있다고 보는 것이 맞다. 한편, 인간의 삶은 상호 영향력을 주고받는다. 그러므로 지도자는 인류학적 입장에서는 자신도 모르게 영향력을 끼치는 사람, 사람을 훈련하는 교육자가 된다. 삶을 통한 교육에는 커리큘럼(교과과정)은 존재하지 않는 것 같이 보인다. 그러나 커리큘럼에는 분명하게 기획된 커리큘럼(Explicit Curriculum)도 있지만 숨겨진 커리큘럼(Hidden Curriculum)이 있다고 교육학자들을 말을 한다. '기획된 커리큘럼'은 위의 모든 조건이 갖추어진 상태로 교육이 시작되지만, '숨겨진 커리큘럼'은 삶 속에서 이루어지기 때문에 훈련생들이 알지 못하는 가운데 이루어진다. 모델링 그리고 실습과 같은 기회가 주어져 눈으로 또는 실습을 통해 자연스럽게 배우는 개념을 말한다. 이러한 교육은 많은 사람에게 감동과 흥미, 그리고 보이지 않는 자신의 발전을 경험하도록 한다. 선교지에서는 이러한 기회와 과정을 찾아내야 하기에 개척자가 되어야 한다. 그것은 주님의 지상 명령에서 '가는 자'가 되는 것이고, 선교사가 세운 지도자는 '세례를 주는 자', 즉 양육자를 배출하는 사람임을 뜻한다. '가는 자'나 '세례를 주는 자'가 모두 교사(가르쳐 지키게 하는 자)가 될 수 있지만, 교육 전문가가 되어서 계속해서 사역자를 배출하는 교육 기관을 개척하는 일도 할 수 있을 것이다. 이 모든 과정이 주님의 제자를 만드는 과정이라고 한다면 각자의 은사에 따라서 사역을 개발하는 것이 선교의 옳은 길이라고 생각한다.

내가 교육의 은사가 있는지 없는지 지금도 확인되지 않지만 하나님은 나를 처음부터 교사로 부르셨다는 것을 과거의 경험을 통해서 알 수 있다. 서울이라는 거대한 도시의 변두리인 경기도에서 태어난 나는 경상북도 안동 근처인 풍산이라는 산골로 발령이 났다. 당시 농촌의 조그마한 학교에서 교사 생활을 3년하고 선교사가 되었다. 지금 생각하면 그곳에서의 3년은 숨겨진 하나님의 계획에 의해서 선교사 후보생으로 훈련을 받게 하신 기간이었음을 깨닫게 된다. 언어나 시골 생활이나 사역의 개성을 보았을 때 약간의 초문화권이 아닐 수 없었고, 그 경험이 결국 인도네시아, 특별히 정글 사역에 큰 도움을 주는 경험이 되었다. 이 3년의 선교 훈련은 분명하지 않은 '숨겨진 커리큘럼'이지만 일생을 좌우하는 훈련이었고, 빼놓을 수 없는 바울의 아라비아 사막의 훈련과도 같은 것이라고 할 수 있다.

하나님이 우리가 모르는 사이에 우리를 교육하셨다는 것을 깨닫는 순간, 우리 개개인의 삶에 깊숙이 관여하셔서 우리를 만들고 계시다는 것을 알게 된 순간, 나는 교육 모델을 학교의 학위 과정을 통해 공부하는 것도 중요하지만 삶을 통해서 배우는 비공식적 훈련이 더욱 실용적인 교육이 될 수 있다는 것을 깨달았다. 결국, 나의 사역적 패턴을 보면 모두 교육과 관계된 사역이었다. 처음부터 교육의 중요성과 하나님의 부르심이 교육이었다는 것을 깨닫게 되었다. 1976년에 처음 인도네시아에서 교회 설립 사역을 할 때도 교회 지도자들을 훈련하여 저들을 통해서 교회를 세우게 되었고, 다음 텀에는 안중안 신학교 개척 사역에 참여했고, 그리고 싱가포르로 이전해서도 강의 사역뿐 아니라 바탐 신학교를 세우고, 말레이시아 신학교를 세우게 되었다. 이 학교들이 지역 특성과 요구에 맞는 개성 있는 학교들로 발전할 수 있었던 것은 교육의 중요한 역할은 교육의 가치와 목표를 분명히 해야 한다는 원리를 터득했기 때문이라고 생각한다. 분명한 것은 인간의 삶이 교육의 현장이라는 것이다.

모델링을 통한 교육

우리는 대개 다른 사람을 관찰하고 따라 하면서 좋고 건전한 것과 그렇지 못한 것을 함께 배운다. 아마도 그것이 신약 성경 여러 곳에서 예수님을 따르는 사람들에게 복음의 신실한 종들을 본받으라고 권고하는 이유일 것이다(살후 3:9). 데살로니가후서 3장 6절과 11절에서 바울은 본받지 말아야 할 행동들(게으르고, 분열을 일으키고, 참견하는 생활 방식)을 예로 들면서, 대신 자신과 다른 지도자들의 진실한 모습을 본받으라고 썼다(살후 3:7-10). 그리고 그는 이어서 "선을 행하다가 낙심하지 말라(살후 3:13)."고 격려했다. 그러나 바울은 자신의 모범도 궁극적으로 그리스도께 의지하는 것만이 본받을 가치가 있다는 것을 잘 알고 있었다(고전 11:1). 오직 그리스도의 믿음과 능력 안에 우리 삶의 뿌리를 내릴 때에만 우리는 은혜와 지혜 안에서 자랄 수 있다.

구글에서 '모델링'이란 단어의 정의를 찾으면 "모델링은 하나 이상의 모델을 관찰함으로써 나타나는 행동적, 인지적, 정의적 변화를 가리키는 일반적인 용어이다."라고 나온다. 즉, 모델링은 교육 현장에서 때로는 의도적이지 않아도 흠모함으로 배우게도 되고, 때로는 모방하므로 의도적 배움으로 얻어지는 가치를 말한다. 그렇다면 모델링은 교육에 있어 중요한 역할을 한다고 볼 수 있는데 이것을 어떻게 활용할 수 있는지에 대한 구체적인 방안을 찾아내야 한다. 예수님의 사역 환경에서는 예화를 통해 하나님 나라를 설명하시기도 하셨지만, 모델링을 통한 교육이 많이 이루어졌음을 복음서를 통해서 볼 수 있다. 그것은 바로 주님이 솔선수범하신 것이다. 처음, 세례 요한을 만나 침례를 받으실 때, 요한은 죄도 없으신 예수님께 침례를 베푸시는 것이 부적절하다고 생각했다. 이에 대해 주님께서는 "우리가 이같이 하여 모든 의를 이루는 것이 합당하니라(마 3:15)."고 말씀하시며 요한에게 침례를 받으셨다. 모든 사역에 기도가 먼저라는 것과 기도 없이는 사역이 불가능하다는 것을 주님의 40일 금식기도에서나, 주님의 밤샘 기도에서, 새벽 미명에 산에 올라가셔서 드린 기도, 그리고 마지막 인류 구원을 위해 십자가를 지시기 전의 겟세마네 기도 등을 통해 알 수 있다. 제자들에게 확실하게 사역에 있어서 기도의 중요성을 가르쳐 주신 기도의 모델이다. 한편, 말씀을 듣기 위해 몰려든 수천 명의 군중을 보시면서 저들을 배고픈 상태로 그대로 보낼 수 없다고 생각하신 주님은 제자들을 향하여 "너희가 먹을 것을 주라(마 14:16)."고 명령하셨다. 이 명령은 분명 사람들의 배고픔의 고통을 긍휼의 눈으로 보신 것이다. 사랑의 주님은 저들에게 떡을 나누어 주셨다. 그것은 곧 우리가 가지고 있는 것, 비록 부족해도 예수님께 드렸을 때 그 적은 것을 무리의 양식으로 만들어 낼 수 있다는 믿음의 원리를 가르쳐 주신 것이다. 주님의 긍휼과 믿음을 동시에 가르쳐 주신 좋은 모델이다. 무화과 시즌이 아님에도 무화과나무에 열매가 없음을 보시고 저주하셨을 때, 나무가 말라버리는 놀라운 일로 인하여 어떻게 기도가 응답 될 수 있는가를 보여주신 것이다. 그 밖에도 어떻게 하나님을 섬겨야 할 것인가, 어떻게 믿음을 사용해서 병든 이들을 고통에서 벗어나게 할 것인가, 어떻게 전도할 것인가 등 3년이란 기간에 수많은 내용을 모델링으로 교육하신 것이다.

그렇다면 선교 사역에서 모델링이 왜 중요한가? 많은 경우 선교사가 선교지에 도착했을 때 모든 것을 소위 눈치로 배워야 하는 경우가 많다. 언어도 그렇지만 문화에 숨어 있는 저들의 세계관이 우리의 것과는 차이가 많기 때문에 이해력에 있어서나 가치관이 빗나가서 오해를 불러오는 경우가 많다. 눈치로 배우기, 그리고 그들의 문화에 숨겨 있는 의미를 찾기 등은 늘 상상과 추측을 동원해야 하는 경우가 많다. 특별히 저들의 전통적 삶의 방식과 예배 방식, 믿음의 표현 등 다양한 것을 우리는 저들의 모델링을 통해서 배우게 되는데, 선교사는 처음부터 배우려는 자세를 가지지만 시간이 지나게 되면 자연히 저들을 가르치는 사역으로 들어가야 한다. 선교사가 모델링을 교육화해서 가르치는 도구로 사용할 때, 살아있는 많은 정보를 제공할 수 있고, 문제들을 해결하며, 질 좋은 교육을 만들어 낼 수 있을 것이다.

선교지에서는 가장 중요한 모델링은 우리의 영적인 인성을 보여주는 것이다. 영성이 다듬어진다는 것은 말씀과 기도를 통해서 매일의 삶에서 주님의 지혜를 구하므로 우리의 생각과 심성과 말과 삶이 다르지 않다는 것을 말한다. 인격적 모델링이 저들에게 큰 교육의 요소가 될 뿐 아니라 가장 강력한 영적 지도력, 즉 선한 영향력을 발휘할 수 있다. 말로만 사람들을 교육하는 것은 지식 전달 측면에서 중요한 역할을 하지만 교육이란 지식만으로는 해결되는 것은 아니다. 특별히 기독교 교육은 인격으로 교육해야 하나님의 의가 나타나게 된다. 이것은 주님과의 인격적 만남에서 시작되며, 또 현지 동역자들을 인격으로 만나므로 상호 신뢰성을 갖게 될 것이다.

나의 사역 초창기에 '현지인 따라하기'는 절대적인 훈련의 한 과정이었다. 말은 물론이고 저들의 습관을 따라하는 것은 쉽지 않은 과제였다. 예를 들면, 인도네시아의 경우 숟가락이나 젓가락을 사용하지 않고 오른손의 손가락을 이용해서 밥을 먹는다. 화장실에서는 왼손을 사용하여 세척하는 습관이 있기에 왼손으로 물건을 주고받는 것은 불미스러운 것이고 반드시 오른손으로 주고 받아야 한다. 한국 문화에는 윗사람에게 물건을 건네는 것은 한 손이 아닌 두 손을 사용하는 것이 예의다. 이러한 것들은 누가 가르쳐 주기보다는 스스로 실수하면서 배우는 것이고 다른 사람들이 하는 것을 따라 하면서 자연스럽게 습득되는 것이다. 이러한 모델링 교육은 실제적으로 쉽게 잊을 수 없는 산 교육이 되는 것이다.

신명기 6장 4절에서 9절에는 유대인의 쉐마 교육이 등장한다. "너는 마음을 다하고 뜻을 다하고 힘을 다하여 네 하나님 여호와를 사랑하라 오늘 내가 네게 명하는 이 말씀을 너는 마음에 새기고 네 자녀에게 부지런히 가르치며"를 기초로 한다. 부모는 자녀들을 책임져야 하는 가장 중요한 교육자가 되어야 하는데 중요한 것은 부모가 먼저 하나님을 섬기고 사랑해야 한다는 것이다. 솔선수범의 위치에 있다는 것은 삶에서 주님의 사랑을 실천할 뿐만 아니라 자녀들에게 영향력을 미쳐야 하는 책임을 가지고 있다는 것이다. 그러므로 부모는 영적 인격이 만들어지고 그것이 행동으로 나타나야 한다. 이것이 진정한 모델링이라고 말할 수 있다. 자녀들이 부모의 행동을 늘 주시하고 있는 이유는 부모가 저들의 배움의 대상이기 때문이다.

경험을 통해 배우는 교육

누구나 과거라는 시간적 경험을 갖고 산다. 어떤 이들은 고독과 실패 등 쓰린 과거를 가지고 있는가 하면 어떤 이들은 순탄한 과거를 가지고 있는 사람들이 있다. 어떤 경험과 환경 속에서 살아왔든 하나님이 우리 개개인의 과거를 통해 중요한 교훈을 제공해 주신다. 과거의 경험이 쓴 경험이든 달콤한 경험이든 소중하게 생각한다면 미래를 설계하는 데 큰 도움을 얻을 수 있다. 어떻게 보면 우리의 삶 전체가 하나님의 손안에 있기에, 비가 오나 눈이 오나 하나님의 섭리가 편재하기에 모든 것이 소중하다. 우리가 제대로만 받아들인다면 엄청난 축복으로 이어질 수 있다. 그러므로 과거의 경험을 가볍게 생각하지 않고 그 경험을 살려서 현실을 이끌어 가는 동력으로 삼거나 미래를 준비하는 전략적 안목을 키우는 도구로 사용할 수 있다면 과거는 하나님으로부터 받은 소중한 자산이 될 것이다.

하나님은 이스라엘 백성들에게 '기억하라'는 말씀을 많이 남겨 놓으셨다. 하나님은 이스라엘 백성들에게 "독수리 날개로 너희를 업어 내게로 인도하였음을 너희가 보았느니라(출 19:4)." 하신 하나님을 기억하라고 말씀하신다. 모세의 설교인 신명기 8장 2절에도 "네 하나님 여호와께서 이 사십 년 동안에 네게 광야 길을 걷게 하신 것을 기억하라."고 하셨다. 과거를 기억하는 일이 개인적으로나 국가적으로 하나님이 하시는 일이라는 것을 깨닫게 되면 진행 중인 일이나 미래를 계획하는 데 크게 도움을 받을 수 있을 것이다.

그러나 과거에 지나치게 집중을 하게 되면 성취한 것에 대한 자만심이 생성되기도 하고 실패한 것에 대한 허탈감을 갖게 될 수도 있다. 나 자신은 성취감보다 패배감에 더 많은 시간을 보낸 적이 있다. 그러나 과거의 경험이 잘 정리가 된다면, 미래를 성공적으로 이끌어갈 좋은 교육 자료가 될 수 있다. 경험을 통해서 얻어진 지식과 경험은 가르치는 과정에서 확신 있는 메시지가 되고, 그 메시지는 산 교육이 되어 또 다른 피교육자에게 간접적 경험 내지는 산 지식으로 전달될 수 있기에 경험 교육은 대단히 중요한 교육과정이 될 수 있다. 나의 경우에는 정글 사역, 정글 사람들과의 만남, 그들과 삶을 공유하면서 얻어진 경험을 소중히 하였고, 그것이 미래 사역에 발판이 되었다. 과거를 쓰다고 던져버려서는 안 된다고 생각한다. 과거는 고귀한 보석이 될 수도 있다.

모든 학문은 경험을 통해 이론화되는 것이고 실험을 통해 학문화되는 것이다. 데이빗 콜브(David A. Kolb)는 "경험을 통한 학습은 현실에 기초한 강력하고 검증된 교육 및 학습 접근 방식이며, 사람들은 경험을 통해 가장 잘 배우게 된다."고 말한다. 경험이 지식으로 바뀌기 위해서는 네

가지 과정을 거쳐야 한다. 먼저, 구체적인 경험을 시도해 보는 것이다. 경험은 귀중한 자산이라는 생각 자체가 소중한 자료가 된다. 다음 단계는 성찰적 관찰인데, 경험을 체계화하고 의미를 찾아내려는 노력을 말한다. 세 번째 단계는 추상적 개념화하는 것이다. 즉, 경험을 지식화하는 과정이다. 이 지식은 마지막으로 지속적인 실험이 필요한데 현실에서 다시 한번 경험의 실체를 확인하는 노력을 하는 것이다. 경험에서 만들어 낸 개념은 확실한 지식이 되는데 경험적 지식은 사람들에게 제공할 수 있는 검증된 지식이 된다. 그래서 누가 뭐라고 해도 분명하게 증명 가능한 학문이 되는 것이다.

개인의 과거 경험도 중요하지만, 우리 조상 때부터 내려오는 전통 교육은 무시할 수 없는 살아있는 교육 자료가 된다. 1620년에 미국에 온 청교도들은 자녀들에게 하나님을 어떻게 섬길 것인가를 교육했다. 글을 읽도록 교육한 것은 말씀을 보게 하기 위한 것이었고, 음악 교육은 하나님을 찬양하는 법을 배우는 과정이 되었다. 집을 짓는 경험은 하나님의 전을 세우는 법을 가르치는 교육이 되었다. 이러한 경험적 교훈은 부모들이 자녀들을 가르치는 데 큰 도움을 주었다. 전통적 교육 방법은 실질적이고 자녀들에게 분명한 신앙적, 가정적, 그리고 이웃과 사회에 봉사하는 법을 습득하도록 했다. 유대인은 자녀들을 모아 놓고 토라 교육을 하므로 하나님을 섬기는 법과 함께 이웃을 섬기는 법을 가르치는데, 이것이 바로 교육의 효시가 된 것이다.

나는 처음 사역 당시 정글 속 깊은 곳에서 교회설립 사역을 하면서 많은 교훈을 얻은 바 있다. 비록 5년이라는 짧은 기간이었지만 행복한 시간이었다. 세워지는 여러 교회를 보면서 보람을 느꼈다. 그 후에 보르네오섬 폰티아낙에서 가까운 안중안 신학교를 세우면서 지난 정글 사역 경험을 바탕으로 정글에서 살아남는 법, 정글인들을 대하는 방법, 복음을 전하는 방법 등을 구체적으로 가르칠 수 있었다. 경험적 지식으로 강의를 할 때 많은 학생에게 어려운 정글 사역을 준비하는 데 있어 자신감과 부담을 부여하는 좋은 산 지식이요 도전이 된 것이다. 나는 하나님이 과거의 경험을 나에게 주신 것은 이때를 위함이었다는 생각을 했다. 실천이 없는 죽은 신학 공부가 아닌 경험적 신학이 저들에게 많은 은혜가 된 것이다. 선교학도 마찬가지이다. 수많은 선교학 교수들에게 선교 경험을 필수적으로 요구하고 있는 이유는 선교학 자체가 실천신학 분야이기 때문이다. 타인의 경험으로 쓴 선교학이나 인류학을 빌려서 가르치는 것은 간접 경험에 불과하다. 그런 내용들은 역동성이 떨어질 수밖에 없다. 마치 설교를 해보지 않은 사람이 설교학을 강의할 수 없듯이 선교를 해보지 않고 선교학을 강의하는 것은 무의미한 것이다. 교수의 성공과 실패의 경험들은 모두 강의의 교육 자료가 되기 때문에 경험의 나눔은 산 교육이 될 수 있다. 안중안 신학교가 교회 설립이나 목회 사역, 그리고 선교 사역을 잘해 낼 수 있는 인물들을 배출하는 신학교로 발전한 것은 바로 실천이 있는 신학과 선교학 때문일 것이다.

전통에서 배우는 사람들

각 나라에는 전통이라는 것이 존재한다. 바리새인은 전통에 사로잡혀 성경 말씀보다 유대인의 전통에 지나친 비중을 두었다. 그렇다 보니 하나님 말씀보다 전통을 더 중요시 여겨 예수님과 갈등을 빚어왔다. 바리새인들은 예수님이 자신들의 전통을 지키지 않는다고 지적했다. 물론 유대인의 전통이라는 것이 하나님의 말씀에 영향은 받은 것이지만 그 자체가 하나님의 말씀과 동등하게 여겨질 수는 없는 것이다. 저들의 전통은 지나친 형식주의이고 위선적인 요소들이 너무 많아 오히려 하나님 말씀의 진의를 흐려 놓았기 때문에 예수님은 의도적으로 저들의 전통을 따르시지 않으셨다. 전통에는 인간의 삶에 유익을 주는 면도 있고 인간을 해롭게 하는 면들도 있다. 이러한 요소들을 구분할 수만 있다면 전통에서도 많은 것을 배울 수 있다. 전통은 인간 삶에서 비켜 갈 수 없는 문화의 요소들이고, 세대를 이어 오면서 좋은 교육과 문화적 요소들이 후대의 사람들에게 좋은 인상을 줄 뿐만 아니라 부담 없이 받아들일 수 있는 교훈과 문화적 표준이 있어 쉽게 친해질 수 있다는 장점이 있다. 이러한 이유로 인류학에서는 전통을 귀중한 교육적 자산으로 여긴다.

복음 전파에서 상황화라는 말은 선교사들이 복음의 의미를 설명하려고 할 때 지역의 전통문화에서 찾을 수 있는 교훈을 찾아내어 복음을 이해시킴으로써 저들에게 진리에 쉽게 접근할 수 있게 하는 선교 방법을 추구할 때 쓴다. 다시 말하면 되도록 현장의 문화적 가치를 존중하면서 복음의 뜻을 그들의 사고 속에서 충분히 이해할 수 있도록 하는 복음의 소통 방법을 말한다. 복음이 자신들의 것으로 이해되지 않는다면 저들은 복음의 이방인이 되고 복음이 저들에게 감동을 주지 못하게 되어 그들의 신앙과 인격에 아무런 변화를 기대할 수 없게 된다. 그러나 상황화는 효과적인 소통의 문제를 다루는 것이지 복음과 문화적 전통의 접촉점을 시도하다가 복음의 본질을 변질시킨다든지 모든 종교에는 공통점이 존재한다는 식으로 종교 다원주의적으로 생각하게 만들어 복음을 오염시켜서는 안 된다. 특별히 가톨릭교회들이 지배하고 있는 남미 국가에서 흔히 볼 수 있는 기독교의 토착화는 기독교가 아닌 기형적 기독교를 만들어 놓았는데 그것은 결국 미신적 요소가 가미된 기독교여서 복음의 본질을 놓쳤을 뿐만 아니라 복음이 저들의 삶에 아무런 영향을 주지 못하게 되었다. 전통은 그저 복음을 전하는 채널이요 수단이 되는 것에 한정해야 한다. 물론, 지도력의 토착화, 경제적 자립을 위한 토착화, 교회 건축의 토착화, 삶의 패턴, 음악 등 토착적, 문화적, 전통적 요소들이 복음 전파에 사용됨에 있어서 이방적인 요소들을 제거하고, 저들의 토양 위에 이질감이 없이 복음에 대한 친근감을 갖게 만드는 것은 선교사들에게 중요한 과제이다. 자신들의 교회를 만들어 줌으로써 복음의 이해력을 증진 시키는 것이 필요하지만 복음의 내용을 변질시킨다면 그것은 기독교의 기본적 틀을 흔드는 결과가 되고, 전통 종교와 결합하는 혼합주의를 낳는 위험성을 갖게 된다.

젊은 세대는 전통이나 역사를 무시하는 경향이 많다. 성경은 어떻게 보면 과거 하나님의 일을 기록한 역사책이다. 우리는 결국, 역사 안에서 기록된 말씀으로 은혜를 받는다. 우리는 전통에는 긍정적인 요소뿐만 아니라 부정적인 요소도 많이 포함되어 있다는 것을 잘 알고 있다. 좋은 전통을 통해서 받은 것은 교육 재료로 사용하기도 하지만 실상은 부정적인 것을 통해서 더 많은 교훈을 얻기도 한다.

스테반 하리스(Stephen Harris)는 *Culture and Learning*이라는 책에서 문화와 교육은 불가분의 관계라고 말한다. 사람들은 문화를 통해서 배우고, 전통 속의 문화유산을 통해 자신들의 문화를 형성해 나간다고 말한다. 그러므로 학교 교육이나 정규 교육 외에 우리는 우리의 문화 속에서 전통적으로 내려오는 문화유산을 통해서 자신도 모르는 사이에 많은 것을 배워 나가고 있다. 우리의 좋은 전통 중에 유교에서부터 내려온 '효'(孝)가 있다. 효의 문제는 부모에 대한 자녀들의 책임이고 가족 단위에 있어 가장 귀중한 가치라고 말할 수 있을 것이다. 한국 기독교 초기에 기독교의 이미지가 효를 모르는 종교로 인식된 적이 있다. 그러나 이러한 효 사상은 십계명에 기록되어 있을 뿐만 아니라 성경 수많은 곳에서 얼마든지 찾아볼 수 있는 복음적 교훈이다. 가정은 이러한 전통의 배경에서 교육이 이루어지는 곳이다. 가정이 가문으로 발전하기도 하고, 더 나아가 전통으로 발전해 나가 한 사회의 가치를 만들어 준다. 나의 네 명의 자녀들은 싱가포르의 학교에서 교육을 받았다. 저들은 싱가포르 로컬 스쿨을 다녔기에 중국인이 75퍼센트인 싱가포르는 자연스럽게 중국 전통문화가 대세를 이루고 있다. 초등학교의 아이들은 자연스럽게 서로 교제하면서 상호 문화를 통한 전통적 가치관을 서로 주고받게 되었다. 그 나라의 문화와 전통은 배움의 채널이고, 전통에서도 많은 것을 배울 수 있다는 것을 깨닫게 된다. 그러므로 전통에서 찾을 수 있는 보물들을 찾아보는 것도, 가정 교육이나 선교 교육에서 필요한 교육 자료가 아닌가 생각을 하게 된다.

시행착오로 배우는 교육

우리 속담에 '실패는 성공의 어머니'라는 말이 있다. 실패를 통해서 많은 것을 배울 수 있고 다시 기회가 주어진다면 더 이상 실수를 범하지 않게 될 것이라는 의미이다. 어떤 사람이 실수했을 경우, 그 실수의 대가로 파면을 하거나, 그 일 자체를 포기하는 경우가 있는데 실수를 통한 배움에 대해 잘 모르는 사람인 것 같다. 실수 자체를 탓하지 말고 오히려 좋은 경험을 했으니 더 잘해보라고 한다면 실수한 이는 그 실수를 다시 반복하지 않고 성공적으로 이루는 지혜를 얻게 되고 성공을 위한 동력을 얻게 될 것이다. 그러므로 시행착오(Trial and Error)란 교육의 한 분야라고 볼 수 있다. 시행착오의 교육 방식은 '인간이 행동으로 인해 벌어질 결과를 미리 예측하지 못하는 상태로 여러 가지 행동을 하다가 각각의 행동이 실패하는 결과들을 통해 인간관계를 추론하여 학습하는 것'이라고 정의하고 있다. 실수는 잘못을 저지름을 뜻하고, 실패는 의도했던 목표를 달성하지 못했거나 기대를 저버려서 예상했던 성과를 이루지 못했음을 의미한다. 그러나 시행착오 학습은 경험을 통해 정답을 발견할 때까지 실수를 제거하는 '적응형 학습'이라고 말할 수 있다. 시행착오 학습은 원하는 솔루션을 찾기 위해 다양한 방법과 전략을 시도하거나 거부해서 문제 해결 방법을 찾는 것이다. 시행착오 학습 전략을 사용하는 사람은 특정 문제에 대한 최선의 해결책을 결정하기 위해 환경적 또는 상황적 단서를 사용해야 한다.

우리는 실패한 쓰디쓴 경험을 누구나 가지고 있는데 그 실패를 교훈으로 삼기보다는 생각하기도 싫어하거나 기억 속에서 지워버리고자 노력한다. 나의 선교지에서의 실패 경험은 셀 수가 없을 정도로 많지만, 그 실패를 통해서 하나님의 위로는 물론이요 하나님께서 오히려 축복의 계기로 만들어 주신 경험을 많이 가지고 있다. 선교지에서의 실패는 언어 구사 능력에서나, 사람 관계에서나, 전도의 경험에서 나오는 경우이다. 바울도 그와 같은 경험을 "내가 약한 그때에 강함이라(고후 12:10)."고 고백한다. 결국 우리의 실패는 힘으로 승화될 수 있기에 결코 실패를 털어버리려는 노력보다 그것을 교훈 삼으려는 노력이 필요하다.

또한, 바울은 이스라엘의 쓰라린 과거와 실수가 오늘날 우리에게 많은 것을 가져다준다고 말한다. 고린도전서 10장에 따르면 이스라엘 백성이 광야에서의 실수로 인하여 멸망을 받았는데 이러한 멸망은 오늘을 사는 우리에게 큰 교훈(본보기)이 된다는 것이다(고전 10:6). 저들의 죄는 우상숭배, 음행, 주를 시험하는 것, 지도자에 대한 원망 등(고전 10:7-10)이다. 결국은 역사의 현장에서 벌어졌던 수많은 실패를 만들어낸 사건들에 대한 결과가 어떠했는가를 알게 된다면 우리는 다시 반복해서는 안 된다는 것이다. 이스라엘의 실수는 오늘을 사는 우리에게 있어서는 큰 교훈으로 남아 있는 것이므로, 좋은 것들을 통해서 배울 수 있는 것도 있지만 한 민족의 실수들을 통해서 배우는 자세가 바로 지혜라고 할 수 있다. 어떻게 보면 구약에 나오는 이스라엘 백성으로부터 배우는 교훈들은 그들의 성공에 관한 것보다 실패와 실수에 관한 것이 훨씬 많은 것 같다. 베드로의 경우 수많은 말실수 그리고 행동의 실수, 성격의 대담성으로 인한 실수가 있었다. 예를 들면, 예수님처럼 물 위를 걷겠다고 나섰지만 실패로 끝이 났다. 이러한 실패나 실수를 예수님은 꾸짖으시기보다 근본적으로 믿음의 문제라는 것을 아시기에 '믿음 없음'에 대해서 꾸짖으셨다. 예수님이 십자가에 달리실 때 두려움으로 인해 예수님을 부인하는 실수를 범했지만, 주님은 누구보다 실수를 많이 한 그를 신뢰하시면서 "내 어린 양을 먹이라(요 21:15)." 말씀하시며 예루살렘 교회의 수장직을 맡기셨다.

우리 삶을 돌아보면 하나님의 은혜 아니면 할 수 없던 순간이 많았다는 결론을 내릴 수 있다. 최근 발간된 내 저서 『정글 속에서 외친 복음의 메아리』에 추천의 글을 써 주신 고(故) 김명혁 박사는 이렇게 서술해 주셨다. "이은무 선교사님은 평생의 선교적 삶과 사역을 돌아보면서 아주 진솔한 자성의 고백을 했다고 생각합니다. 많은 실수를 범했다는 고백을 하고 또 했습니다. 물론 하나님께 대한 감사의 고백을 하면서 자신의 실수를 고백했는데 그런 진솔한 회고와 자성의 고백이 있습니다." 실수는 자랑할 것은 아니지만 감출 일도 아니다. 실수를 실수로 고백할 수 있는 것은 누구나 실수를 한다는 것과 실수 속에는 무한한 교훈이 숨겨져 있기에 미래에는 반복하지 않겠다는 결단이 숨어 있기 때문이다.

나는 처음 인도네시아로 파송 되었을 때 나를 이끌어 줄 롤모델이 없었기에 당연히 실수의 연속이 아닐 수 없었다. 그렇다 보니 실수는 나의 일상이 되었다. 이러한 실수를 반복하면서 내 속에서는 찾아보기 힘든 창의력도 생겼고, 늘 두려움이 많은 사람이었던 내게 개척자의 길로 갈 수 있는 좋은 기회가 주어졌던 것 같다. 생각해 보면 정글 교회설립 사역, 신학교 설립 사역, 그리고 나무 정글에서 빌딩 정글인 싱가포르에서의 적응 능력 내지는 바탐 신학교 설립 사역, 그리고 불모지인 말레이시아에서의 신학교 설립 사역 등 모두가 개척 사역인데 하나님의 은혜가 아니면 불가능했고, 시행착오를 통해서 얻어진 교훈을 가지고 만들어낸 사역이라는 생각이 든다. 그렇기에 시행착오는 개척의 길을 열어주는 위대한 하나님의 훈련 계획이 아닐 수 없다. 그래서 선교사는 타고난 기질과는 관계없이 이러한 실수들을 통해서 개척자가 되어간다는 것을 깨닫게 된다. 시행착오는 버려서는 안 될 중요한 교육의 요체이다. 선교 교육의 현장은 실수와 시행착오로 가득 찰 수밖에 없다. 우리에게 익숙한 것은 없고 모두가 배워서 익혀야 할 사안들만 놓여 있기 때문이다. '실수를 밥 먹듯 한다.'는 말이 있는데 그것이 바로 선교 현장에 꼭 맞는 말이다. 시행착오의 과정을 통해서 익숙해지게 되어있기에 실수를 두려워하지 말라고 말하는 것이다.

교육은 문화의 전수(傳受)

마지막으로 선교 교육이 인류학적 교육이라는 측면에서 문화인류학에서의 '교육'이라고 간단하게 표현했는데, 사람들의 삶 속에 숨어 있는 이 문화를 어떻게 취급하는가의 중요성에 대해 살펴보고자 한다. 문화란 무엇인가? 간단하게 말해 한 사회의 구성원들의 일치된 생각과 삶의 방식이다. 이 삶의 방식은 거저 생긴 것이 아니라 구성원들의 일치된 신념과 가치관 그리고 그 가치관이 겉으로 표현되는 행동원칙을 바탕으로 하여 한 사회의 규범이 성립되면 모든 사람이 그 규범대로 행하게 되는 것을 말한다. 그러면 규범은 세대를 이어서 전달되기 때문에 교육적 효과를 가져다 준다. 이런 과정을 인류 교육학자 죠지 스핀들러는 '문화의 전수'(Transmitting Culture)라고 부른다. 지금까지 언급해 온 교육은 학교 교육뿐만 아니라 가정에서, 사회 환경에서, 전통에서, 경험에서, 실책 등 폭넓은 곳이 교육의 현장이 되고 있다는 것을 감안하면, 인간의 문화에는 수많은 교육의 요소가 있는 것이고, 그 문화 자체가 각자의 세계관에 근거를 두고 있기에 그것이 철학이고, 그것이 지식이고, 그것이 삶 자체가 된다. 그렇다면 인류학자들이 말하는 문화는 교육의 실체이며, 교육이란 말은 그 실체를 전달하는 방법을 말하는 것이다.

문화에는 좋은 교훈만 존재하는가? 물론 아니다. 문화는 갖가지 보화를 품고 있기도 하고 쓰레기 같은 지식도 품고 있다. 문화에는 선과 악이 공존하고 있다. 문화를 가지고 의도적이든 의도적이지 않든 큰 영향력을 행사하는 부류의 사람들이 있는데 정치인, 사회 지도자, 경제인이 대표적이라고 말할 수 있을 것이다. 개인만이 아니라 국가도 마찬가지이다. 예를 들면, 미국이라는 강대국의 영향력은 대단해서 후진국이 앵무새처럼 따라한다. 이것을 문화 우월주의라고 말할 수 있는데, 긍정적이라면 좋겠지만 그렇지 못한 경우에 인간의 삶에 많은 해악을 가져다 줄 수 있다. 가정이 파괴되는 이혼율의 증가, 학교에서의 총기 사건, 성소수자에 대한 배려, 포르노 등 수많은 이슈가 전 세계에 부정적 영향을 주고 있다. 요즈음은 국민이 정치지도자들을 선출하는 평가 기준에는 도덕성을 포함하지 않고 있는 것만 봐도 알 수 있다. 나에게 경제적 이익만 준다면 누구에게라도 투표할 수 있다는 것이 그들만의 평가 기준이다. 좋고 그름의 판단기준은 성경이 되어야 하는데도 말이다. 하나님이 제정하신 삶의 방법이 가장 옳은 것이라고 믿는다면 하나님의 입에서 나온 말씀, 그것 만이 삶의 기준이 되는 것이 하나님의 창조의 질서이다. 때문에 성도들의 평가 기준은 말씀 회복에 초점을 두어야 할 것이다. 성도들이 세상을 판단한다(고전 6:2)는 말의 의미는, 성도의 가치관은 하나님 말씀에 근거한 것이고, 세상을 지배하는 죄악에 물든 삶을 판단할 수 있는 기준은 말씀이라는 뜻이다.

주님께서도 교육을 중요하게 여기신 것은 교육이 가지고 있는 인간 변화의 효율성을 생각하셨기 때문이다. 교육은 구체적이고, 실질적이며, 삶을 변화시키는 능력을 가지고 있다. 예수님의 교육 방법은 주로 사회 환경과 자연 속에서 많이 이루어졌다. 또 많은 예화와 비유를 사용하시면서 교육하셨다. 저들의 이해를 도왔고 저들은 말씀에 대한 이해를 하게 되면서 "무리들이 그의 가르침에 놀라(막 7:28)"게 되었다. 저들의 문화적 환경 속에서 친숙한 자료를 가지고 하나님 나라를 쉽게 설명해 주셨기 때문이다. 어떻게 보면 문화를 이용하신 것이다. 하나님의 나라는 구약에 쓰인 율법을 통해서, 조상들의 전통을 통해서, 이스라엘의 역사 속에서 계시된 말씀을 통하여 전수되어 왔다. 그러나 저들의 이해도가 낮을 뿐만 아니라 인격적 변화나 행동의 변화를 찾아볼 수 없었다. 예수님은 변화되지 않은 저들의 말과 위선적인 행동을 보시면서 많은 실망을 하셨다. 그럼에도 바리새인들이나 유대교 지도자들은 계속해서 자신들이 무엇이 잘못되었는지 모르고 있었다. 그래서 주님은 "너희가 맹인이 되었더라면 죄가 없으려니와 본다고 하니 너희 죄가 그대로 있느니라(요 9:41)."고 하셨다. 즉, 저들의 삶에 변화가 전혀 없다는 것이다. 저들의 삶 속에는 하나님을 아는 지식이나 하나님을 예배하는 자세나, 인간의 삶의 목적인 하나님의 영광을 위한 삶을 찾아볼 수 없었다.

선교지에서는 교육이 가장 중요한 역할을 한다. 특히, 영적 삶을 통한 영향력, 섬김을 통한 교육, 그리고 현장에서 찾을 수 있는 이슈나 자료를 가지고 교육하는 자세와 같은 것들은 어떻게 보면 유치할 수도 있지만 그것이 현지인들을 이해시키는데 가장 좋은 재료가 될 뿐만 아니라 그들을 변화시켜 주님의 교회를 세우는 데 큰 역할을 한다. 기독교 교육의 목적은 믿는 이들에게 성숙한 모습을 보임으로 그들이 주님을 알아가도록 하는 것이다. 주님은 안다는 것은 지적으로만 아는 것이 아니라 내 영이 주님을 만남으로 나타나는 인격의 변화와 삶의 패턴이 생기면서 나타나는 행동까지 포함한다. 즉, 문화적 영향력이 사람들에게 전달될 때 그것이 진정으로 주님을 알아가는 믿음의 행위가 만들어져 많은 사람에게 선한 영향력을 미치게 되는 것이고 이것이 진정한 문화의 전수인 것이다.

현장의 문화를 귀중하게 여기면서 우리는 배워야 할 것을 배워야 하고 가르쳐야 할 것은 문화의 채널을 통해서 가르쳐야 할 것이다. 현장화된 선교 교육이란 바로 이러한 문화의 전수를 말하는 것이다. 상호적 관계를 바탕으로 주고받는 과정 속에서 자연스러운 동역 관계가 형성되는 것이다. 상호 관계란 하나님과의 관계에서 배우는 것이고 우리의 사역의 현장에서 활용하는 것이다. 문화적 교육은 인류학적 교육이고, 인류학적 교육이 선교 교육이라고 볼 수 있다면 이러한 비형식적(Informal Education) 활용을 극대화할 때 선교의 성공은 보장될 것으로 본다. 예수님은 아버지께로부터 받은 그 진리를 그대로 전하시는 방법을 사용하셨다. "내 교훈은 내 것이 아니요 나를 보내신 이의 것이니라(요 7:16)." 예수님은 그 받으신 것을 제자들에게 전하신 것이다. 이것이 선교 교육의 패턴이다.

제5장

흩어진 선교 자원 개발
[자원 개발론]

A Journey of Mission Partnership for National Initiatives

선교의 성공 여부는 자원 개발에 달렸다고 생각한다. '선교란 자원 개발이다.'라고 말할 수 있을 정도로 자원 개발은 선교의 중요한 목표라고 말할 수 있다. 우리가 선교지에서 제자를 만드는 것도 자원 개발이고, 교육 프로그램개발, 제자 훈련, 세미나, 컨퍼런스 등이 모두 자원 개발을 목표로 두고 있는 것들이다. 바울은 에베소서 4장 12-13절에서 하나님께서 사역자들(사도, 선지자, 전도자, 목회자, 교사)을 세우신 목적은 성도들은 성숙하게 만들어 사명자, 즉 봉사의 일과 주님의 몸을 세우는 일을 하는 사람으로 만드는 것이라고 말한다. 즉, 교회는 일꾼들을 배출하는 곳이 되어야 한다는 말이다. 일꾼이란 하나님 나라의 발전에 참여하는 인적인 자원을 말한다. 그렇다면 선교사의 역할 중, 중요한 역할은 전도하는 일도 있지만, 저들을 훈련하고 교육하여 자생적 교회를 세우게 하고 자립을 시도하는 일을 하도록 하는 것이 미래의 자국 복음화를 위해서 필요한 사역이 될 것이다. 선교가 '토착 교회'를 세우는 일이라고 말하는 이유는 그들의 교회, 그들의 자생력, 즉 그들 스스로 지도력을 형성하도록 만드는 노력이기 때문이다. 이러한 교회가 가장 건강한 교회가 될 수 있다. 에베소서 4장 13절에는 "우리가 다 하나님의 아들을 믿는 것과 아는 일에 하나가 되어 온전한 사람을 이루어 그리스도의 성장한 분량이 충만한 데까지 이르리니"라고 했다.

세상에 많은 크리스천이 있지만 그들이 얼마나 주님과의 관계성을 가지고 있느냐 하는 하는 것은 또 다른 문제이다. 자신의 영적 성장에 관심을 갖도록 하기 위해서는 말씀을 깨닫고 그 말씀대로 살아가도록 하는 것도 중요하고, 또 다른 사람들을 책임을 지려는 사명 있는 삶을 사는 것이 중요하다. 이것이 바로 기독교 교육의 목표이다. 크리스천으로 하여금 봉사 정신을 갖게 하는 것, 복음을 전하고자 하는 사명의식을 갖고 가정이나 친구, 이웃이나 직장, 그리고 다른 민족까지 관심을 가지고 기도하며 복음을 전할 수 있게 된다면, 바로 선교의 목표를 달성했다고 말할 수 있을 것이다. 교육은 여러 가지로 구분할 수 있다. 학교를 세워 교육하는 경우가 있고, 학교는 세우지 않더라도 교육 프로그램을 개발하여 이곳저곳에서 단기간의 정규 프로그램을 실행할 수도 있다. 그렇다면 선교사는 경제적으로 큰 부담 없이 프로그램을 개발할 수 있을 것이다. 그러나 이 경우에는 특징적인 주제를 가지고 접근해야 하며, 지역에 꼭 필요한 세미나 등의 교육 프로그램을 개발하는 것이 좋다. 선교사 개인이 전문적으로 공부한 학위나 다양한 경험을 가지고 사람들에게 강의할 수 있을 것이고, 아니면 훌륭한 강사를 초청하여 세미나 컨퍼런스를 개최하여 교육할 수도 있을 것이다.

나는 싱가포르로 선교지를 옮기면서 다양한 세미나 형태의 교육 프로그램을 개발하기 위해 애써왔다. 싱가포르라는 지리적 조건이나 싱가포르 교회에 있는 많은 인적 자원을 이용할 수 있다는 점이나, 싱가포르의 재정적 지원을 유도할 수 있는 길이 생겼기 때문에 이러한 사역이 가능했던 것 같다. 인도네시아 보르네오섬에서 정규적 교육 시스템으로 운영되는 안중안 신학교를 설립하여 강의를 하다가 싱가포르에서 새로운 시스템 개발과 진행을 맡는 과정에서 배운 것은 어디서든 훈련의 비전만 있으면 모든 것이 가능하다는 것이었다. 그리고 동역 정신만 있다면 주변에 도울 수 있는 사람들은 많이 있다는 것이었다. 주변의 도움이란 교육을 할 수 있는 목회자들, 재정을 지원하고자 하는 평신도들, 그리고 아이디어를 제공해 줄 수 있는 사람들이 얼마든지 있다는 뜻이다. 우리 속담에 '구슬이 서 말이라도 꿰매야 보배가 된다.'는 말처럼 흩어진 구슬들을 찾아내고 꿰매는 것이 선교사의 역할 중에서 중요한 것임을 깨달았다.

인도네시아 교역자 재교육

많은 선교사가 소위 미전도 종족에 대한 관심을 갖거나 칼리만탄섬처럼 교회가 없는 마을에 들어가 교회를 세우는 개척 선교를 하고 있다. 복음화 방법은 다양하지만 이렇게 전방 개척 선교에 종사하는 많은 선교사의 노력은 마치 한 지역에 새집을 건축하는 것 같다고 하겠다. 새집을 짓는 것도 중요하지만 헌 집을 고치는 일도 중요한 사역이다. 나는 정글 속에 교회를 세우고, 신학 교육을 위해 신학교 설립에 참여했지만, 싱가포르로 선교지를 옮긴 후 교역자 재교육에 많은 신경을 쓰게 되었는데, 그 이유는 싱가포르의 위치적인 면에서 다른 나라들을 쉽게 방문할 수 있다는 점과 현지 지도자들을 교육으로 돕는 것이 자국 복음화를 위루기 위한 효과적인 일이 될 것이라는 생각 때문이었다. 많은 선교지에는 신학교, 성경학교들이 있지만 대부분 교육의 질이 낮다. 또, 어떤 나라는 신학 교육이 부실하게 이루어져 쉽게 신학교를 졸업했으나 목회 현장에서 늘 부족을 느끼는 목회자들도 많다. 제대로 된 신학 교육을 받고 교회를 이끌어 나가는 분들에게는 더 이상의 교육 없이 자신의 노력으로 성장이 가능하겠지만, 지방 내지는 농촌의 사역자들에게는 교육의 기회가 주어지지 않고 있다. 나는 이들을 한 곳에 불러 모아놓고 교육하는 일은 저들의 목회를 돕는 측면에서 대단히 중요한 사역이라고 믿고 있다.

인도네시아는 나의 삶의 반을 보낸 곳이고, 단기 선교사로 온 하와이 태생인 아내를 만난 곳이며, 자녀들도 대부분 인도네시아에서 태어나서 성장했으니 인도네시아는 우리 가족에게 제2의 고향과도 같은 곳이다.

때문에, 싱가포르로 선교지를 옮긴 후 자주 비행기를 타고 가는 곳이 바로 인도네시아이다. 언어는 물론이고 음식도 인도네시아 음식이 더 입에 당기는 것을 보면 마치 인도네시아의 피가 내 몸속에서 흐르는 것 같다. 싱가포르 사역 개발과 적응을 위해 인도네시아 이미지를 벗으려고 무한히 애도 써 봤지만 한번 묻은 인도네시아 때는 벗겨지지 않는 것을 깨닫게 되었다. 인도네시아 말이 자연스러우니 싱가포르 사람들을 위해 인도네시아 사역을 개발해서 선교적 동역을 만들어 내려는 의도를 가지고 자주 인도네시아를 방문했다. 또한 싱가포르에도 인도네시아 교회들이 여러 개 있어 방문할 수 있는 기회와 말씀을 전할 수 있는 기회를 갖기도 했다. 이러한 모든 사실은 선교지를 정한다는 것이 한 선교사의 삶을 만들어 내고 있다는 의미로 연결된다. 그렇다면 선교지 선정은 아주 신중해야 한다는 결론에 이를 수 있다.

나와 오랫동안 교제했던 인도네시아의 고(故) 야곱 나후웨이(Jacob Nahuway) 목사를 잊지 못한다. 그는 지난 2022년에 지병이었던 당뇨 합병증으로 인해서 75세 일기로 세상을 떠났다. 그는 약 1만 명의 성도를 가지고 있는 대형 교회로 키운 인도네시아에서 존경받는 영적 지도자였다. 그는 1974년 조동진 목사의 초청으로 한국에 와서 약 2년을 머물며 동서선교연구원에서 선교학 석사과정을 이수하였으며 조용기 목사로부터 한국교회의 부흥에 대한 많은 연구를 하고 돌아갔다. 그의 결론은 기도가 교회를 부흥시킨다는 것이었고, 한국교회의 부흥 운동을 자신의 교회(당시 약 120명의 성도)에 접목하여 새벽예배부터 시작하여 철야 기도회까지 한국교회가 가지고 있는 영적 부흥을 답습하였다. 그 결과 지금의 대형 교회로 성장하고 그의 아들인 요한네스 나후와이가 계속 담임 목사를 이어가고 있는데 인도네시아도 세습에 관한 모습은 한국과 같다고 하겠다. 야곱 나후와이는 오순절 계통인 그의 교단 GBI(Gereja Bethel Indonesia) 산하 수많은 지방 교회의 목회자들을 초청하여 정규적인 세미나를 개최하곤 하였다. 인도네시아는 가장 큰 이슬람 국가인데도 유일하게 기독교 부흥이 일어나고, 많은 모슬렘이 개종하는 국가이다. 그렇다 보니 부실한 신학교를 졸업하거나 오순절 계통의 목회자들이 적당한 과정을 이수해서 목회자가 되는 경우가 많다. 목회를 하면서 자신이 아는 것이 부족하다는 것을 느낀 지방 목회자들이 자카르타 근처에 있는 목회자 재 훈련원에서 약 3개월 숙식을 같이 하면서 재교육을 받는다. 나는 이 목회자 재 훈련원에 일 년에 두 번씩 방문하여 저들을 교육하는 객원 교수의 역할을 감당하게 되었다.

이들에게 교회의 사명과 사회 속에서 교회의 역할, 그리고 타 종교인들의 구원에 대한 관심과 전도, 그리고 선교에 대한 도전을 하였다. 기본적으로 인도네시아 교회는 '반차실라'라는 정부의 정책 기조 때문에 대부분 타 종교인들의 개종에 대한 사명의식이 없으며 종교 간의 화해, 또는 종교 다원주의적 생각을 가지고 있다. 세미나에서 그들에게 복음이 필요하다는 것을 강조하고 그들을 위한 접근과 기도를 통해서 복음의 문이 열리도록 하는 것이 교회의 사명이라는 것을 강조하였다. 법적으로는 개종이 불가능하지만 자신들의 의지로 개종을 선택하는 것은 가능하다. 말씀 위에 세워진 교회는 자연히 이러한 타 종교인의 개종 의지를 북돋을 수 있어야 한다. 그나마 반차실라 정책으로 소수의 기독교가 다수의 이슬람으로부터 정치적인 보호를 받을 수 있다는 것이 극히 다행이고, 종교 간의 갈등도 없이 평화롭게 공존할 수 있었으며 기독교 성장에 엄청난 기회가 주어졌다는 것은 인도네시아 교회만이 누릴 수 있는 축복이며 인도네시아 기독교 부흥의 계기가 되었다고 볼 수 있다. 반차실라의 개념을 가지고 있는 목회자들에게 "내가 곧 길이요 진리요 생명이니 나로 말미암지 않고는 아버지께로 올 자가 없느니라(요 14:6)."고 하신 말씀을 바탕으로 예수 그리스도의 이름만이 인류 구원의 문제를 해결해 주시는 유일한 이름이라는 것을 확신시켜 주는 것이 이 교육의 목적이다.

내가 1976년 인도네시아로 파송되기 전부터 교제해 온 제곱 나후와 이 목사와 나는 그가 하나님을 부르심을 받기까지 무려 거의 50여 년 동안 교제를 나누었다. 이렇게 오랫동안 선교 동역자로 교제해 왔다는 것도 하나님의 축복이지만 서로가 주 안에서 마음을 합쳐 우리가 해야 할 귀한 일들을 개발할 수 있었다는 것이 더욱 큰 축복이다. 암본이라는 시골 구석에서 태어나 어렵게 살아온 그였지만 하나님께서 인도네시아 교회를 위해 크게 쓴 인물이었고, 이러한 지도자들과 같이 일을 하게 되니 사역의 질적인 면에서도 확실한 업그레이드가 이루어졌다. 우리의 선교가 미전도 종족에 대한 관심도 필요하지만 한 나라의 지도자들과 함께 사역을 개발하는 것도 중요한 선교 전략이요 동역 정신이 만들어 낸 결과라고 생각한다. 이러한 수준 있는 지도자들과의 만남은 많은 자원을 확보할 수 있고, 제공 받을 수 있기 때문에 선교지에서는 이러한 지도자들을 찾아 나서야 한다.

서부 티모르의 부흥

모슬렘 인구가 2억 4천만 명(87퍼센트)으로 세계에서 모슬렘 인구가 가장 많은 나라가 바로 인도네시아이다. 거대한 모슬렘 인구의 인도네시아이지만 정치적으로는 모슬렘 국가라고 불리지 않고 인도네시아 공화국(Republic Indonesia)이라 불린다. 지역에 따라 기독교인들이 다수인 종족들이 있는데 바탁, 모나도, 암본, 티모르인들은 대다수가 기독교인들이고, 서구 선교사들이 집중적으로 공략했던 종족인 다약족(칼리만탄), 파푸아의 이리안 자야족들 중 많은 수가 기독교인들이다. 멜 타리(Mel Tari) 박사가 쓴 *Like a Might Wind* 란 책에 보면 현대판 초대 교회라고 말할 수 있는 성령의 역사를 이야기하고 있다. 1965년에 일어난 서부 티몰섬의 소에(Soe)라는 마을에서 일어났던 기적을 생생하게 증언하고 있다. 그 기적들은 우물물이 포도주가 된 사건, 죽은 자가 살아난 사건, 독을 마셨으나 살아난 사건, 그리고 전도 여행을 떠나는 길에서 강물이 갈라지면서 길이 만들어진 사건, 새가 찬송을 부르는 사건들이다. 이 사건은 신화가 아니다. 마을에는 이 기적들을 생생하게 기억하는 사람들이 아직도 살아서 증언하고 있고 대를 이어서 전해 내려오고 있다. 이 일로 인하여 많은 사람이 자신의 조상 신을 버리고 복음을 받아들였다는 사실을 기록하고 있다. 이 일로 인하여
예수를 믿은 사람들이 자신
들이 본 것을 증거하는 일을
하게 되어 온 섬이 복음을 듣
게 되었고 지금까지도 기독
교 지역으로 남아 있을 뿐만
아니라 어린이들까지도 조상들의 신앙을 이어받고 있다고 한다.

   2008년 자카르타의 GEKARI 교회의 총회장이었던 고(故) 다니엘 헤누바우(Daniel Henubau) 목사 초청으로 뉴욕의 김남수 목사와 한국의 서규석 목사 등이 팀이 되어 이 부흥의 현장을 찾을 기회가 있었다. 그리고 4일의 부흥 집회를 위해서 자카르타에서, 뉴욕에서, 그리고 한국에서 팀을 형성하여 집회를 인도하게 되었다. 한국의 복음 가수로 활동하는 이선희 집사와 '인도네시아 아이돌'이라는 프로그램에서 우승을 한 가수가 출현하여 집회를 한껏 달구었다. 이 집회의 현지 집계에 의하면 매일 저녁 5만 명이 모였고, 낮에는 어린이들이 약 5,000명 정도, 교역자 세미나에서는 약 300명이 모였고 소에시의 시장과 정부 요인들이 다 모

여 축하를 해 주는 대잔치가 벌어졌다. 뉴욕에서 온 팀 중에는 몇 명의 의사와 의료진들이 힘을 합해서 몸이 성치 못한 사람들을 돌보는 시간을 가지면서 말씀과 어린이

잔치, 그리고 교역자들을 위한 세미나와 진료 등 종합적인 섬김을 통해서 외롭게 신앙을 지키는 한 부족에게 큰 힘을 실어주는 기회가 되었다. 모슬렘 국가인 인도네시아에서 이와 같이 지역 정치인들과 주민들이 영적인 잔치를 후원했다는 데 놀라움을 금할 수가 없었다. 이것이야말로 인도네시아가 가지고 있는 기독교 잠재력이 아닌가 생각한다. 그 후, 이 일을 주최한 다니엘 목사는 안타깝게도 '코비드-19'로 인하여 75세의 나이에 세상을 떠났다는 소식을 접하게 되었다.

다음 해에는 뉴욕에 베이스를 두고 있는 밀알합창단이 여러 나라에서 모여 악기를 동원하고 이곳을 다시 찾았다. 첫 번째 집회와 같이 성대하지는 못했지만 그래도 약 4만 명이 모여 공연을 즐겼다. 아쉬운 것은 저들의 음악 성향이 역시 클래식보다는 컨템포러리 음악을 더 선호하는 것을 보게 되었다. 150여 명의 대원들은 자카르타, 반둥 등 교회에서 공연을 끝내고 서티모르의 소에 지역에 와서 저녁 집회뿐만 아니라 중고등 학교, 고아원 등을 다니면서 음악으로 위로하였고, 간증을 통해서 복음을 전할 기회를 가졌다. 감동적인 이야기는 한 고아원을 방문했을 때였다. 나이가 든 한 목사님이 운영하는 이 고아원은 시설도 노후했지만 아이들에게 나누어 주는 음식도 부실한 상황이었다. 그 목사님의 간증에 의하면 출산 중 어머니를 잃은 아기를 데려다 잠시 돌보겠다는 생각을 하고 시작한 것인데 그 후 이 소식이 알려 지면서 추가로 여러 명의 부모 없는 어린 아기가 와서 아이들이 성장할 때까지 돌보게 되었다고 한다. 계획에도 없었던 고아원이 만들어져 20여 년을 운영해 오게 되었는데 경제적으로 너무나 어려웠고, 자신이 가지고 있는 재산을 다 털어

수년 동안 이어 오고 있다는 것이다. 이 안타까운 소식을 접한 단기 선교 대원들은 자신들이 가지고 있었던 포켓의 모든 현금을 모아 헌금하였다. 정말 감동적인 순간이었다.

이런 짧은 집회들을 통해서 저들에게 신앙적으로 얼마나 도움이 되겠나 하는 생각이 들지만 그래도 이러한 기독교인들의 열성과 신앙이 대를 이어서 부흥이 일어나고 있다는 사실만으로도 인도네시아의 정치적, 사회적으로 기독교에 대한 호의적 분위기를 감사하게 생각한다. 이 지역은 사범학교가 많이 있는데 많은 젊은이가 사범학교를 졸업하고 교사 자격증을 따서 인도네시아 여러 지역으로 흩어져서 초중등학교 교사가 되고 있다. 나의 처음 사역지였던 칼리만탄 정글에도 많은 교사가 배치되어 학교에서 가르치고 있었고 저들에게 복음을 전할 수 있는 기회가 주어지기도 했다. 그렇다면 저들을 위한 본격적인 교육 프로그램이 겸비된다면 교사들을 통한 전도, 선교 운동이 가능하지 않을까? 그들을 통해 복음 전파가 일어나면 얼마나 확신 있는 복음을 전할 수 있을까 하는 생각을 해 보았다. 인도네시아의 곳곳에 흩어져 있는 자원들은 젊다는 특징이 있고, 마음은 순수하고 욕심이 없으며, 어려서부터 모슬렘 아이들과 학교에서 같이 공부를 하며 자란 덕분에 타 종교에 대한 문화를 잘 알면서 자란 이들이다. 저들이 신학교에 들어가거나 아니면 일반 학교의 교사로 임명되어 타 종교인들에 대한 지나친 거부감이 없이 복음을 전한다면 이 얼마나 좋은 자원이 될 수 있겠는가 하는 생각이 들었다. 이들을 위한 훈련 프로그램이 만들어져야 하는 이유는 이들이 자신들의 신앙적 전통을 지키는 것도 중요하고 또한 다른 부족들에게 가서 복음을 전할 수 있는 전도자들을 발굴하는 것 또한 중요하기 때문이다. 이런 가능성을 생각할 때 인도네시아의 곳곳에 있는 기독교 지역들을 활용해서 저들에게 선교 교육을 시켜 파송할 수 있다면 좋은 선교 자원이 될 수 있다는 것을 깨닫는 기회가 되었다.

뻐깐바루의 청년들

대형 집회를 인도하는 일은 신나는 일이다. 그러나 그것은 일시적인 감정적 기쁨이지 실제로 헌신 된 수많은 청년을 구체적으로 훈련 시키지 못한다면 저들을 자원화할 수 없을 것이다. 인도네시아에의 많은 청년이 교회를 찾는다. 아직 교회가 서양이나 한국처럼 노령화되지 않았다는 이야기이다. 이 모습을 보고 나는 이들에게 필요한 것이 우리의 헌신적인 교육 프로그램이라고 생각을 하게 되었다. 뻐깐바루(Pekanbaru)는 인도네시아의 수마트라의 리아우(Riau)주에 위치하고 있다. 수마트라 섬에는 메단에 많이 사는 바탁 사람들을 제외하고는 이슬람 사람들이 차지하고 있는 땅이다. 저들은 이슬람 중에서도 비교적 강한 이슬람들이며 13만 명이 쓰나미로 희생을 당한 반도아쩨(Bando Ace)란 곳은 인도네시아 정부에서도 쉽게 관리할 수 없는 이슬람 극단주의자들이 사는 지역이다. 2004년에 일어난 쓰나미 재앙으로 이슬람 신앙에 대한 회의론이 편재했지만 그것은 당시에 있었던 일시적 현상이었고 전통적으로 이슬람적 고집에서 벗어나지를 못하는 곳이다.

나는 이러한 이슬람이 강한 리아우 지역에 평신도 신학 교육을 꿈꾸며 방문하여 대학생들을 가르치려는 비전을 갖게 되었다. 그 출발은 싱가포르의 한 선교단체  가 이 지역에 기독 학생들을 위한 기숙사를 세우면서 시작되었다. 싱가포르 성도들은 자신들의 재정을 투자해서 기숙사를 지었고 당시 바탐의 BASOM 평신도 신학원의 커리큘럼을 가지고 그곳 대학생을 가르쳐 평신도 엘리트로서 복음을 전하는 일꾼들을 만들겠다는 비전을 가졌다. 기독 대학생들을 기숙사에 살도록 하면서 신앙 공동체를 만들어 주려는 싱가포르 교회의 선교적 안목은 좋은 신앙적 계기를 마련해 준 결과로 나타났다. 우리의 비전과 저들을 더 구체적으로 평신도 일꾼으로 만들려는 계획이 맞아떨어진 것이다. 그러나 모슬렘이 많은 도시 뻐깐바루의 국립대학의 기숙사에서 기독교를 가르치는 전도학 과정을 개설한다는 것이 그렇게 쉬운 일은 아니었다.

모슬렘들의 방해로 인하여 기숙사 건설이 지연되면서 학생들을 교육할 클래스가 마련되지 못했다. 그래서 우선, 호텔을 빌려서 클래스를 진행하게 되었고 강사는 BASOM 신학교 교수들이 맡았다. 싱가포르, 또는 바탐에서 이 클래스를 진행하는 요원들만 10명이었는데, 이동할 때 드는 비행기 표 비용과 교수들의 호텔 비용, 그리고 클래스를 진행하기 위한 호텔의 홀을 빌리는 데 드는 모든 경비를 싱가포르의 평신도들이 준비했다. 그렇게 큰 경비는 아니지만, 평신도들이 선교적 비전을 가지고 기꺼이 지불하려는 모습에서 선교적 마음을 찾을 수 있었고, 국가를 초월한 동역은 하나님의 일을 더욱 빛나게 하고 서로의 기쁨을 나눌 수 있는 좋은 기회가 됨을 보았다. 이렇듯 재정을 가지고 있는 사람들은 재정을, 강의를 맡을 수 있는 사람은 강의를, 그리고 이 교육 프로그램이 진행될 수 있도록 수고를 아끼지 않은 사람들의 헌신과 동역 정신으로 결과를 만들어 낼 수 있어서 너무나 큰 기쁨이 되었다.

이 프로그램을 계속 진행하기 위해서 호텔에만 의존할 수 없기에 새로 설립되는 기숙사 시설에 강의실을 마련하고 정규적 프로그램을 시도하게 된 것이다. BASOM 프로그램은 따로 설명하겠지만, 평신도들이 훈련되면 저들의 직장에서 증인의 역할을 할 수 있게 하는 프로그램이다. 그렇기에 과목은 전도와 선교적 포커스와 말씀의 무장, 영적 싸움, 그리고 각 종교에 대한 이해 등의 내용으로 구성되어 있다. 프로그램 디자인하는 일을 나는 싱가포르에서 그리고 박상배 선교사는 바탐에서 시작했다. 한번은 새로 지은 기숙사에서 나와 박 선교사가 중심이 되는 팀 강의를 진행하고 있었는데, 이 소식을 듣고 경찰이 출동했다. 기숙사가 대학 근처에 있었기에 대학에 큰 영향을 미칠 수 있다는 점과 모슬렘 선교를 두려워한 나머지 이 기숙사 프로그램에 대한 특별한 감시가 있었고, 외국인인 우리에 대한 고발이 있었던 것으로 기억이 된다. 경찰이 들이닥쳐서 우리는 즉시 강의를 멈추고 그곳에 마련된 숙소에 들어가 문을 걸고 숨을 죽이고 있었다. 다행스럽게 경찰들은 돌아갔지만 내 마음에 두려움이 남아 있었다. 이렇듯 수마트라의 모슬렘들은 반기독교적 생각을 가지고 있는 특수한 지역의 사람들임을 깨닫게 해 주었다. 인도네시아 중에 가장 복음의 저항이 강한 곳, 그리고 미전도 종족이 많은 곳이라 정부에서 이민 정책을 쓰고 있다. 인구의 약 56퍼센트가 자바섬에 사는 자바 종족들인데, 이들을 수마트라에 이주시키는 인구 분산정책을 시행하고 있다. 그나마 이들은 강력한 이슬람 세력이 아니기에 복음의 접근이 가능하다고 보고 있다.

영적 전쟁터에서 가장 중요한 일은 지역의 사람들을 훈련하여 자신들의 고향에서 복음을 들고 싸우도록 하는 것이다. 외국인의 한계는 그 지역에서 견뎌내기가 쉽지 않다는 것이다. 자국인들은 자신들의 직업을 가지고 있기에 그 업의 현장에서 관계를 통하여 현지인들을 접촉하도록 하는 것이 오로지 가능한 방법이 아닌가 생각한다. 특히, 청년들이 중심이 되어야 하고, 대학 교육을 받은 인재들이 나서야 할 때가 되었다. 그러한 의미에서 싱가포르인의 하드웨어와 BASOM의 소프트웨어가 만난 것이다. 국가를 초월하는 동역은 쉽지 않은 일이지만 하나님의 성령의 은혜를 경험한다면 가능하다.

나의 이웃 말레이시아

말레이시아는 지리적으로 나의 이웃이다. 싱가포르섬의 북쪽에 살다 보니 말레이시아 남쪽 끝에 조호바루시가 있어 말레이시아를 이웃 드나들듯 건너가곤 했다. 심지어는 자동차를 수리하거나 세차를 할 때도 자주 말레이시아로 건너갔다. 이유는 가격이 많이 싸기 때문이다. 그러다가 돈 때문에 자주 건너가는 것보다 사역적 이유를 찾아야 한다는 생각이 들었다. 말레이시아 사람들을 훈련시킬 수 있는 기회를 찾는 것이다. 다행스럽게 말레이시아 이슬람 정부는 말레이시아 사람만 아니면 얼마든지 복음 전파를 허락한다. 조호바루에는 인도인들(대부분 타밀 사람들)을 위한 신학교가 있어 그곳에서 강의할 수 있는 기회를 가졌다. 싱가포르의 SOME(School of Mission and Evangelism)의 훈련부장으로 있었기에 학생들을 데리고 조호바루에서 실습을 실시했다. 실습은 주로 노방 전도, 가가호호 전도를 했다. 물론 대상은 비모슬렘, 동부 이반 족속, 원주민, 중국인, 그리고 인도인들이었다.

말레이시아는 서부와 동부로 나뉘어 있다. 서부 말레이시아는 수도 쿠알라룸푸르가 있고 경제적으로도 우위를 점하고 있을 뿐 아니라 인구 분포도 동부 말레이시아보다 훨씬 많고, 잘 살고 발달된 지역이다. 동부 말레이시아는 많은 지역이 정글로 덮여 있어 인구 밀도가 적지만 석유가 생산되는 곳으로 자치 정부를 구성하고 있기에 독립 국가를 시도하는데 반하여 정치적 힘이 없는 곳이다. 외국인이 서부 말레시이시아에서 동부 말레이시아로 가려면 이민국을 통과해야 하는, 한 나라 안에 있는 두 국가이다. 서부 말레이시아의 주 종족인 말레이종족(57퍼센트)은 경제를 빼고는 정치, 사회, 문화, 종교 등 국가 전반에 걸쳐 영향력을 끼치고 있다. 말하자면 나라의 주인(Bumiputera) 역할을 하는 종족이 말레이인들이다. 그래서 이름도 '말레이시아'이다. 경제는 주로 중국인(23퍼센트)이 잡고 있지만, 정책적으로는 이슬람 국가이다. 서부 말레이시아가 이슬람인들인 말레이종족이 차지하고 있다면, 동부 말레이시아 (사바와 사라왁)는 그곳 원주민들(이반과 다약 사람들)이 살고 있는데 도시 외에는 낙후되었고 도시에는 중국인들이 경제권을 잡고 있는 편이다. 그러나 최근에 부족들도 점차 교육을 받고, 직장 생활을 위해 도시로 몰리고 있는 추세이다. 이곳에는 일찍부터 서부 선교사들(C&MA 교단)이 파송되어 복음을 전파하고 저들을 위한 토착 교회들을 세워 성공적으로 복음화를 이루었다. 유명한 토착 교단 SIB(Sidang Injili Borneo)가 있는데 이 교단은 동부 말레이시아의 정글에 수많은 교회를 세웠고, 신학교를 세워 이제는 동부뿐만 아니라 서부 말레이시아까지 일꾼들을 파송하고 있다. 이 교단과 함께 직간접으로 일할 기회가 있었는데, CTC(Charisma Training Center)라고 불리는 프로그램이었다. 이 프로그램은 신학교 교수인 에디호 박사의 소개로 주 의회 의원인 바루 장로와 의사 출신인 제립 장로의 도움으로 시작됐고, 산호세에 사는 강동란 집사님의 일부 지원으로 건물을 살 수 있었고 박상배 선교사, 남택수 선교사로 이어지면서 완성 프로젝트가 되었다. 현장에서 좋은 동역자들을 만나는 일, 그 동역자가 다른 동역자를 소개하는 일, 그리고 선교사 간의 협력 정신, 국가와 국가 간의 자원들이 합쳐져서 만들어진 모델이라고 생각한다. 우리의 공은 없고 하나님 나라의 일만 만들어지면 되는 것이다.

꼬따 끼나바루(Kota Kinabaru)는 한국인들이 자주 찾는 관광지이다. 이곳은 산세가 좋고 바다가 있으면서 아름다운 도시와 함께 좋은 골프장이 있어

서 한국 골퍼들이 많이 찾는 곳이다. 이 도시에서 약 2시간 들어가면 제법 큰 교회가 하나 있는데 이 교회는 특별히 청년들이 많아서 백운영 선교사와 함께 4일간을 지내며 복음을 전했다. 매일 저녁 청년들에게 도전하며 하나님 앞에 헌신을 촉구했다. 많은 젊은이가 울며 하나님께 헌신했고, 우리 팀은 다 같이 그들을 위해 축복하는 뜨거운 경험을 했다. 그러나 문제는 우리가 저들을 팔로우 업(Follow up) 해 줄 방법이 없었다는 것이다. 저들을 신학교에 보낼 수 있다면 부족한 정글 교회의 복음 전파자로 훌륭한 자원들이 되겠지만, 저들을 후원하려면 그곳에 머물면서 한 명 한 명을 관리하고 지원해서 사역자로 성장하도록 해야 했다. 그러나 이 일은 또 다른 사람의 몫이기에 초청받은 나로서는 아쉬움을 남겨 놓고 떠나야 했다.

이렇듯 이슬람 국가에서 일어나고 있는 움직임을 도날드 맥가브란 박사는 '민중운동'(People Movement)이라고 말한다. 성경에서 예루살렘 교회가 그랬고, 빌립보 교회가 그랬듯이 복음화가 이루어지는 한 지역을 찾아 도전하여 사명을 고취하는 것도 의미 있는 일이라고 생각한다. 중요한 것은 도전에서만 끝나면 모두 사라질 수밖에 없다는 것이다. 어떤 방법으로든 접촉을 통해서 저들에게 사역적 향방을 제시해 주어야 한다. 우리는 쉽게 흥분해서 도전하고, 도전을 받는 사람들도 쉽게 흥분하면서 헌신하지만, 시간이 지나면 뜨거웠던 헌신이 사라지기 때문에 이어지는 교육 훈련 프로그램이 절대 필요하다는 것을 다시 한번 강조하고 싶다.

말레이시아의 선교 자원은 중국인 교회에서 찾을 수 있다. 그들은 영국의 식민지로 약 130여 년 동안 영국의 지배를 받은 덕분에 영국풍의 주택, 라이프 스타일, 언어(영어), 그리고 문화까지도 말레이시아 사람들 속에 깊숙하게 젖어 들어 있다. 이러한 좋은 의미에서의 지배 덕분에 아직도 코먼웰스(Commonwealth)라는 영국 식민지 국가들의 모임에서 중요한 역할을 하고 있다. 서양식 사고가 기독교를 이해하거나 선교를 이해하는데 조금은 도움이 되고 있다. 그래서 말레이시아 중국인들 가운데는 말레이시아의 다양한 종교적 배경에서 배운 적응력을 가지고 여러 나라에서 선교사로 봉직하고 있는 사람들이 많이 있다. 우리는 이러한 문화적 장점을 고려해서 말레이시아어를 사용하는 SAM이라는 학교를 세우게 되었다. 인적 자원은 다양하다. 그 다양성을 이용해서 같이 배우고, 돕고, 섬기는 기회를 통해 하나님의 나라가 발전할 기회를 찾아 나아가야 한다.

베트남의 지하 신학교

베트남은 싱가포르에서 멀지 않은 곳에 위치하고 있다. 비행기로 한 시간 반 정도면 도착할 수 있어 많은 싱가포르 사람이 비지니스 개발에 나서고 있다. 또한, 싱가포르인들의 단기 선교의 단골 선교지가 되고 있다. 내가 싱가포르에 머물고 있을 때 베트남을 방문하면 주로 C&MA 교단을 찾았다. 당시 이 교단 외에는 등록된 교단이 없었고, 베트남은 복음 전파에서 자유롭지 못한 상황이었다. 아직도 공산주의 냄새가 배어 있는 곳이기도 하다. 현지 지도력을 개발하는 것은 나의 나중 사역에 중요한 부분이기 때문에 늘 기회를 찾아 나서곤 했다. 인도네시아 정글에서 교회를 세울 때도 그곳의 열악하고 수준 낮은 인적 자원 상황 속에서도 지도력 개발을 위해 훈련 프로그램으로 사역을 시작했다. 동역자들을 개발하는 것이 사역의 최우선 순위였기 때문이다. 기존 교회의 장로, 집사들에게 선교적 비전을 심어지고 훈련을 통한 사역기술을 개발하여 저들로 하여금 사역에 참여하게 만드는 것이 바로 예수님께서, 그리고 바울이 보여준 사역 방법이라고 생각했다.

본격적 신학 훈련은 제2기 사역 중 안중안 신학교를 세우면서 시작됐다. 그 후 세월이 흘러 동남아시아의 중심인 싱가포르에서의 사역 개발 중 핵심 사역이 바로 주변 국가들을 방문하여 지도자들을 훈련하는 일이라고 생각했다. 이 사역을 계획하고 있을 때 하나님께서 붙여 주신 가장 귀한 친구이자 선교의 비전을 가진 안치완 목사와 함께 주변 국가를 다니며 세미나를 인도하고 강의할 수 있는 기회를 얻게 되었다. 안치완 목사는 싱가포르에서 교회를 개척해서 목회를 하고 있었기에, 싱가포르에서 사역 개발을 하고자 하는 나에게 그와의 만남은 큰 축복이 아닐 수 없었다. 경제 강국인 싱가포르 친구들과 같이 선교 여행을 하면서 여행경비에 대한 부담 없다는 것도 자원 개발의 한 유형이 아닐 수 없다. 그와 함께 베트남, 캄보디아, 태국, 바탐, 한국, 인도네시아 자바섬에서의 집회와 교육 프로그램 등을 다녔다. 여러 곳을 다닐 수 있는 기회는 사역적 비전이나 중요성을 공유하고 있다는 점에서 서로가 공감대를 형성하고 있었다. '세계의 공장'이라고 불리웠던 중국의 경제가 이제는 베트남으로 옮겨지고 있는 느낌이다. 베트남은 오랫동안 전쟁을 치뤘다. 1975년 공산화되면서 아직도 공산주의로 정치적 이데올로기를 가지고 있고 중국을 모델로 경제 개방 정치를 추구하고 있다. 내가 싱가포르에 있을 당시 베트남 교회들이 소위 지하교회의 형태로 존재하고 있었다.

필자는 완치완 목사와 함께 호치민 시티의 한 지하 신학교에 초청을 받아 강의를 하였다. 이 지하 신학교를 알게 된 것은 미국 오렌지 카운티에 살고 있었던 당시 한국에서도 유명한 바우(Bao) 목사의 소개 덕분이었다. 이 신학교는 한 주택을 임대하여 각 방에 두 개의 클래스를 개설하였는데, 한 반에는 완치완 목사가 또 다른 한 반에서는 내가 강의를 하였다. 학생들이 각 교실에 약 20여 명씩 있었다. 저들이 오토바이를 타고 한꺼번에 몰려오면 경찰의 주시를 받게 되는 것을 두려워하여 시간을 정해서 몇 명씩 비밀 학교에 도착하도록 만들었다. 학생들은 집 근처에 오토바이를 세워놓고 비밀리에 수업을 받았다. 교실로 사용되고 있었던 방의 창문은 찬양 소리가 밖으로 새나가지 않게 하려고 모두 널판으로 막고 에어컨을 틀어 놓았다. 그 안에서 낮은 음성으로 찬송을 불렀다. 두 방 사이에 있는 거실에서 점심을 같이하는 상이 차려졌고, 수업이 끝나면 교재와 쉼의 시간을 갖고 오후에 또 공부를 시작했다.

학생들의 찬송과 기도의 열정, 그리고 연구하는 자세를 보면 그들에게 닥치는 모든 핍박과 고난에 대한 두려움이 없다는 것을 확인할 수 있었다. 핍박과 어려움은 오히려 그들에게 힘이 되어 복음에 대한 진정성과 복음 전파의 순교를 각오하는 모습 같았다. 프랑스의 오랜 지배를 받았던 나라이기에 천주교가 강세인 베트남은 복음 전파의 동력을 충분히 가늠하지 못하고 있지만, 그동안의 희생이 헛되지 않아 지금은 많은 개방과 교회의 부흥이 일어
나고 있다는 소식을 들었다.
현지 지도자들의 희생을 각
오한 열성은 복음 전파의 밑
거름이 되고 있으며, 그 위에
협력 정신이 더욱 겸비된다
면 복음의 확산은 보장될 수 있을 것이라는 확신이 든다.

싱가포르에서의 사역 개발은 쉽지 않은 일이었지만 몇 가지 원리만 가지면 무한한 가능성이 있다는 것을 발견하였다. 먼저는 동역 정신이 준비되어야 한다. 싱가포르는 이미 하나님이 많은 동역자를 준비하고 계시고, 저들의 선교적 비전이 여전히 잠재력으로 남아 있다고 본다. 그 다음, 하나님의 전략적 지혜가 필요하다. 선교사가 피선교자에게 복음을 전하는 것이 선교인데, 선교의 잠재력을 깨워서 저들로 하여금 이 일을 감당할 수 있도록 동역하는 일, 그리고 그들이 개발의 주역이 되게 만들어 주는 것도 또 다른 방법의 선교라고 생각한다.

미얀마 선교의 가능성

미얀마는 군부독재, 강력한 불교국가, 분쟁의 나라 등의 이미지를 가지고 있다. 미국이 미얀마의 첫 선교사 파송국이며, 첫 선교사는 아도니람 저드슨(Adoniram Judson, 1788~1850, 미국)이다. 저드슨은 본래 인도로 갔으나 동인도 회사의 권유로 1813년에 선교지를 바꾸어 미얀마(당시 이름은 버마)에 도착하였다. 저드슨은 성경을 버마어로 번역하였고, 버마 영어사전을 완성하는 등의 사역을 완수했다. 그의 선교의 노력으로 37년 동안 7,000여 명을 개종시켰다고 알려져 있다. 선교사도 많이 증가하여 163명의 선교사가 저드슨의 감독하에 선교 활동을 하였다고 한다. 이러한 선교사들의 노력에도 불구하고 미얀마는 불교국(88퍼센트)으로 남아 있다. 정치, 경제, 문화의 주류를 이루는 민족은 약 68퍼센트에 이르는 버마사람(Burma)들로 대부분 불교인이다. 기독교는 6퍼센트 정도인데 이들은 소수부족들로 구성되어 있다. 이들 중 샨족(Shan)과 카렌족(Karen)은 주류 사회에서 소외당하거나 불이익을 당하는 경우가 많이 있다.

싱가포르에 살면서 그리 멀지 않은 미얀마에 방문하여 샨족들이 운영하는 신학교에 가 본 적이 있다. 미얀마 신학교 대학원을 운영하는 엉망(Aung Mang) 박사를  알게 되어 방문하게 되었는데, 1995년 당시나 지금이나 외국인에 대한 극도의 감시가 있었다. 외국인에 대한 상당한 편견적 규정이 있는데 그것은 외국인은 개인 집에서 머물 수 없고 반드시 호텔에서 머물러야 한다는 것이다. 당시, 나는 호텔에 머물면서 신학교를 방문하고 신학생들과 교제의 시간을 가지며 협력의 가능성을 타진하고 있었다. 협력할 방법이 그리 많지 않았지만 우선 내가 강의를 하는 싱가포르의 Bethany

School of Mission에서 공부하는 것과 미얀마 신학교를 방문하여 말씀으로 교제하는 일, 저들 신학교 졸업식에서 말씀을 전하는 기회를 갖게 되었다.

신학생들은 주로 지방에서 사는 사람들로서 미얀마의 가장 큰 도시인 양곤 (Yangon)까지 와서 기숙사에 머물면서 공부를 하고 있었다. 기숙사는 마치 닭장을 지어 놓은 듯 허술하기 짝이 없었다. 당시 도둑이 들어 신학생 중 한 명이 자신이 가지고 있는 전 재산(여행 가방)을 잃어버려 갈아입을 옷이 없다는 이야기를 듣기도 했다. 그러나 그들의 신학 공부에 대한 열정은 결코 사그라들지 않았다. 졸업식에서 한 학생의 간증 내용이 기억에 남는데, 그 학생은 신학교에 들어올 때 치약을 쓸 줄 모르고 있었다고 한다. 그런데 이제는 치약으로 이를 닦을 줄 안다는 이야기를 듣고 그들의 가난을 가늠할 수 있었다. 가난하고 어려운 상황에서도 가족은 물론이고 마을 사람들의 복음화를 위해 귀향해야 한다는 말을 듣고 얼마나 감동을 받았는지 모른다. 고난과 핍박 그리고 샨족 또는 칼렌족이라는 이유때문에 불이익을 당하는 저들에게는 하나님의 절대적인 도움 없이는 한순간도 살 수 없다는 믿음이 확고해 보였다.

다음 여행에서 감동받은 것은 한 오순절 계통의 교회에서 였다. 3층에 있는 아파트 두 채를 빌려 중간에 막힌 벽을 헐고 교회를 만들었다. 주일에 복음을 전하기 위해 준비를 하고 있었고, 설교 시작 전 찬양을 하는데 소리를 크게 내지 않으려고 애를 쓰는 것을 볼 수 있었다. 작은 소리로 찬양하는 이유는 아파트 양옆 호에 주민들이 살고 있기 때문이었다. 설교 전에 드라마 공연을 하면서 말씀 듣기를 준비하는 것이 아주 인상적이었다. 가장 감동적이었던 순간은 그 교회의 한 전도사님을 만나서 그의 개종 이야기를 들었을 때였다. 그 전도사는 본래 버마 사람으로 태어날 때부터 불교 신자였고, 늘 절에서 자란 아이였다고 한다. 그래서 당연히 성장하면 승려가 될 생각을 하고 있었는데 자신의 절간 근처에서 같은 또래의 청년을 만나게 되었다고 했다. 그 청년이 기타를 치면서 노래를 하고 있었는데, 그 노래가 바로 찬송가였다는 것이다. 가까이 가서 기타 치는 모습을 보다가 노래에 심취하면서 큰 관심을 갖게 되었다. 그래서 그에게 노래를 배우면서 자연스럽게 사귀게 되었다. 이 크리스천 청년이 자신에게 귀중한 기타를 기증해 주었는데, 이때 큰 감동이 되었다는 것이다. 너무나 고맙고 감동적이어서 그만 그 순간에 예수님을 영접하고 말았다고 말했다. 그 후 그는 신학 공부를 하게 되었고 이제는 이 교회의 전도사가 되었다고 했다. 버마 사람이 기독교인이 되기 쉽지 않지만 하나님의 사람을 통한 사랑과 관심에 감동되었다는 것은 버마 불교 신자 역시 개종이 가능함을 말해 주고 있다. 문제는 기독교인들로 구성된 샨족이 서로 간의 갈등, 경쟁 등이 심해서 단합된 모습을 보여주지 못하고 있다고 한다. 변방 민족으로 가지고 있는 자원이 많지 않지만 복음 전파를 위해 단합하는 모습이 필요하다. 선교적 차원에서의 버마 사람들에게 복음을 전파에는 담력을 키워 줄 필요가 있음을 생각하게 되었다.

앞서 언급한 엉망 박사는 오랫동안 사귐을 가졌는데, 그는 조용중 선교사가 필리핀에서 선교 사역을 하면서 알게 된 귀한 지도자이다. 엉망 박사는 외국인이지만 우리와 잘 어울리고 겸손하며 사명이 투철한 미얀마의 기독교 지도자이다. 그는 당뇨병을 앓고 있으면서도 학교를 운영하고 교회를 지도하는 데 열정을 다했다. 안타깝게도 지병으로 60세도 되지 않은 젊은 나이에 세상을 떠나고 말았다. 그와의 아름다운 동역은 서로가 사역을 나누고 배려하는 데서 만들어졌다. 우리와 같이 일하던 수많은 동역자가 세상을 하직했지만 그들의 동역 정신은 우리 속에 감동으로 남아 있다. 하나님의 마음을 기쁘게 하는 일은 같이 동역의 기쁨을 나누는 일이다.

캄보디아에 열린 선교의 문

종종 '인도네시아 선교사가 왜 싱가포르로 선교지를 변경하였는가?' 하는 질문과 '싱가포르에서 무슨 일을 할 수 있는가?' 하는 질문을 받는다. 이때 나의 대답은 '광역 선교'를 하고 있다고 말한다. 광역 선교란 글자 그대로 지리적 지경에 구애받지 않고 어디서나 자유롭게 복음을 전하는 것을 말한다. 사실, 나의 사역은 국가를 초월하고, 문화를 초월하고, 언어를 초월할 뿐 아니라 국경을 초월한 초 교파적 선교이다. 쉬운 일은 아니지만 가능한 일이다. 다만 정신적 준비가 된 사람만 할 수 있는 사역이라는 생각이다. 왜냐하면 많은 경험과 전문성 그리고 경비가 필요하기 때문이다.

태국은 본래 개방, 자유 등에서 앞장섰던 국가이지만 불교라는 거대한 종교가 자리를 잡고 있어 전도의 열매를 기대하기는 쉽지 않은 나라이다. 그러나 복음 전파의 자유가 있어 많은 선교사가 찾는 나라이기도 하다. 같은 불교 국가인 캄보디아는 선교사가 비자를 얻기에 비교적 쉬운 나라로 알려져 있다. 그리고 불교국가임에도 복음의 반응이 좋은 곳으로 알려져 있어 한국 선교사들이 선교지로 많이 선택하고 있는 나라이다. 아직도 가난에서 벗어나지 못하고 있어 중심 거리를 빼놓고는 거의 아스팔트가 깔려 있지 않은 곳이 많은 나라이다. 한동안 폴 포트(Pol Pot)라는 사람이 공산당 총리가 되어 국가를 지배하면서 독재자, 학살자로 악명 높은 지도자로 130만 명 이상의 지식인을 이유 없이 처단했던 비참한 역사를 가지고 있다.

한국인들에게 캄보디아는 앙코르와트라는 유명한 관광지로 알려져 있는데, 태국 다음으로 많은 관광객이 찾는 나라이기도 하다. 앙코르와트는 이집트의 피라미드와 비견할 수 있을 정도의 신비한 모습이고, 규모 면에서도 웅장함이 뒤지지 않는다. 먼 정글 속 깊은 곳에서 가져온 거대한 돌들로 지었다는 믿기 어려운 사탑들은 정교한 건축기술을 보여주고 있다. 거리에는 아직도 많은 노숙자가 있고 가난에서 벗어나지 못한 상황이어서 정치가 얼마나 중요한가 하는 생각이 들었다. 많은 선교사가 캄보디아에 와서 사역을 하게 된다면 무엇보다 저들의 가난의 문제를 해결해 주어야 한다는 생각이 들었다. 아직도 불교가 97퍼센트요 기독교는 0.3퍼센트에 불과하기에 이들의 생각과 삶이 달라지려면 세월이 많이 흘러야 할 것 같다.

복음은 하나님의 질서를 회복하는 것을 의미한다. 하나님의 질서는 마음과 뜻과 힘을 다해서 하나님을 사랑하는 것이고(신 6:5), "이웃을 네 몸과 같이 사랑하라(마 22:39)."는 계명을 지키는 것이다. 예수님께서 십자가에 죽으심으로 우리에게 하나님의 사랑을 확증하셨고 생명을 주실 뿐만 아니라 우리를 위해 살아나시므로 우리에게 소망을 제공하셨다는 메시지는 개개인을 살리고, 민족을 살린다. 캄보디아 역시 복음 외에는 소망이 없다. 그렇다면 복음에 대한 반응이 나와야 할 것이다. 이러한 기대를 가지고 비록 지금은 복음의 진전이 없다고 하더라도, 복음에 대한 반응이 없다 하더라도, 일단 선교사들의 선교 활동을 방해하지 않는다면 그것으로도 미래의 발전에 기대를 해 볼 수 있을 것이다.

싱가포르는 이웃 나라를 여행하기에 아주 적절한 위치에 있다. 국가적으로 주변 국가들에 부러움을 사고 있고, 교통이 발달되어 두세 시간이면 동남아시아 어디나 도착할 수 있는 나라가 많이 있다. 싱가포르 교회의 많은 목회자나 성도들이 주변 국가에 단기적으로 다니며 복음 전하기를 원하고 있다. 그래서 나의 사역 중 중요한 부분은 싱가포르 목사님들과 함께 주변 국가를 다니면서 세미나를 개최하는 것이다. 앞서 소개한 완치완 목사나 네오 반잇 목사는 나의 절친한 친구이자 선교 여행 동반자이다. 이들과 함께 캄보디아와 태국 등을 방문하여 세미나를 개최하고 고아원을 방문하고 그곳에서 지도자들과 함께 협력을 모색하곤 하였다.

베다니 선교대학원을 졸업한 스티브 하이드(Steve Hyde) 박사는 내가 싱가포르에 있는 동안에 나에게 자신의 박사 논문을 지도받은 바

있다. 그는 미국인이지만 캄보디아 현지인과 결혼하여 현지 언어를 잘 구사함은 물론이고 현지 교회를 많이 세우고 그들을 훈련하는 대단한 현지 지도자로 부상하고 있다. 일생을 현지인처럼 되려는 노력으로 현지인과 함께 평생을 가난한 현장에서 보내면서 장기적 선교 개발을 하는 것이 너무나 귀하게 보인다. 베다니 신학교는 동남아시아와 아프리카 등에서 온 학생들에게 선교학 강의를 통하여 토착화 운동을 강조하고 있다. 이러한 토착 선교는 그 나라에 대한 애정과 희생정신을 담보하지 않고는 이루어질 수 없는 일이다. 내가 미국 GCU(Georgia Central University) 대학에서 박사학위 프로그램을 맡아 진행할 때 장완익 선교사의 논문 일부를 지도했는데, 그는 캄보디아의 시니어 선교사로서 오랫동안 사역을 해 오고 있었다. 그의 박사학위 논문의 주제는 '현지 장로교회가 자립할 수 있는 방법에 관한 연구'였다. 이러한 문제를 다루는 데 있어 중요한 것은 그들의 눈높이에 맞는 사역을 개발하고, 가난하고 어려워도 저들이 희생해야 한다는 것을 인식하게 만드는 것이다. 비록 소박한 모습일지라도 자립 사역을 할 수 있도록 돕는 것이 선교사의 역할 중에서 가장 중요한 역할이라고 말 할 수 있을 것이다. 캄보디아는 복음의 문이 활짝 열린 곳이다. 복음의 문이 열렸다는 말의 뜻은 거주에 관한 어려움이 없다는 이야기이다. 대다수의 불교 신자들이 심성이 열려 있어 저들에게 조그마한 희생과 관심을 가지면 쉽게 교류할 수 있다. 이러한 선교의 문이 늘 열려 있는 것이 아니므로 열려 있을 때 많은 선교사가 전략적으로 접근하면서 나가면 좋은 결실이 있을 것으로 믿는다. 다만, 비자 문제가 없는 이 나라에 많은 선교사가 모이다 보니 문제도 적지 않다. 똑같은 사역을 경쟁적으로 만들어 내고, 선교의 질서가 형성되지 않는다. 이제 한국 선교의 질서가 필요한 때이다. 반복 투자를 하게 되면 쓸데없는 경쟁심이 유발되고 인적, 경제적 자원의 손실을 가져오게 된다. 누군가 정리를 해서 새로 오는 선교사들에게 정보를 제공할 수 있다면, 그것이 동역 선교가 아닌가 하는 생각을 하게 된다. 우리는 경쟁이 아니라 하나님의 나라를 위한 종들임을 한시도 잊어서는 안 될 것이다. 주님 오실 때가 가까운 지금, 갈등을 동역으로 대체해야 할 때이다.

인도의 선교적 잠재력

인도는 이제 인구가 제일 많은 국가가 되었다. 인도의 IT 기술력은 세계를 놀라게 하고 있다. 세계 정치 지도자들 가운데서 인도인을 쉽게 찾아볼 수 있을 정도로 인도의 위상은 많이 올라가고 있다. 인도인의 학식과 능력은 따라갈 수 없을 정도로 높아졌고 잠재력 또한 높은 나라가 되었다. 미국에 사는 인도인들은 자신들의 지배국가였던 영국의 문화와 언어의 영향권에서 살아왔기 때문에 자유롭게 적응하고, 사업을 개발하고, 성공하고 있다. IT 산업이 발달한 구글(Google)이 있는 실리콘 밸리(Silicon Valley)에 가 보면 온통 인도사람들이 거리를 누비고 있는 것을 볼 수 있다. 그만큼 IT 계통에서 일하는 사람들이 많이 있다는 이야기이다. 인도의 문제는 부익부 빈익빈의 극심화이다. 인도 어디를 가든지 비참하게 사는 사람들이 허다하지만, 뭄바이 같은 도시는 인도의 뉴욕으로 자리를 잡고 있다.

인도는 세계에서 선교사를 가장 많이 파송하고 있는 나라이다. 숫자는 정확히 파악되고 있지 않지만, 국내 선교사까지 선교사로 인정했을 때, 인도는 당연히 세계 제1의 선교국이다. 상당한 숫자의 자국 선교사로서 주로 기독교가 강한 남부 지방에서 힌두교가 강한 북쪽으로 파송되고 있다고 한다. 선교는 반드시 해외만을 고집해서는 안 된다. 미전도 종족에 대한 부담을 가지고 사람들을 훈련 시켜 자국으로도 파송할 수 있다. 자국 선교사는 비자 문제는 물론이고 같은 문화에서 언어를 배워 사역을 할 수 있기에 더 효과적일 수 있다. 사실, 인도는 영어와 힌디어 두 개를 공식 언어로 선정해 놓았지만, 지역별 공식 언어는 23개나 된다. 부족 언어는 수없이 많아서, 자국이라고 하지만 완전히 해외로 나가는 선교사라고 불러야 할 것이다. 이러한 이유로 인도 교회는 일찍이 선교에 눈이 뜨였고, 선교단체는 셀 수 없을 정도로 많이 세워지고 있다. 물론 그 가운데는 재정에 관심을 가진 단체도 많다. 이 문제로 인도 선교협의회는 고심하고 있다.

오래된 이야기이지만, 나는 1990년 초반에 조동진 목사와 인도의 남부 지방에 위치한 체나이(Chennai)의 FMPB(Friend Missionary Prayer Band)란 선교단체를 찾게 되었다. 이 선교단체는 당시 사무엘 카멜레슨(Samuel Kamelson)이란 선교 지도자가 자국 선교를 위해 토착 선교단체를 기치로 세운 단체이다. 우리가 방문했을 당시 국내 선교사를 2,500명이나 파송했다고 했다. 저들의 정책을 보면 1) 철저하게 하나님 중심의 선교를 한다. 2) 죽음을 각오하고 나가는 선교사를 발굴한다. 3) 물질은 하나님이 공급해 주시는 대로 한다. 해외의 지원을 기대하지 않는다는 것이다. 많은 인도의 선교단체들이 해외 의존도가 높은 것과는 사뭇 대조적이다. 둥그런 캔(일종의 돼지 저금통)에다 선교사의 사진과 이름을 써 놓고 매일 기도하면서 동전을 모아서 선교단체로 보낸다는 것이 아주 인상적이었다.

조동진 목사님과 AMA 협의체의 사무총장으로 섬기면서 FMPB의 총무인 죤 키루바까란(John Kirubakaran) 목사를 만날 기회가 자주 있었다. 그와는 AMA 총회에 참석하면서 알게 되었다. 말레이시아 선교훈련원(GPTC)에 초청 받아서 인도 선교 사역에 대한 설명을 듣기도 했다. 그의 간증 중 지금도 기억에 남는 이야기가 있다. 한 지역에 전염병이 창궐하여 UN 산하의 WHO에서도 큰 관심을 가지고 연구 대상이었던 곳이 있었다. 많은 사람이 병에 걸려 죽어 나가고 있어 질병에 대해 연구하고 백신을 개발하려고 노력했지만 질병이 사라지지 않았다. 그곳에서 사역하는 FMPB 선교사들은 철수하지 않고 환자들을 지키고 있었다. 더 놀라운 것은 선교사 지망생들이 그 죽음의 선교지로 가기로 준비하고 있었다. 그는 순교의 정신이 아니면 불가능하다는 이야기를 들려주었다. 나는 '우리는 고생을 피해서 좋은 곳으로 선교지를 결정하는데 일부러 죽음을 각오하고 어려운 곳에 가겠다고 생각한 사람들은 어떤 수준의 사람들인가?' 하는 생각을 했다.

한번은 체나이에서 남쪽 지역인 케랄라(Kerala)주에 방문할 기회가 있었다. 저들은 자신들의 지역에 도마가 와서 복음을 전했고 그곳에서 순교를 당했다고 믿고 있다. 케랄라 지역에는 많은 가톨릭교회와 개신교회들이 있는데 그중에 한 교회를 방문하게 되었다. 그곳에 가는 기차가 지연되는 바람에 10시 예배에 참여하려는 계획이 3시간이나 늦어져서 포기하려고 했다. 우리가  도착한 오후 1시경, 교회 안에서는 찬양 소리가 계속되고 있었다. 3시간 이상 찬양하면서 우리를 기다린 것이다. 우리에게 익숙한 찬양은 아니었지만 저들의 전통악기를 이용해 부르던 찬양은 무척 은혜스러웠다. 들어서니 하얀 사리를 입은 여인들과 남자들이 작은 교회를 그득 채우고 있었다. 말씀을 전하려고 보니 마이크는 놓여 있는데 스피커 소리가 들리지 않았다. 그래서 물었더니 스피커는 동네 사람들 들으라고 밖에 있는 나무 위에 걸어 놓았다고 했다. 복음 전파에 대한 그들의 열정을 보면서 많은 감명을 받았다. 예배가 끝난 후, 아브라함 목사님 댁에서 식사를 했다. 닭고기와 인도의 전통음식인 카레로 만든 갖가지 요리가 즐비하게 놓여 있었다. 아브라함 목사님은 우리에게 대접을 하느라 자신은 먹지 않고 있었다. 이것저것 손수 우리를 위해 떠주며 섬기는 모습을 보면서, 그리고 부엌에서 음식을 준비하는 여인들이 우리가 식사가 끝날 때까지 부엌에서 나오지를 않는 것을 보면서 마치 나 어렸을 때 시골의 아낙네들을 보는 것 같았다.

주님 손의 못 자국과 옆구리에 손을 넣어본 후 "나의 주님이시요 나의 하나님이 시니이다(요20:28)."라고 고백한 후에 사라진 도마가 인도로 가서 순교하므로 이렇게 많은 결실을 맺었다는 생각과 함께 한 알의 밀알은 반드시 죽어야 열매를 맺는다는 것을 깨달았다. 개신교 초창기부터 인도는 중국과 더불어 인구가 가장 많은 국가였기에 선교사들의 관심 지역이었다. 영국 선교의 아버지라고 불리는 윌리엄 케리도 인도를 선택했고, 미국의 첫 선교사인 아니도람 저드슨도 처음에 인도로 갔다가 미얀마로 선교지를 바꾸었다. 그 밖에 많은 선교사가 인도를 선교지로 정했다. 한국 최초의 선교사인 호레이스 언더우드 역시 처음에는 인도를 선교지로 정했었다. 인도가 선교사들에게 매력 있는 국가인 이유는 쉬운 곳이기 때문이 아니라 선교사가 필요한 곳이라는 생각 때문이었다. 초창기 선교사들은 내가 필요한 곳이 어디인가를 먼저 생각했다. 그 소명을 지키려 할 때 많은 희생이 따르는 법이다. 많은 선교사의 헌신이 끝나고 이제는 인도의 자국 선교 시대가 열린 것이다.

불교국 스리랑카 선교

인도, 파키스탄, 방글라데시, 스리랑카(전 이름 실론)는 문화가 비슷한 부류에 속하는 나라들이다. 문화적 동질성은 있지만, 종교의 경우 인도는 힌두교, 파키스탄과 방글라데시는 이슬람교, 그리고 스리랑카는 불교가 주를 이룬다. 3대 거대한 종교가 자리를 잡고 있는 이 나라들은 원래 하나의 나라였지만 결국 종교가 나라들을 갈라놓았다. 거대한 종교들이 자리를 잡고 있는 가운데 기독교의 숫자는 미미하기 때문에 기독교가 마이너리티(minority)로서 거대한 종교들의 핍박을 받고 있는 상황이다. 그중에서 스리랑카만이 기독교에 대한 포용성이 있는 나라라고 볼 수 있다. 스리랑카는 일찍이 영국의 지배를 받으면서 기독교가 소개 되었지만, 선교사와 불교 신자 간의 교리적 갈등으로 기독교에 대한 배타적인 입장을 가지고 있음과 동시에 불교에 대한 자부심을 가진 나라로 알려져 있다.

김영자 선교사는 여성 싱글 선교사로서 한국 최초의 선교사 중 한 분이다. 김 선교사는 처음 인도에 파송되어 사역하다가 비자 문제로 스리랑카로 잠시 선교지를 옮겨 수년 간 사역 개발을 했다. 지금은 다시 인도와 한국을 오가며 사역을 계속하고 계신 것으로 알고 있다. 내가 싱가포르에 머물고 있을 때 스리랑카에서 기독교 교사들을 위한 훈련 캠프의 강사로 초청해 주었다. 약 100여 명이 한자리에 모여 하나님께서 부르신 교사의 사명을 수행하기 위한 영적인 자세를 갖추는 열린 세미나와 같은 집회였다. 공부 분위기보다는 영적인 분위기로 가득 찼다. 말씀 전하는 일에 주력하기는 했지만, 분위기의 흐름으로 인해 저들에게 안수 기도를 많이 할 기회가 생겼다. 역시 각 나라마다 영적 분위기가 다르고, 교파에 따라서도 다르다. 나를 초청한 교단은 오순절 계통의 교단으로 기억되는데 헌신이나 영적인 분위기가 배타적이지 않고 잘 수용하는 분위기였다. 사실, 한국 선교사들은 장로교 배경을 가지고 파송 된 선교사들이 많다. 그러나 막상 선교지에 가 보면 한국 선교사들에게 맞는 영성 분위기는 역시 오순절 계통의 교회들인 것 같다. 김영자 선교사는 장로교단 파송이었지만 그의 사역 파트너는 오순절 계통으로 기억된다. 당시에 남미에 가 보면 빌리 그레이엄 목사보다는 조용기 목사를 더 선호하는 분위기였다. 남미의 복음의 분위기는 오순절 계통이 자리를 잡고 있어 여러 한국 선교사들은 장로교 출신인데도 오순절 계통의 교회들과 파트너십을 만들어 내고 있었다.

집회가 없는 시간에는 한국인들이 운영하는 공장에 방문할 수 있었다. 한 기업인은 자신의 회사를 마치 선교의 현장으로 만들어 직원들에게 복음을 증거하고 있었고, 어떤 이들은 성경공부를 위한 교실을 만들어 선교사들이 방문해 교육할 수 있도록 배려하기도 했다. 예배나 말씀을 가지고 하루를 시작하는 경우, 이익금을 직원들의 복지를 위해 사용하거나, 시설을 확장하여 직원들에게 휴식 공간이나 운동을 할 수 있는 시설들을 마련해 주고 있었다. 직원들의 복지에 많은 관심을 가지고 저들을 돌보는 것을 보면서 평신도이면서 회사를 운영하는 기업인들도 선교를 돕고 있다는 것을 확인하는 현장이었다. 복음 전파에 적극적으로 자신들의 사업체를 활용하는 평신도가 선교사 이상의 역할을 한다는 생각이 들어 마음이 흐뭇했다. 스리랑카의 불교도들은 너그러운 사람들이라 그런지 포교의 자유를 허용하는 듯 보였다. 스리랑카는 비교적 기독교인을 적대시하지 않고 평온을 유지하는 국가이다. 때문에, 복음 전파의 가능성이 보인다. 그렇기에 희생을 치를 생각이 있다면 얼마든지 프로그램을 만들어 저들에게 복음을 전파할 기회가 있다는 생각이 든다. 해외에 있는 한인교회들이나 성도들은 선교사들과 좋은 교제 속에서 선교사들의 부족한 것들을 채워 줄 수 있다. 그리고 선교사들과 파트너십을 만들어 낼 수 있다. 나도 인도네시아의 많은 한인교회와 성도들의 도움을 받아 정글 교회에 성경을 배포하는 일을 했고, 성도들의 도움으로 신학교에 컴퓨터(당시는 타자기)를 놓을 수 있었다. 이런 경험들로 한인

교회가 할 일이 많다는 것을 깨닫게 되었다.

또 한 분의 귀한 선교사를 만났는데 그분은 지금은 고인이 된 강원희 선교사였다. 그의 집에 초대를 받아 교제하며 그의 사역 현장을 볼 수 있었다. 강원희 선교사는 1982년에 가난한 네팔로 의료 선교사로 파송되어 헌신적으로 사역했다. 그는 '히말라야 슈바이처'로 불렸다. 강 선교사는 네팔과 방글라데시 그리고 스리랑카 등에서 가난한 사람들을 대상으로 치료를 해 주어 늘 '선한 선생님'으로 인식되었다. 강 선교사와 교제하면서 '선교사는 어떠한 삶을 살아야 할 것인가?'를 생각했다. 그는 자신만이 가진 독특한 친화력을 통해서 사람들을 치료하고, 교제하면서 하나님의 말씀과 사랑을 전달하는 모습으로 많은 선교사들에게 귀감이 되었다. 메디칼 타임즈는 그에 관해 다음과 같이 썼다. 1961년 연세의대를 졸업한 고인은 1970년 강원도 무의촌에 병원을 열었고 1982년 네팔로 건너가 약 40년간 네팔·방글라데시·스리랑카 등에서 의료 봉사 활동을 펼쳤다. 49세 늦은 나이로 해외 선교에 나섰지만, 누구보다도 열정적으로 봉사에 헌신했다." 그의 사역 여정을 보면 어려운 선교지에서 선한 사마리아인의 모습으로 사는 것이 최선의 길이라고 생각하게 된다. 선교에 있어 평신도의 역할은 어디에서든 볼 수 있다. 또 무슨 일이든 가능하다. 그렇기에 선교에 평신도들이 많이 동원되어야 한다고 생각한다. 서양 선교사들은 70퍼센트 이상이 평신도들로 구성되어 있다. 한국 교회는 교역자, 평신도 간의 벽이 높다는 것을 다른 나라의 교회들과 비교해 보면 확실히 알 수 있다. 이제는 그 벽을 헐 때가 된 것 같다. 성경에서 보여주는 교회는 이런 벽이 없다는 것을 예수님이 몸소 보여주셨고, 초대 교회도, 그리고 선교사 바울도 분명하게 보여주고 있다.

모스크바의 복음의 기회

내가 만난 러시아 사람들은 친절하고 의리가 있다. 몇 명으로 전체를 평가할 수는 없지만 적어도 세 번에 걸쳐 방문한 경험을 통해서 러시아에 대한 좋은 인상을 가지게 되었다. 정치인들이 만들어 낸 이미지와 일반 국민이 만들어 내는 이미지는 사뭇 다르다고 하겠다. 내가 방문한 때는 2000년대 초반으로 가난하고 어려웠던 시대여서 사람들이 배고프고 어려운 순간을 보내고 있었지만 사람들의 모습에 악의는 없는 것 같았다. 그러나 공산주의에 쪼들린 저들의 삶은 자유로움이나 여유 같은 것은 보이지 않았다. 정치적 입지가 경제와 맞붙어 간다는 것을 여러 나라의 권력 구조를 통해 알 수 있다. 1991년 공산주의가 무너지고 자본주의 체제와 사회주의 체제로 바뀌는 과정에서 엄청난 고생을 한 국민은 자신들을 먹여 살릴 위대한(?) 지도자를 찾았다. 혼란의 기간인 2003년, AMA 선교대회 개최 준비를 위해 나는 사무총장으로 모스크바를 몇 번 다녀오게 되었다. 당시 경제 사정은 시장에서나 슈퍼마켓에서 빵을 구하기 어려울 정도로 비참했다. 아시아인들의 선교 운동을 러시아에 접목시켜야 한다는 생각을 가진 조동진 목사의 요청에 따라 나는 모스크바 대회의 책임을 맡아 현장 준비를 위해 현장 답사를 해야 했다. 김바울 목사는 러시아가 개방되자마자 뉴저지에서 목회를 접고 러시아로 떠난 선교사이다. 김 목사는 그곳에 교회를 세우고, 군 장교들을 초청해 교육하고, 자신의 전공인 음악(서울대 음대 졸업)

을 살려 '천사 합창단'을 만들어 전국은 물론 해외 공연을 하는 등 센세이션을 일으키고 있었다. 김바울 선교사를 중심으로 AMA 현장 준비위원회를 구성하고 대회를 준비하는 동안 그분의 안내로 사역을 돌아보면서 군 장성들을 중심으로 세미나를 인도할 기회도 가졌다. 군 장성이라고 하긴 했지만 봉급은 적고, 군인이라고 하지만 공산국가 군인답지 않게 순진하기 그지없었다. 그러나 군 장성들과 그들의 아내들은 아주 점잖고 품위가 있고 외모도 잘생겼던 기억이 난다. 저들에게 경제적 지원을 하면서 만들어 낸 영성 훈련원이었지만 저들은 자신들이 다니는 정교회에서는 들어보지 못한 말씀인지라 큰 관심을 가졌다. 언제든지 하나님이 부르시면 군복을 벗고 목회자가 되겠다는 생각과 군 안에서 증인이 되겠다는 생각을 하는 사람들이어서 교육을 받는 자세는 사뭇 진지했다. 교회

는 주일이면 큰 강당을 빌렸는데 1,000여 명까지 채워지는 놀라운 광경이 벌어지고 있었다. 그러나 그때의 모습은 경제가 발전하면서 점점 사라져서 진실되게 주님을 위해 살겠다는 적은 숫자의 헌신 된 사람들만 교회를 지키며 남아 있다. 장교들을 대상으로 강의를 했을 때 그들이 보여준 모습은 정말 감동적이었다. 내가 보기에 열심히 공부를 하는 모습이나 저들의 외모에서 느끼는 지도자의 모습을 비롯한 모든 것이 신기하기만 했다. 다만, 저들이 공산주의로 인하여 가지고 있는 잠재력을 발휘하지 못하고 있다는 것을 보게 되었다. 하루는 김바울 목

사의 안내로 거리에서 예배를 드리는 교회를 보았다. 눈이 양옆에 쌓여 있는 추운 겨울에 30여 명의 사람이 의자도 없이 서서 예배를 드리고 있었다. 그들은 노숙자처럼 보였는데 사뭇 진지한 모습으로 예배를 드리고 있었고, 담임하고 있는 현지 목사님 역시 진지한 태도로 찬송을 인도하고 제법 예배 의식을 갖추어 진행하고 있었다. 그곳에서 나는 통역을 세워 설교했다. 나는 교회는 건물이 아니라 예수님을 영접하고 주님의 영을 모시면 바로 그곳이 교회라고 외쳤다. 다 끝나고 빵 하나와 우유를 나누어 주는데 마치 디베랴 들판에 서 있는 것 같았다.

공산주의가 무너지고 난 후, 수많은 선교사가 러시아를 선교지로 정하고 교회를 세우며 신학교를 설립하는 사역을 했다. 사역의 모습이 그럴듯했고, 서양 사람들인 러시아인들이 거대한 러시아 정교회를 포기하고 한국인들의 개신교 지도력을 따르는 것을 보면서 신기하기도 하고 감사한 마음이 많이 들었다. 그러나 순진한 양과 같은 저들의 모습은 한때일 뿐이었다. 푸틴이 대통령이 되면서 경제를 활기가 돌기 시작했고, 힘 있는 러시아를 추진하면서 많은 국민의 지지를 받게 되었다. 경제는 몰라보게 달라져 잘 먹고 살게 된 러시아인들은 콧대가 높아지기 시작했다. 군사적으로 강대국의 전통과 자신감이 되살아나면서 이제는 옛날에 보았던 선교의 전성시대가 점차 사라지고 있는 모습이다. 선교의 규모가 예전 같지 않기에, 적은 숫자의 사람들을 제자로 만드는 사역으로 만족해야 한다. 오히려 전통적인 교회에 대한 실망이나 무의미한 신앙생활에서 진리를 찾는 작은 무리를 훈련하는 것으로 선교 규모를 만드는 사역이 필요할 것 같다. 결국, 사람은 가난해질 때 신앙이 올라가고 부해질 때 신앙이 떨어지게 마련이다. 이스라엘 백성이 광야에서 생활할 때는 회막을 지을 만큼 풍성하게 드리는 신앙적 자세가 있었으나 가나안으로 들어가서는 그 신앙을 잃어버리게 되는 모습이 교훈을 주고 있다.

바울은 "너는 말씀을 전파하라 때를 얻든지 못 얻든지 항상 힘쓰라 범사에 오래 참음과 가르침으로 경책하며 경계하며 권하라 때가 이르리니 사람이 바른 교훈을 받지 아니하며…또 그 귀를 진리에서 돌이켜 허탄한 이야기를 따르리라(딤후 4:2-4)."고 말했다. 이 말씀에 비추어 보면 기회가 생길 때 부지런히 전하고 그 결과는 하나님께 맡겨야 한다는 것을 알 수 있다. 지역적 복음화의 기회도 있지만 연대적 복음화의 기회도 있고, 황폐의 시기도 있다는 말씀으로 해석된다. 분명한 것은 복음의 씨는 땅에 떨어지면 죽어서 싹이 나지만, 씨가 죽지 않아도 언젠가 비가 오면 씨가 싹을 틔울 것이라는 기대를 가질 수 있다. 북한의 상황도 마찬가지이다. 오랫동안 황폐한 땅에 아직도 씨가 남아 있어 긴 겨울이 지나고 봄이 오면 싹이 트일 것이라는 기대를 해 보는 것이다. 러시아를 통해 우리가 얻을 수 있는 교훈은 경제가 교회를 망치고 개인의 신앙을 팔아버리는 경우가 많다는 것이다. 때문에 기회가 얼마나 중요한가 생각을 하게 된다. 언제든지 쭉정이는 날라가게 되어있고 결국은 알곡만 남게 되어있다. 이제 러시아의 황금 추수 시대가 지나갔다고 하더라도 적은 수의 알곡을 심어 싹이 나고 열매를 맺도록 하는 것이 새로운 전략이라고 생각한다. 몇 개의 씨라도 싹이 나서 계속 자라도록 제자 훈련에 역점을 두는 것이 러시아의 시대적 선교 전략이 아닐까 생각한다.

제6장

지도력 네트워크
[동역 사역 네트워크]

A Journey of Mission Partnership for National Initiatives

지금까지 나는 선교 지도력은 동역으로 완성된다는 말을 해 왔다. 개인이 시작하지만 선교가 확장되면 개인이 아니라 현장과의 동역이 있어야만 건강한 선교라고 말할 수 있을 것이다. 결국, 현지인들이 진행하는 토착화에서 결론을 얻게 된다고 말할 수 있을 것이다. 동역 사역에서 무엇보다 중요한 것은 바로 네트워크이다. 먼저는 하나님과의 네트워크가 이루어져야 한다. 하나님과의 관계성을 말하는 것으로, 예수님은 요한복음에서 여러 비유를 통해 하나님과의 관계성을 말씀하셨다. 요한복음 10장에서는 목자와 양의 관계, 15장에서는 포도나무와 가지, 친구의 관계를 통해 설명하셨다. 하나님과 완전한 관계의 결과는 "너희가 내 안에 거하고 내 말이 너희 안에 거하면 무엇이든지 원하는 대로 구하라 그리하면 이루리라(요 15:7)."이다. 예수님 안에 거한다는 말은 완전한 생명 공동체가 되는 것으로 우리를 향한 하나님의 목적이 이루어지는 과정을 말한다. 그 결과로 하나님과 자신이 같은 뜻을 이루는, 즉 하나님과의 관계성의 완성된다.

다른 한편으로 중요한 것은 다른 사역자와의 네트워크이다. 바울은 동역을 우리의 몸과 같다고 표현하였다. 모두가 다른 기능을 가진 몸의 지체는 각자가 주님의 몸(하나님의 나라)을 위하여 주어진 것이기에 자기의 기능을 따라 섬기는 관계가 되어야 한다는 것이다. 그리고 서로를 인정하고 존경하라고 말씀하고 있다. 이러한 마음 자세를 가지고 손에 손을 잡는다면 선교는 아름답고 흥미로운 사역이 될 수 가 있다는 것이다. 혼자 하는 일은 개인에게 자유롭고 영광이 될 수 있을지 모르지만, 힘이 들고 지쳐 넘어질 가능성이 크다. 그러나 같이하는 일은 비록 서로의 의견 조율 과정을 거쳐야 하는 경우가 있어 만만치 않을 수 있지만, 협력은 나 개인의 영광을 취하는 것이 아니라 하나님의 영광을 위해 일하게 되므로 진정한 사역의 모습이 될 수 있다. 같이 일하므로 얻어지는 보람을 전도서 4장 9절은 "두 사람이 한 사람보다 나음은 그들이 수고함으로 좋은 상을 얻을 것임이라."고 표현한다. 이것이 바로 '시너지 효과'이다. 사역지에서는 혼자가 아닌 '같이', 그리고 내가 아닌 '우리'라는 개념으로 나서야 한다. 연합으로 만들어 내는 '선교의 작품'은 아름답기 그지 없다는 것을 나의 경험에 비추어 이야기하고자 한다. 선교 사역의 개성은 동역이기 때문이다.

개척 선교 지도력

대부분의 한국 선교사들의 선교 현장에서의 고민은 자립에 대한 것이 가장 크다. 대를 이어 선교를 하는 것도 아니기에 자립에 대한 대책이 세워지지 않는 경우 중간에 끊어진 필름처럼 프로젝트의 문을 닫아야 하는 경우가 있다. 나는 그 이유가 단순하다고 생각한다. 선교가 지나치게 선교사 중심 사역이었거나 지나치게 투자적으로 했거나 선교 지도력에 대한 이해가 불충분했거나 아니면 현장의 자원 개발을 등한시했을 것이다. 한국에 왔던 서양 선교사들은 사역 이양 또는 토착화에 깊은 관심을 가졌다. 그들은 처음부터 자립 정신을 고취하는 프로그램을 개발하고, 자신들이 처음에는 개척자로서 지도력은 가지고 있었지만 현지 지도력으로 전환하는 계획을 함께 세웠다. 그렇기에 한국 문화 속에서 한국 지도력의 전통을 무시하지 않고 그 전통 속에 복음을 심으려는 노력을 했다. 유교의 영향을 받은 한국인의 권위적 지도력, 하향식 지도력, 당파 싸움, 지방색, 나이, 남녀 차별, 신분, 즉 양반과 상놈의 구분, 윗사람에 대한 존경심을 바탕으로 하는 한국 지도력 등 받아들일 수 없는 것들이 많았을 것이다. 그러나 그들은 그중에서 잘 활용하여 자연스러운 지도력 형태를 구성하려는 생각을 하면서 토착형 교회를 세우려고 노력해 온 것이다. 이러한 노력은 한국인들에게 잘 수용되었다. 지금도 교회 직분에 있어 목사는 제일 위, 그다음 장로, 권사, 전도사, 집사 등의 순서로 이어진다. 물론, 성경적 모델도 아니고, 부작용도 많이 있는 구조이지만 그래도 한국 문화구조 안에서는 맞아 들어갔다. 네비우스 방법의 경우에도 한국적 요소를 고려한 선교의 기본 틀을 만들어 놓고 수행했다고 봐야 할 것이다. 한국인들의 자립정신을 고취하면서 세워진 것이기에 지도력 구조를 만드는 데 성공적이었다고 생각한다.

현대 선교는 초기 한국에서 선교하던 선교사들처럼 한 나라에서 대를 이어 선교 활동을 펼칠 수 있는 환경이 아니다. 때문에, 단기 내지는 중단기 사역개발이 시급한 상황이다. 현대 선교 지도력에 관하여 중요한 말을 했던 톰 스테반(Tom Staffan)의 주장처럼 처음부터 현지화에 대한 대책을 가지고 시작을 해야 할 것이고, 빠르게 선교 지도력을 이양할 수 있는 길을 찾아야 할 것이다. 아니면, 현장에 이미 정착한 건전한 단체들과 함께 사역하면서, 현장의 지도력 패턴을 이해하고, 선교사가 할 수 있는 분야가 무엇인지를 파악하고, 또는 프로젝트를 개발하여 현지 교회 또는 단체가 언제든지 운영 책임을 질 수 있는 길을 열어놓고 사역적 동역을 해야 한다. 그러면 선교사가 현장을 떠나도 사역에 직간접으로 참여할 수 있는 길이 열릴 것이고, 소위 비거주 선교의 모델을 만들어 낼 수 있으리라 생각한다. 그런데 이론은 분명히 성경적이기도 하고, 말로는 쉽게 표현할 수 있는지 모르지만, 현실적 적용이 쉽지 않아 많은 선교사가 고민하고 있는 문제이다.

나의 경우, 처음부터 현지 선교단체에 소속되어 선교를 시작하므로 언어 훈련, 선교 오리엔테이션, 그리고 선교지를 결정하는 데 큰 도움을 받을 수 있었다. 또 현지 동역자들과 같이 선교를 만들어 내는 일을 했기에 비교적 프로젝트(특히, 신학교 설립 사역) 개발이 수월했다. 더 중요한 것은 선교사인 내가 현장을 떠나도 현지인들을 지속적으로 관리할 수 있었다. 그러나 늘 염려스러운 부분들이 있었다는 것을 고백할 수밖에 없다. 바울의 시대적 환경은 다른 곳으로 떠나 개척 사역이나 동역 사역을 만들어 낼 가능성이 있었고 그의 전략적 지도력에 따라 열매도 맺을 수 있었다고 볼 수 있다. 나의 경우, 모든 사역을 공동 개발한다는 생각으로 사역을 시작했고 그 누구도 주인이 아니라 모두 같이 섬기는 위치에 있음을 주지시키며 사역했다. 그 결과 집단 지도 체제가 만들어진 것이 훗날 지도력 이양에 도움이 되었다. 싱가포르에 정착하면서 인도네시아 칼리만탄의 안중안 신학교와 지속적인 관계를 맺었을 뿐만 아니라 현지 선교 훈련단체와 동역을 했다. 그러면서 새로운 사역인 바탐 신학원 사역을 개발할 수 있었으며, 말레이시아까지 프로젝트 개발을 확장해 나갈 수 있었다. 이렇게 할 수 있었던 것은 동역 지도 체계가 만들어진 덕분이다. 사역개발 초기부터 집단 지도체제 내지는 현장의 지도력을 이용하거나 현지 상황에 따라 후임 지도력 개발을 동시에 만들어 내는 일이 필요하다. 개척 선교의 지도력 구성은 지역마다 상황마다, 그리고 국가의 지도력 체계의 전통을 고려하여 만들어 나가면 된다.

세상은 변해도 변하지 않는 잣대는 하나님의 말씀이고, 선교에 있어서는 바울이 보여준 지도력이 기준(Principle)이다. 바울은 사도행전 18장에서 20장까지의 에베소를 중심으로 한 사역에서 선교사로서 현지 지도력 개발과 함께 이양 문제를 다루고 있다. 여기에는 선교사의 역할론, 사역, 자원 개발, 훈련, 그리고 동역을 위한 지속적인 관계가 다루어 진다. 이 사역의 패턴을 이해할 수 있다면 현장화한 후 타지역 복음화를 위해 출발할 수 있는 계기를 마련할 수 있을 것이다. 바울이 보여준 사역은 개척이고, 어떻게 보면 단기 사역의 현장이다. 바울이 보여준 사역 패턴은 빠르게 진행되는 현시대에 맞는 모델이고, 정치나 종교의 수많은 방해를 피해 갈 수 있는 모델이라고 생각한다. 그렇다면 전략 또한 말씀에서 찾아야 하지 않을까 생각한다.

'선교사'란 말은 '보내심을 받은자'(Apostlos)라는 의미이다. 일반적으로 미션(Mission)이란 말은 특수 요원이 어려운 곤경에 빠진 사람을 구출해내는 업무를 띄고 위험한 작업을 끝내고 돌아오는 것을 의미한다. 그렇다면 선교사(Missionary)의 역할은 한 곳에 뿌리를 박는 것이 아니고 일을 처리하고 나오는 것이다. 바울이 이를 모델로 잘 보여주고 있다. 그러므로 개척 선교사들은 긴장된 자세로 임하여야 할 것이고, 정해진 기간 내에 결전을 하는 일이고, 다음은 현장의 사람들이 그 일을 계속할 수 있도록 지원하는 일을 해야 할 것이다. 그러나 은사적인 면에서 모두가 바울과 같지 않고, 모두가 개척 선교사가 될 수는 없다. 그렇지만 적어도 선교사라면 안주형 선교사는 되지 말아야 한다. 지금 교회와 선교의 위기 중에서 가장 큰 위기는 지극히 안주하는 것을 지향하여 자신만을 지키려는 자세일 것이다. 선교사는 사역적 비전과 가치를 설정하고 그것을 실천하려는 의지와 전략이 있어야 하며, 그 사역에 대한 자원 개발과 함께 지역적 특성을 고려한 지도력 개발과 이양 계획을 세우며 발전해 나가야 한다. 이렇게 사역하면 선교사가 '안주형의 병'에 걸리지 않을 것이다. 현대 선교의 병은 비전도 없이 존재 자체로 선교지에 있으면서 시간을 보내는 선교사에게서 나타난다. 바쁜 사람에게는 하나님이 힘을 주신다. "아버지께서 이제까지 일하시니 나도 일한다(요5:17)."고 하신 주님의 말씀처럼 선교사는 일을 위해 부름을 받은 사람들이다. 반복되는 실수 속에서도 계속해서 연구하면서 하나님의 길을 찾아 나서는 것이 성공하는 선교사이다.

현장 중심의 선교훈련원

선교의 목적은 현장을 섬기는 것이다. 선교를 이끄는 사람도 축복을 받아야 하지만 현장의 사람들이 복음을 듣고, 회개하고, 양육되어 하나님의 백성으로 거듭나게 되는 것이 선교의 진짜 목적이다. 사도행전에서 복음을 들은 에디오피아 내시는 기쁘게 길을 갔다(행 8:39). 또한, 복음을 들은 사마리아 성에는 큰 기쁨이 있었다(행 8:8). 복음은 글자 그대로 기쁨이다. 그렇다면 현장을 품은 선교는 어떻게 만들어 나가야 할 것인가? 우리 선교가 나 중심 또는 우리 교회 중심으로만 시행되면 결국 자신들에게 집중된 사역이 되고 만다. 선교가 선교를 베푸는 자의 일이라고만 생각한다면 복음은 선교지에서 '큰 기쁨'이 될 수 없을 것이다. 현장이 살아나는 선교를 하려면 먼저 선교사가 현장화되어야 한다. 현장화된 선교사가 되기 위해서는 선교 훈련이 필수적이다. 군인은 훈련소에서 먼저 훈련을 받은 후라야 적절한 곳에 배치되어 주어진 기간을 복무하게 된다. 같은 맥락에서 영적 전쟁터에 투입된 선교사가 훈련을 받지 않고 선교지에 배치된다는 것은 너무나 무모한 짓이다. 선교사가 선교 훈련을 두려워해서는 안 된다.

나의 경우에는 하나님께서 일찍 선택하셔서 선교사로 부르셨다. 내 삶의 과거를 돌아보면 삶 전체가 하나님의 계획안에서 하나님의 훈련이었음을 깨닫는다. 공식적 선교 훈련은 통상 선교학(선교지식)과 전략에 관한 기본 상식, 현장 적응 능력, 선교사의 자세, 현장 경험, 그리고 타인과 같이 사는 공동체 훈련 등이라고 말할 수 있다. 나의 훈련자이셨던 조동진 목사는 늘 선교 현장을 강조하였다. "현지인들을 섬겨라.", "현지인들처럼 되라.", "현지인 지도체제에 순복하라.", "현지인들을 세워라." 등 그의 선교 철학은 늘 현지인 중심이었다. 그래서 나의 선교 방향도 늘 현지인이 살아나는 선교를 꿈꾸었고, 그렇게 시행해 왔다. 나의 꿈과 경험을 바탕으로 나는 향후 선교사들의 훈련은 현지에서 이루어져야 한다고 말을 해 왔다. 선교의 기본 지식은 어디에서나 습득할 수 있지만, 선교는 실천신학 분야이기 때문에 무엇보다 실전이 중요하다. 그래서 훈련 대부분의 시간을 선교 현장에서 보내야 한다고 생각한다. 이러한 목표를 놓고 본격적으로 선교훈련원에서 훈련을 받으려면 자신이 사는 지역을 떠나 타 지역, 타 국가 아니면 타 문화권에서 받는 것이 가장 바람직하다고 생각한다. 타국에서 훈련을 받으면 우선 그곳에서 적응 능력을 배우게 된다. 비록 훈련받는 곳이 자신이 가야 할 나라는 아니더라도 타국에서의 삶 자체가 훈련이 되어 또 다른 타국 생활에 크게 도움이 될 것이다. 하나님은 이스라엘 백성들을 종 되었던 애굽에서 데리고 나오셔서 광야에서 호된 훈련을 시키셨다. 물론, 애굽에서의 삶도 훈련이었겠지만 그것은 인간의 종으로서의 삶이었다. 선택된 백성에게는 하나님과의 관계성을 회복하는 것과 인간이 아닌 하나님의 종이 되는 훈련이 제일 중요하다. 하나님만 의지해야 살아남을 수 있는 훈련은 광야보다 더 좋은 곳이 없다고 봐야 할 것이다. 하나님만 바라보며, 하나님께 예배하며, 하나님의 백성으로서의 정체성을 회복하게 하시려고 40년을 광야에서 살게 하셨는데 그곳은 가나안이 아닌 시내 광야라는 다른 나라 땅이었다.

누가 훈련을 시키느냐 하는 것도 대단히 중요한 과제이다. 선교 훈련 교육자는 첫째로 자신이 선교 훈련을 받아 본 사람이어야 하고, 둘째로 성공적 선교 경험을 가진 자이며, 셋째로 가능하다면 선교학을 전공한 사람이라면 더욱 좋다. 나는 싱가포르에 도착하자마자 선교 훈련에 큰 관심을 가지고 있었다. 처음부터 싱가포르인들을 위한 훈련원에서 원장 직을 맡기도 했지만, PWM 선교회가 조직되면서 우선 한국 선교사들을 위한 훈련이 급선무라고 생각하였다. 한국 선교사들은 단일 민족, 단일 언어, 그리고 단일 문화에서 자라왔다는 취약점을 가지고 있다. 이러한 취약점은 선교사가 되기에는 적절치 않은 배경이고 환경이다. 때문에, 한국인이 타국에서 훈련을 받는 것은 대단히 중요하다고 생각했다. 1992년, PWM 선교회는 일정 기간 한국 브니엘 기도원에서 기도로 무장하기로 하였고, 하계 2주간 단기간의 선교 훈련으로 Summer TIM이라

는 이름의 선교 훈련을 개발했다. 싱가포르를 베이스로 싱가포르 YMCA 호텔 시설을 이용하여 한국에서 20여 명의 선교사 훈련생들을 모집하여 단기 훈련을 시켰다.

훈련을 담당했던 사람들은 나를 비롯하여 미국인 선교사 데이빗 브로험 목사, 박진구 목사 등 선교 경험을 가진 사람들로 이루어졌다. 그 후 GP 선교회가 구성되면서 GPTC(Global Partners Training Center)란 이름으로 2000년도에 말레이시아에 개설이 되어 이은무, 김병선, 박종승 선교사가 원장으로 섬기며 지금까지 이어오고 있다. 말레이시아는 다양한 종족이 살고 있고, 다양한 종교가 하모니를 이루고 있을 뿐만 아니라 영어와 함께 종족 언어들(말레이, 중국어, 타밀어 등)이 사용되고 있어 선교사들이 배워야 하는 다양한 문화적 접촉이 가능한 곳이다. 한국인을 위한 선교훈련원으로 이곳보다 더 좋은 곳은 없다고 생각을 했는데 GPTC는 지금까지 이 현장을 지켜오고 있다.

나는 평생 교육선교에 올인하여 사역을 해 왔는데 나의 교육적 선교의 방향은 하나님이 만들어 놓은 계획 속에서 이루어졌다고 믿는다. 정글 속에 가서도 나의 교육선교에 대한 기조는 변함이 없었다. 교회설립 사역을 위해 지역의 일꾼들을 훈련하는 일부터 시작을 했고, 도시에서 가까운 안중안 신학교를 공동 설립하는 일, 싱가포르에서 선교사 훈련 사역을 시작한 일, 바탐 신학교와 말레이시아 신학교를 설립하는 일, 싱가포르에서 각국에서 온 선교 지도자들을 훈련하는 일, 그리고 지금도 미국에서 미드웨스트 대학교, GCU 대학교와 군소 신학교에서 강의를 하는 등 나의 사역은 교육과 관련된 것으로 이루어졌다. 이러한 일련의 사역들을 종합해 볼 때 교육 사역으로 계속 인도하시는 하나님의 뜻은 '제자를 만드는 일'에 집중하라는 것임을 깨닫는다.

아시아의 선교 잠재력(AMA 조직)

이제 본격적인 네트워크 이야기를 할 때가 되었다. 네트워크란 같이 손을 잡는 것을 말하며, 혼자 할 수 없는 일도 같이하면 할 수 있다는 동역 정신을 말하는 것이다. 그것이 곧 하나님 나라의 정신이고, 그리스도인이 이러한 마음을 가진 것이 진정한 하나님 나라의 시민 정신을 가진 사람이라고 말할 수 있을 것이다. 선교는 힘든 사역이고, 열매를 쉽게 딸 수 없는 사역이며, 문화, 언어뿐만 아니라 국경선이 높이 쳐있는 큰 장벽들을 뛰어넘지 않으면 결실을 기대할 수 없는 사역이기 때문에 많은 이들의 협력이 필요한 것이다.

아시아의 인구는 약 48억 명 정도 되는데, 세계인구 약 82억 중 약 60퍼센트에 달하는 숫자이다. 아시아는 인구가 가장 많기도 하지만 불교, 기독교, 유교, 힌두교, 이슬람교 등 수많은 종교의 탄생지이기도 하다. 이 중에 기독인의 인구는 약 7.5퍼센트로 계속 증가하는 추세이다. 하지만 아직도 92퍼센트가 넘게 불신자라고 한다면 아시아는 당연히 가장 큰 선교지이다. 아시아에서 일어나는 선교 운동, 그것은 이제 선교지에서 선교국으로 변하고 있다고 말할 수 있으며 이는 아시아 크리스천들에게는 큰 축복이 아닐 수 없다. 다양한 종교 배경을 가지고 외국인 속으로 들어가서 복음을 전하는 것은 많은 희생과 준비가 필요하겠지만 자국인들이 선교의 비전을 가지고 자국 내지는 유사 문화 속으로 들어간다면 효율적인 면에서 상당히 고무적 현상으로 보아야 할 것이다. 더욱이 서로 간에 격려와 협력이 병행된다면 그 효과는 훨씬 클 것으로 예상이 된다.

  아시아 선교 운동의 협력적 모체가 되었던 것은 AMA라고 볼 수 있는데, AMA의 역할을 무시할 수 없을 것이다. '아시아선교협의회'라고 불리는 이 선교 협의체는 1975년 한국에서 조동진 목사에 의해서 설립이 되었다. 선교는 혼자가 아니라 같이 해야 한다는 생각을 가지고 우선 가장 인구가 많은 아시아의 선교 지도자들을 모아 선교의 협력을 모색했다. 선교는 한 국가의 일이 아니기에 상호로 주고받는 협력 관계가 될 때 참된 하나님의 나라 발전에 기여할 수 있다. 이러한 협력의 목적은 목표 달성을 위한 기술 지원, 자원 나눔을 통해서 진행된다. 아시아 복음화는 아시아인들의 책임을 강조하는 모임이었다. 서구 선교 지도자 중에 시대적 변화를 인식한 분들이 이 일에 협력하였다. 그중에는 도날드 맥사브란을 비롯하여 랄프 윈터, 피터 웨그너, 찰스 크라프트, 등 당시 풀러 신학교의 선교학 교수들, 제임스 엥겔과 윌버트 놀튼 등 윗튼 대학 교수 등이 포함되었다. 당대 선교학을 개척한 교수들이 아시아의 선교 운동의 시대가 올 것을 예측하며 아시아 선교대회인 AMA 대회에 적극 참석을 하게 된 것이다. 독일 튀빙겐 대학의 피터 바이어 하우스는 내가 사무총장으로 재임 시, 10여 년 동안 단골 강연자로 초청되어 아시아 선교의 중요성을 강조해 주었다. 이들 중 랄프 윈터 박사나 바이어 하우스 박사는 로잔 74로 불리는 세계 복음화 국제대회(International Congress on World Evagelization)의 로잔 언약서(Lausanne Covenant)의 서명자들이었다. 이렇게 아시아선교협의회는 많은 아시아 선교지도자들의 공감대와 서부 선교학자들의 지원 속에서 탄생하게 되었다.

아시아 선교협의회 조직 준비 모임은 1973년 서울 아카데미 하우스에서 처음으로 아시아의 여러 국가 지도자들이 모여서 논의하는 것으로 시작됐다. 이 모임은 한결같이 선교는 같이 해야 하는 것이고, 아시아 국가의 복음화는 아시아인들의 책임이라는 것에 동의했다. 사실, 교회는 자신들의 교회나 교단 위주의 개교회 중심이었으므로 선교에 접목하기는 쉽지 않다. 협력하기 위해서는 제일 먼저 개교회주의를 타파해야 하고 협력 정신을 가지는 일이 우선이어야 한다. 선교가 하나님의 나라 비지니스라고 한다면, 그 나라를 위한 사역이 되어야 한다. 장애물로 존재하는 문화, 언어 또는 민족주의를 벗어나야 한다. 그러한 의미에서 나는 선교의 협력을 강조한 조동진 목사가 시대에 앞서가는 분이라고 생각한다. 그러나 문제는 지금 이러한 중요한 협력 정신이 사라지고 있다는 것이다. 당시 조동진 목사가 AMA을 통해서 협력 정신을 주장했을 때, 한국교회는 특별한 반응이 없었다. 때문에 조동진 목사는 한국교회의 관심을 끌어내는 데 실패했다고 보는 것이 맞다. 옛날이나 지금이나 한국교회의 특성은 연합보다 개교회주의에 더욱 익숙하기 때문이라고 생각을 한다. 한국인들 사이에 협력이 없다면 아시아인들의 협력 사역은 더욱 기대하기 어려울 것이다.

AMA 아시아선교협의회는 각국의 유명 인사들로 회장단이 꾸려졌고, 실무를 책임지는 사무총장직에는 조동진 목사(한국), 오꾸야마 목사(일본), 제곱 나후웨이 목사(인도네시아), 이은무 선교사(미국), 그리고 박기호 선교사와 엄경섭 선교사(미국)가 맡았다. 현재는 한국의 강대흥 선교사가 맡고 있는데, 옛날 조동진 목사의 시대에 비교한다면 대단히 위축된 분위기이다. AMA가 3년에 한 번씩 아시아인들의 선교대회를 개최하는 것으로 그 역할을 다했다고 생각을 하는 것은 잘못이다. 더 중요한 것은 협력의 범위를 넓혀서 구체적으로 같이 할 수 있는 일들을 개발하는 것이 필요하다. 협력 사역을 하면서 제일 어려웠던 일은 역시 재정을 마련하는 일이다. 연합 운동에는 그 어느 나라도 희생하려는 마음이 없어 후진국의 경비를 늘 한국이나 일본, 그리고 인도네시아 교회에 의존하려는 경향이 있다. 이러한 연합 운동에 많은 아시아 국가가 지나치게 인색한데, 향후 한국교회 지원 없이 계속 지속할 수 있는지 의문시되고 있다.

공산국가에서 열린 AMA 선교대회

나는 조동진 목사의 권유로 AMA 창립 이후 거의 모든 대회에 참석하며 지근거리에서 그분을 돕는 사역을 하면서 많은 것을 배우게 되었다. 서울을 비롯하여 도쿄, 싱가포르, 패서디나, 자카르타 등 아시아 국가에서 열렸던 아시아인의 선교대회가 2003년에는 모스크바에서 열리게 되었다. 당시 공산주의에서 자본주의로 전환된 지 얼마 되지 않은 때였다. 나는 2000년도 자카르타 대회에서 사무총장으로 임명된 후 많은 고민을 하고 있었다. '내가 국제 대회를 이끌 수 있는 자격이 있는가?' 하는 것과 '당장 바이올라 대학에서 Ph.D.를 끝내야 하는데 이 대회를 준비할 새가 있을까?' 하는 의문이었다. 언어가 다른 곳인 러시아에서 가난한 참석자들을 위한 호텔, 컨벤션 장소를 빌리는 문제, 교통비 등이 준비되어야 하고, 참석자를 모집하며, 강사를 선정하며, 그리고 강사들에게 주제에 부합되는 내용을 디자인하는 일은 만만치 않은 것들이었다. 준비하는 2년에 가까운 시간 동안 하루하루가 긴장의 연속이었다. 그러나 내게 맡겨진 일을 반드시 해내고 말겠다는 결단을 하면서 계속 준비에 매진하였다.

2003년의 모스크바는 아직도 공산주의 냄새가 곳곳에 풍기고 있었다. 당시, 조동진 목사는 김바울 선교사가 개척해 놓은 군 간부들의 성경교육원에서 2년간 강의를 하고 있을 때였다. 조 목사는 선교를 늘 외치면서 선교의 경험을 하지 못하고 있다는 것을 부담으로 생각하였는지 모스크바에서 강의를 하게 된 것이 선교 경험을 쌓는 위한 좋은 기회였다고 말했다. 군 장성들에게 말씀으로 교육하면서 선교를 먼저 깨들은 아시아인들이 선교 비전으로 도전할 필요가 있다고 생각을 한 것이다. 마침, 한국 선교의 모스크바 진출이 수월했고, 당시는 선교의 붐이 일어나고 있는 시기였기에 가능성은 얼마든지 있다고 보았다. 그러나 공산주의적 생각을 가진 사람들을 모집해서 그들을 위한 대회를 개최한다는 것은 모험이고 도전이 아닐 수 없었다. 당시 가난은 극에 달하고 있을 때였고 언어도 통하지 않는 곳이다. 모든 경비를 대 주어야 참석 할 수 있는 상황이었기에 더욱 긴장되었다.

우선 AMA 대회 준비를 위해 회장인 인도네시아 목회자 제곱 나후웨이 목사와 함께 5일간 김바울 선교사를 만나 심도 있는 회의를 진행하였다. 장소, 참가자 초청, 강사 문제, 재정 모금 문제 등 갖가지 주제를 놓고 이야기를 했지만 하나도 쉬운 일은 없다는 것을 확인했다. 우리는 기도하면서 일을 추진하기로 했다. 러시아의 국내 초청 대상자을 찾고 저들에게 기차, 버스비 등 교통비를 제공해야 그들이 참석한다는 것, 그리고 CIS 국가들(15개국의 구소련국가들)의 지도자들은 2명씩 항공권을 제공하기로 한 결정, 그리고 콘서트홀을 빌리기 위한 담당자와 만남, 호텔을 예약하는 일, 그리고 식당의 메뉴를 선택하는 일, 통역을 누가 담당할 것인지 등 대회 개최를 위해 여러 논의는 끝이 없었다. 그나마 다행스러운 일은 당시 러시아 사람들의 순진한 모습 속에서 이 모임에 대한 큰 기대와 관심을 불러일으킬 수 있겠다는 생각이 들었다. 러시아 기독교 연합회 임원 모임에서 이 대회의 목적을 설명할 수 있었고, 저들의 동의를 받게 되었다. 저들이 추천하는 참가자들의 명단을 얻을 수 있었던 것은 김바울 목사가 러시아 교계와 쌓아 놓은 친분 관계 덕분이었다.

대회 개최는 늘 재정 문제가 걸림돌이다. 당시, 대충 계산을 해 보니 미화 약 35만 불이 필요한 상황이었다. 나는 사무총장으로서 재정까지 책임을 져야 하는 상황이라 밤잠을 설칠 정도였다. 기껏 재정 모금을 위해 노력해 본 결과 5만 불이 전부였다. 개인이나 교회들은 선교지에서 교회를 세우는 일에는 잘 협력하지만 이러한 국제모임이나 컨퍼런스에는 지원을 하지 않는다. 그런데 하나님은 AMA 회장인 제곱 나후웨이 목사를 감동케 하셨다. 자신이 섬기는 교회에서 30만 불을 후원하겠다는 기적의 결단을 하게 되었다. 당시, 제곱 나후웨이 목사가 섬기는 마와르 샤론 교회는 한참 건축에 온 힘을 다 쓰고 있었던지라 단돈 1불도 아껴야 하는 상황이었다. 이 거대한 금액을 헌금할 수 있었던 것은 그의 사명과 책임, 그리고 나에 대한 신뢰를 볼 수 있는 것이라 생각하고 하나님이 하시는 일에 대한 큰 기쁨을 느끼지 않을 수 없었다.

아시아권에서 약 125명, 러시아에서 150여 명 그리고 CIS 국가들에서 20여 명 등 도합 300여 명이 모인 대잔치인 '컨벤션'이라고 불리는 AMA 모스크바 대회가 열렸다. 러시아 정교회에서 흔히 볼 수 없는 개신교 지도자들의 모임 자체로 의미를 부여할 수 있을 뿐만 아니라 공산국가의 제도 속에 갇혀 살았던 저들에게 영적 자유를 제공한 것 같은 분위기였다. 손을 잡고 같이 기도하는 모습, 자유롭게 저들의 생각을 피력하는 모습, 그리고 저들의 전통적인 춤과 노래로 마음껏 자신들을 표현하는 모습 속에서 일상에서 보지 못했던 자유로움을 발견할 수 있었다. 매일 흥분된 시간의 연속이었지만 프로그램의 총 책임을 맡은 나로서는 순간순간이 긴장의 연속이었다. 한 프로그램이 끝나면 다른 프로그램을 준비해야 하는데 계획된 대로 강사가 도착할 지, 중간중간 이어지는 러시아의 무용단이 도착할 지, PPT 준비나 동영상 준비가 고장 없이 진행되고 있는지 등 도움을 줄 수 있는 손이 부족한 상황이라 일일이 점검을 해야 했다. 언어도

통하지 않는 데다 공산국가에서 독창력이 없는 저들에게 일일이 지시하지 않으면 움직이지 않은 상황은 답답하기 그지없었다. 그래서 이러한 어려움과 답답함 속에서 일을 진행하게 하신 하나님의 능력을 경험할 수 있었다. 재정으로 지원했던 인도네시아 교회, 현장 지도자들을 만나고 초청을 할 수 있게 했던 김바울 목사의 현장 준비, 그리고 기술 지원을 위해 협력했던 LA의 SON 선교회 청년들이 없었더라면 이 일은 불가능했을 것이다. 당시 이 일로 인하여 내 몸에 병을 얻게 되었지만 내 생애에 가장 어려웠던, 그리고 하나님의 능력을 경험했던 순간들로 기억될 것 같다. 네트워크는 어려운 일이지만 누군가는 희생을 치루어야 하는 일이기에 아무나 할 수 있는 일은 아닌 것 같다.

모슬렘 심장에서 열린 AMA 선교대회

2006년 나의 두 번째 AMA 선교대회를 준비한 곳은 이슬람 국가 중 장자 역할을 하는 소아시아 터키(지금의 튀르키예)의 에베소 도시였다. 오스만 제국은 소아시아뿐만 아니라 예루살렘을 지배하면서 모슬렘 국가 중에서 가장 강력한 세력을 확장한 국가로서 모슬렘 역사를 지배하고 있었던 영향력이 있는 국가이다. 비록 유럽과 아시아를 잇는 위치에 있어 유럽의 영향을 많이 받아 자유스러운 모습을 보이고 있지만 그들의 모슬렘 정체성은 절대 흔들리지 않는다. 소아시아는 사도들과 바울이 가장 정성을 들인 선교지였기에 지금도 선교의 행전을 연구하려면 터키를 가야 한다. 선교의 본질을 찾기 위해서는 바울의 선교기지에서 열리는 선교대회는 그 자체로 큰 의미를 가지고 있다고 볼 수 있다. 나는 김

성일 선교사의 가족을 터키로 파송하기 위한 준비를 위해 가 본 적이 있었고, 그 후에 지역 회의를 위해 가 본 경험이 있어 익숙하다. 그러나 단순 방문이 아닌 선교대회를 준비하라는 명령을 받고 또 당황할 수밖에 없었다. 그 이유는 이슬람 국가라는 이유도 있지만, 모스크바 대회를 준비하느라 많은 고생을 했기에 모든 준비 과정이 또 쉽지 않겠구나 하는 생각이 들었기 때문이다. 그렇지만 조용성 선교사의 큰 도움으로 현장 준비를 완벽하게 할 수 있었다. 무엇보다 참석자들, 모금, 그리고 주제를 가지고 발표하게 만드는 것이 여간 힘든 일이 아니었다.

'에베소'는 그리스도인이라면 익히 알고 있는 이름일 것이다. 바울이 그의 첫 선교지로 소아시아를 정하게 된 이유는 당시 가장 번창한 무역도시인 에베소를 중심으로 소아시아의 복음화를 꿈꾸었기 때문이다. 바울에게 있어 가장 중요한 선교기지였기에 바울의 선교 발자취를 배우려면 에베소를 빼놓을 수가 없다. 에베소는 요한계시록의 일곱 교회 중 첫 번째 언급된 도시, 요한이 예수님의 어머니 마리아를 끝까지 모신 곳, 요한 무덤이 있는 곳이다. 아직도 요한 기념교회 안에는 요한의 무덤이 남아 있다. 이곳에서 선교대회가 열린다는 것은 역사적으로도 큰 의미가 있다. 이 역사적 이벤트는 '선교는 사도들의 방법으로'(Mission, The Apostolic Way)라는 제목으로 2006년에 개최되었다. 이 대회 준비를 책임 맡은 나는 이슬람 국가에서 열린 선교대회이기에 각별히 조심해야 한다는 생각과 컨퍼런스와 함께 성지순례(Study Tour)를 같이 기획하는 일을 맡았기에 현장의 도움을 받지 않고는 사실상 진행이 불가능했다. 사도들의 순교를 염두에 둔 헌신, 사도들의 비전, 그리고 사도들의 전략, 특별히 두란노 서원이 있는 도시이기에 교육을 통한 바울의 선교 전략은 절대 놓칠 수 없는 것이었다. 지역 복음화를 위한 교육의 현장, 배워야 할 전략들을 발견할 수 있었기에 정말 의미 있는 컨퍼런스였다.

강사로는 지금은 모두 타계하신 분들이지만 조동진 목사를 비롯하여 랄프 윈터, 피터 바이어 하우즈, 이원상 목사 등 선교 계의 거장들을 모셨고 아시아 선교의 실무자들(Practitioner) 다수가 참석하여 선교의 이론과 함께 선교의 실천을 배우는 귀중한 시간이었다. 3일 동안 진행된 대회에서 좋은 강연과 대화의 시간을 가졌고 이후 3일은 에베소뿐만 아니라 요한계시록의 일곱 교회와 초대 교회 성도들의 믿음을 지키기 위해 고난을 받은 현장인 갑바도기아를 돌아볼 기회를 가졌다. 히브리서 '믿음 장'인 11장에 '산과 동굴과 토굴(히 11:38)'을 돌아보며 우리가 복음을 듣게 되기까지 이러한 믿음의 용사들의 희생이 있었다는 것을 깨닫게 해 주는 현장을 확인했다. 한편, 우리가 지금까지 해 온 선교가 사도들의 모습과 얼마나 다른가를 생각해 보며 본질로 돌아가야 한다는 것을 깨닫고 우리의 희생을 담보하는 선교를 해야한다는 도전을 받게 되었다.

기억에 남는 에피소드 하나를 말하자면, 마지막 날에는 요한이 잡혀 있으면서 요한계시록을 기록한 밧모섬을 돌아보는 일정이 있었다. 그리스령인 밧모섬에 가려면 배로 약 3시간 이상을 가야 했다. 비자 없이도 갈 수 있는 미국 시민권자나 한국 시민권자들에게는 다행이었지만 인도네시아를 비롯해서 아시아의 국가에서 온 여러 나라의 참가자들이 비자를 조기에 받지 못해 가지 못하는 아쉬움도 있었다. 선진국가에 산다는 것이 큰 혜택이었다는 것을 생각하면서 바울이 로마 시민권자로서 특혜를 누렸던 것을 생각하게 된다. 밧모섬 여행은 장시간의 배 여행이지만 가면서 많은 대화의 꽃을 피웠고, 도착해서 요한이 머물었던 동굴을 살펴보았을 때는 2,000년 전으로 시간 여행을 떠났던 신비의 경험이었다. "이제도 계시고 전에도 계셨고 장차 오실 이(계 1:4)"라고 예수님을 증거하는 요한의 모습을 상상하면서 다시 오실 주님의 마지막 때의 선교를 어떻게 효과적으로, 헌신적으로 전할 것인가를 고민하는 시간이었다.

러시아에서도 김바울 선교사의 현장 준비가 완벽했듯이 에베소에서도 오랫동안 선임 선교사로 사역하고 있었던 조용성 선교사의 역할이 두드러졌다. 호텔을 정하는 일, 메뉴를 선택하는 일, 선교대회의 주제에 맞는 스터디 투어를 준비하는 것이 적지 않게 힘든 일이다. 현지 여행사의 도움을 받은 것이지만 우리가 목적하는 바울의 행적을 따른 길을 짧은 시간 안에 대부분 포함시켜야 한다는 것이 결코 쉬운 일은 아니다. 이렇게 성공적인 컨퍼런스를 치를 수 있었던 것은 우리의 협력 정신이었다. 협력은 중요하지만 쉬운 일은 아니다. 그리고 늘 염려가 앞서는 경비 문제는 결국 하나님의 특별한 공급하심을 경험하는 시간이 되었다. 목적이 분명한 컨퍼런스는 하나님의 공급하심이 충분하다는 것을 경험하게 되니 이 또한 하나님과의 동역의 경험이 아닐 수 없었다. 이번

대회는 특별히 와싱톤중앙장로교회(당시 담임 고(故) 이원상 목사)의 도움으로 많은 분이 참여할 수 있었고 경제적으로도 도움을 받았다.

우리는 이곳에서 컨퍼런스를 개최하면서 마치 호랑이 굴에 들어가 호랑이를 어떻게 잡을 것인가를 이야기하는 기분을 느꼈다. '선교'(Mission)라는 단어가 들어간 배너를 만들어 가져갔으나 그것을 붙일지 말지, 붙인다면 호텔 안에만 붙이는 게 어떨지 등의 많은 고민을 했는데 결국은 안과 밖에 모두 붙여 컨퍼런스를 알렸다. 아무도 우리가 하는 일에 문제 삼지 않은 것을 보면서 종교보다 돈이로구나 하는 생각, 아니면 우리 선교는 지나치게 현장의 종교를 의식하면서 두려워하는 것이 아닌가 하는 생각을 하면서 선교는 조심은 해야 하지만 늘 지혜가 필요하다는 것을 깨달았다. 또 중요한 것은 주님의 말씀을 전하는 우리가 지나치게 두려워하고 있다는 것이다. 이 두려움으로 인하여 예수님의 이름과 그의 사랑이 표현될 수 있는 길이 없어진다면 어떻게 주님을 전하고 주님의 사랑을 표현할 수 있을까 하는 생각을 하면서 초대 교회 성도들의 죽음을 무릅쓴 담대함을 배우게 되었다.

에베소 대회에서 얻은 교훈은 선교의 본질은 하나님의 마음을 헤아리는 일이라는 것이다. 바울 당시 복음의 불모지에서의 씨를 뿌리는 일은 하나님과 동역이라는 마음을 가져야만 가능했을 것이다. 수많은 적이 사방을 둘러싸고 있는 상황에서 살아 남아야 하고, 복음의 결실이 있어야 하고, 필요가 충족되어야 했으니 한시도 주님을 향한 도움을 벗어날 수가 없는 것이다. 두 번째로 얻은 교훈은 선교는 훈련이라는 것이다. 두란노 서원이 있었던 곳에서 작은 수인 12명을 놓고 2년 동안 훈련 시킨 결과 에베소뿐만 아니라 전 아시아에 복음의 씨가 뿌려졌다고 말한다. 세 번째 얻은 교훈은
선교는 전략이라는 것이다. 에베소는 당시 무역이 발달한 큰 도시였다. 이곳에 자리를 잡아 전 아시아 복음을 꿈꿨다는 것은 경제적 영향력을 가지고 복음을 전하고자 하는 바울이 생각이 깃들어 있는 것이다. 넷째로 선교는 희생이 따른다는 교훈을 얻었다. 나에게 제일 감동이 된 곳은 역시 갑바도기아의 지하 도시였다. 핍박받던 성도들이 만들어 낸 '지하의 도시'는 지하 10여 층 밑에 세워졌는데 그곳에는 교회, 학교 교실, 삶의 공간, 세례탕까지 갖추어져 있는 글자 그대로의 지하 도시였다. 그곳에서 신앙을 지킨 사람들의 흔적이 그대로 생생하게 남아 있는 고난의 현장은 지금도 계속 개발 중이라고 한다.

인도네시아의 AMA 선교대회

모슬렘 인구 2억 400만(전체 인구의 87퍼센트)을 가진 나라 인도네시아는 세계에서 모슬렘 인구를 가장 많이 보유한 국가이다. 이 거대한 모슬렘 국가에 선교 운동이 일어나고 있다는 것이 믿을 수 있는 정보인가? 인도네시아의 기독교는 만만치 않다. 수치만 보면 10퍼센트 밖에 되지 않는 열세이지만 그 세력은 무시 못 할 정도의 사회적 위치를 점하고 있다. 저들의 신앙적 열정, 영적 부흥과 함께 숫자적인 증가, 각 교단의 조직력, 신학교의 증가, 그리고 선교적 열정을 보면 어느 국가와도 비교되지 않는 놀라운 잠재력을 가지고 있는 나라가 바로 인도네시아이다. 지금 큰 도시들에 우뚝 서 있는 대형 교회들의 모습은 마치 한국과 닮은 꼴이다. 이슬람의 종교에 절대 위축되지 않는 이유는 국가 정책의 배려도 있지만 많은 기독교인의 경제적 수준이나 교육적 수준이 정부나 사회도 무시할 수 없는 수준이기 때문이다. 경제를 좌지우지하는 중국인들이 교회에서 중심 역할을 하고 있다. 인도네시아의 중국인은 전체 인구의 3퍼센트 밖에는 안 되지만 경제 소유권은 80퍼센트 이상인 것으로 알려져 있다. 중국인 인구 다수가 교회를 찾는다는 것은 그만큼 교회의 경제력을 가늠할 수 있게 된다. 때로는 이슬람 폭동이 일어나면 기독교인과 함께 중국인들이 표적이 되곤 하는데 그 이유는 중국인들의 부에 대한 시기심도 있지만 중국인과 기독교인들을 같은 부류의 사람들로 보기 때문이다. 중국인들의 교회에서의 경제력은 인도네시아 사회의 선망의 대상이 되고 있다. 교회 건물을 높이 짓는 추세인데, 이러한 현상은 교회가 사회에서 중심적 역할을 하고 있다는 상징으로 볼 수 있을 것이다.

AMA 컨벤션을 모스크바와 에베소에서 개최하면서 큰 역할을 했던 당시 마와르 샤론 교회의 담임이었던 나의 가장 가까운 동역자인 제곱 나후와이 목사의 부인은 중국인이다. 이러한 이유 때문인지 그가 섬기는 교회는 유독 중국인들이 많아 경제적으로 풍부한 교회였다. 2010년 AMA 대회가 그 교회에서 개최될 당시, 성전의 헌당식과 같이 거행하게 되었는데 이 교회는 약 1만 석의 자리를 3층으로 지은 큰 규모였다. 미국의 유명 오순절 계통의 강사들이 초청되어 헌당식 겸 부흥 집  회, 그리고 AMA 선교대회가 동시에 개최되었다. 전국에서 약 1,400여 명이 참가한 이 대회는 세 가지 행사가 겹치는 바람에 선교대회로서의 포커스가 희석된 감은 있었지만, AMA 주최측에서 여러 강사들의 강의와 워크샵을 통해 충분한 선교적 도전과 교육의 목적을 이루었다고 자부하고 있다. 마와르 샤론 교회는 전형적인 오순절 계통이지만 제곱 나후와이 목사가 개척하여 AMA 회장을 거치면서 선교적 안목을 가진 교회로 성장하게 되었고, 하나님의 은혜로 수적으로 성장하면서 많은 지교회를 세우고 후원하는 것으로 선교의 역할을 감당하고 있다. 당시, 단일 교회로서는 가장 큰 교회였으나 지금은 더 큰 교회들이 이곳저곳에 세워지고 있고, 이 대형 교회들이 대부분 오순절 계통이라는 것을 감안할 때 오순절은 인도네시아인들의 정서와 맞을 뿐만 아니라 저들의 영적인 갈급함과도 통하고 있다는 것을 말해 준다. 단지, 말씀에 대한 깊이가 부족하다는 생각을 하게 되지만 적어도 시대적으로 타 종교와 세속적인 도전에 대항해서 싸울 수 있는 저력은 저들에게 있다고 생각을 하고, 선교 사명에 투철하다는 것만으로도 하나님 나라의 사명을 감당하는 건강한 교회가 될 수 있다고 생각한다.

인도네시아 AMA대회의 특징은 여러 지방의 사람들이 참석을 했다는 것이다. 지방의 교회들이 선교대회에 대거 참석했다는 것은 선교가 부유한 국가들의 사역도 아니고, 대형 교회의 사역도 아니며, 배운 사람들의 사역도 아니라는 것을 말해 주었다. 선교는 누구나 참여해야 할 모든 성도의 책임과 의무이다. 아시아에는 수많은 가난한 국가가 존재하고 저들에게도 선교의 도전이 필요하기에 자카르타 대회의 주제를 '세계선교는 아시아교회의 몫이다'(Asian Churches in Global Mission)라고 정했다. 이 말의 의미는 선교란 모든 성도가 참여해야 할 사역이며 누구든 할 수 있는 사역이라는 것이다. 꼭 해외를 나가야 하는 것도 아니고 돈을 싸가서 뿌리는 일도 아니다.

인도네시아 AMA 대회를 마지막으로 나의 AMA 사무총장직은 끝나게 되었다. 10년 동안 나와 환상의 협력 관계를 유지해 왔던 제곱 나후와이 목사도 회장직을 사임하게 되어 AMA가 새로운 팀으로 지도력을 구성하게 되었다. 문제는 이러한 연합 모임은 하나님이 기뻐하실 일이지만 진행을 계속한다는 것은 보통 힘든 일이 아니라는 것이다. 선교는 한국인들의 협력도 중요하지만 외국인과도 잘 협력할 수 있어야 한다. 그래야 선교사를 보내기도 하고 받기도 하는 가장 바람직한 선교의 모델이 될 수 있다. 안타깝게도 이러한 환상적인 조직은 쉽게 찾아보기 힘들다. 회장이었던 제곱 나후와이 목사는 세상을 떠났지만, 그와 나와의 환상적인 동역은 영원히 잊지 않을 것이다. 대회가 있을 때마다 그는 최선을 다하여 헌신하였고 그가 모금한 재정은 사무총장이었던 나에게 전적으로 맡겨져 회의를 진행할 수 있도록 신뢰 관계를 바탕으로 이루어졌다. 이는 동역자 이상의 관계였다. 그는 나의 위대한 친구였는데 이 친구를 잃은 슬픔은 오랫동안 남아 있을 것 같다.

'4/14 윈도우'에 대한 개념

또 다른 네트워크의 경험은 어린이 선교를 위한 네트워크였다. 이 시대에 어린이들을 잃고 있는 교회들을 생각한다면 이 사역이야말로 시대적으로 대단히 중요한 사역이라고 생각한다. 옛날부터 어린이 선교를 한다고 하면 수준 낮은 사역으로 인식을 하고 있었고 별로 관심이 없는 분야로 생각하는 경우가 많았다. 교회들도 어린이 교육(주일학교)을 등한시하는 이유가 먼저는 아이들을 교회로 끌어들이기가 쉽지 않다는 생각을 하기 때문일 것이다. 그만큼 세상은 어린이들에게 매력 있는 것들이 많아 교회가 저들의 관심을 끌어가기 때문이고, 심지어는 교회 제직들도 그들의 자녀들을 교회에 이끌지 못하는 경우가 많다. 교회 성장에 어린이들의 숫자가 계산되지 않는다는 것은 주일학교 교육이 남의 일만 해 주는 것으로 생각되기 때문인데 이는 큰 잘못을 범하고 있는 것이다. 주일학교가 없다는 것은 교회의 미래가 없다는 것이며, 유럽이나 미국 교회들은 청소년들을 다 잃고 장년들 또는 노년들만 남는 교회가 되었다. 이러한 암울한 미래를 생각하면 느헤미야가 떠오른다. 조국 예루살렘이 폐허가 되었다는 소식을 듣고 "앉아서 울고 수일 동안 슬퍼하며 하늘의 하나님 앞에 금식하며 기도하여(느 1:4)"라고 했다. 느헤미야가 자기의 안정된 상황만 생각한다면 조국을 위해 슬퍼할 이유가 없다. 나라가 멸망하는 것을 걱정하는 것의 자신의 사명 때문이다. 우리 주변에 즐겁게 뛰어노는 아이들이나 청년들을 보면서 저들은 세상을 마음껏 즐기지만 교회를 나오기 싫어한다고 한다면 당연히 우리의 마음은 슬퍼야 할 것이다. 그것은 미래교회가 안 보이기 때문이다. 미래의 한국교회는 서구의 교회들처럼 폐허가 될 것이라는 생각에 마음 아파해야 하는 것이 미래를 걱정하는 사람들의 태도일 것이다.

어린이들의 문제를 고민하고 있었던 뉴욕의 프라미스교회 담임이었던 김남수 목사는 어린이는 또 다른 선교지라는 개념으로 저들의 복음화를 위한 대책이 있어야 한다고 외치기 시작했다. 그리고 세계적인 선교 전략가 루이스 부시(Luis Bush) 박사를 초청해서 그의 국제 네트워크를 이용하여 다음 세대에 대한 위기감에 공감하는 지도자들을 초청하여 문제 해결을 위한 모임을 뉴욕에서 갖게 되었다. 바로 2009년에 개최된 '4/14 윈도우 컨퍼런스'이다. 1995년에 만들어진 '10/40 윈도우'개념이 지리적 개념(북위 10도에서 40도 사이의 국가들이 세계에서 가장 비복음화 된 지역이라는 개념)이라고 한다면 '4/14 윈도우'는 4세에서 14세까지의 어린이 소년들과 소녀들이 복음의 수용성이 가장 높기에 이 연령대를 놓치지 말고 복음을 전해야 할 필요성을 강조하는 운동을 말한다.

미국 기독교인 인구 중 성년의 85퍼센트가 4세에서 14세의 사이에 예수 그리스도를 영접한 경험을 가지고 있다고 한다. 이러한 통계가 나오는 것을 보면 이 연령대는 등한시할 수 없는 중요한 세대이고 이때를 놓치면 저들은 성년이 되어 자기의 갈 길을 가게 될 것이다. 부모들은 자기 자녀들의 교육, 취미, 성장에 필요한 것만 챙겨줄 뿐 영적인 것에는 별로 관심이 없거나 교회만 나가면 된다는 생각을 가지고 있다. 그러나 신앙이라는 것이 성장 과정에 얼마나 중요하고, 저들의 인생에 튼튼한 기초(foundation)가 될지를 생각해야 한다. 훗날에 자녀들의 삶에 크고 작은 집을 짓게 될 텐데 바람이 불거나 창수가 나도 흔들리지 않는 집을 지어야 하고 그 집은 반드시 기초가 튼튼해야 한다.

4/14 윈도우는 2009년을 시작으로 매년 컨퍼런스를 개최했다. 첫해에는 70여 국가에서 700여 명이 참석했고, 다음 해에는 100여 개의 국가에서 1,000여 명에 달하는 각

국의 교계 지도자들과 어린이 사역 관련자들이 뉴욕에 모였다. 그다음에 한국, 싱가포르, 태국 등에서 개최를 했는데 가는 곳마다 많은 지도자가 모여 이 사역의 중요성을 나누게 되었다. 각국의 지도자들은 선진국이든 중진국이든 하나같이 다음 세대의 문제는 젊은 세대가 교회를 등지고 있다는 것이라고 분석했다. 그나마 다행이라고 생각하는 것은 아직 아프리카나 남미의 후진국 어린이들은 교회를 좋아하고 모여든다는 소식이었다.

그렇다면 어린이들을 교회로 모이게 할 방법은 무엇일까? 교회의 정책을 다음 세대 중심으로 바꾸면 된다. 어린이들을 교육하기 위한 인원을 증가시키고, 교회가 관련 재정을 확보하는 일이 우선시되어야 한다.

다음 세대는 곧 교회의 미래라는 생각을 한다면 그냥 지나칠 수 없는 일이다. 한편, 부모와 연계해서 이 문제를 풀어나가야 한다. 부모의 역할은 가정에서의 신앙 교육을 담당하는 것이다. 기독교 학교의 확장, 교사들의 교육 등을 시도해 보지만 아이들은 세상으로 뛰쳐나가고 컴퓨터 게임이나 SNS를 통한 세속 문화의 영향력을 더욱 받을 수밖에 없는 현실이다. 이러한 상황에서는 우리는 최선을 다하지만, 열매를 맺게 하시는 분은 하나님이라는 인식을 하면서 매일의 기도에 저들을 포함해야 한다. 세상을 즐기며 살아가는 다음 세대가 결국은 그곳에서 행복을 찾아볼 수 없다는 깨달음과 사랑의 결핍을 경험하게 될 것이기에 저들을 품고 저들에게 관심과 사랑을 주는 것 만이 해결책이 될 수 있을 것이다. 그렇기에 다음 세대와의 결핍된 관계성을 회복하고, 시간을 함께 보내야 하며 그들의 세상을 이해하는 일에 게을리해서는 안 되겠다는 생각을 가져야 한다. 4/14 윈도우는 이론이나 운동으로 끝날 일이 아니다. 우리에게 가장 가깝고 가장 사랑하는 자녀들, 교회의 어린 그룹들, 그리고 그들을 지도하는 선생님들을 위한 특별한 관심을 가져야 할 것이다. 기회를 놓치면 다시 오지 않는다.

나는 뉴욕에서 애틀랜타로 이주하면서 선교적 교회를 지향하는 애틀랜타연합교회의 고(故) 정인수 목사, 그리고 애틀랜타의 프라미스교회의 허연행 목사와 함께 남미의 많은 국가의 어린이 선교 지도자들을 애틀랜타에 초청하고 한국교회의 지도자들도 초청하여 약 300명 규모의 컨퍼런스를 개최하였다. 강사들은 스페인어를 한국어로 한국어를 스페인어로 통역하며 강의했다. 이 컨퍼런스는 어린이 선교에 대한 도전을 할 수 있는 좋은 기회를 만들었다. 국제 대회를 하면서 영어가 아닌 스페인어와 한국어를 사용한 것도 특별한 경험이었다. 대회를 개최하
면 느낀 것은 국제적으로 어떤 모습이든 주제를 가지고 같이 모일 수만 있다면 이 또한 주 안에서 문화를 초월한 하나됨을 경험하는 것이고, 서로 다른 신앙의 색깔이지만 상호 배움을 갖게 하는 좋은 기회가 된다는 것이었다. 선교를 통한 네트워크는 얼마든지 개발할 수 있는 미래 사역의 패턴이 아닌가 생각한다. 정인수 목사는 60세로 세상을 하직했지만, 그는 선교의 비전과 선교 중심적 교회의 모델을 제시한 귀한 분이었다. 라틴 아메리카의 다른 나라를 다니면서 어린이들 선교 대상으로 집회를 계속하자고 약속했지만 지키지 못하고 떠났다. 상호 존중하면서, 서로를 아끼며 만들어 낼 수 있는 좋은 네트워크는 하나님 나라 발전에 크게 이바지할 수 있다는 가능성을 보여준 집회들이었다. 이 집회를 위해 교파는 다르지만, 뉴욕의 프라미스교회(순복음)에서 참가자들의 음식을, 애틀랜타연합교회(장로교)에서는 장소와 참가자들의 호텔을, 그리고 애틀랜타 프라미스교회(순복음)는 모든 행정과 진행비를 책임졌다. 아름다운 동역의 현장을 만든 의미 있는 동역선교의 모델이다.

미주 선교 운동 KIMNET의 의미

미국 선교 운동의 시작은 한인선교협의회(이하 KWMC, Korean World Mission Council)이다. '88 대회'로 알려진 윗튼 대회로부터 시작되었다. 최일식 목사는 1988년, 자신의 섬기던 서부한인교회의 담임 목사직을 사임하고 미주의 한국 선교운동을 주도할 조직체가 필요하다는 생각으로 빌리 그레이엄 목사의 지원을 받아 KWMC를 설립했다. 그는 처음으로 자신의 모교인 윗튼대학 캠퍼스에서 미주 교회들을 중심으로 선교집회를 개최하였다. 놀랍게도 4,000여 명이 모이는 큰 성과를 거두었다. 창립자인 최일식 목사에 이어 고석희 목사, 그리고 지금은 조용중 선교사가 사무총장을 맡아 진행하고 있다. 이 대회를 통하여 미주 한인교회의 선교적 잠재력을 확인하고 북미주 4,000여 교회에서 선교의 사명을 고취하고 선교사들을 후원하고, 선교사들을 발굴하고 파송하는 일이 시작된 것이다. 이 대회는 4년에 한 번씩 대회를 열어서 선교의 불을 지피는 중요한 일을 감당했다. 그러다가 선교를 교회별로 구체적으로 훈련하고 도전해야 하는 필요성을 파악하게 되었다. 선교단체 간의 네트워크를 통해서 협력 선교를 주장하신 분이 역시 최일식 목사이다. 이 일을 효과적으로 수행하기 위하여 KIMNET란 단체가 2002년에 설립되었다. KIMNET은 Kingdom Inter-Mission Network의 약자로 협력 선교의 발판을 놓자는 취지를 담고 있다. 이 사역을 통하여 개교회 선교 세미나, 열방을 위한 기도성회, 국제 선교 지도자 대회 등의 작은 규모의 모임을 유도하고 선교의 불을 계속 지피는 데 힘써왔다. 그러나 KWMC와 역할 분담에 대한 분명한 기준이 없어 교회나 선교 지도자들에게 혼란을 주기도 했다. 미주의 선교운동은 큰 그림에서 KWMC가 있다면 구체적인 선교 후속 조치(Follow Up)로써 기능을 잘 수행해 온 단체가 KIMNET이라고 볼 수 있다. 상호 보완적 구조를 다시 만들어 낼 수 있다면 훌륭한 동역 선교의 모델이 될 수 있을 것으로 믿는다. 선교의 도전(Why Mission)은 KWMC가, 선교의 방법연구(How Mission)는 KIMNET이 맡는다면 좋은 동역이 될 수 있을 것이다.

나는 2008년부터 2010년까지 사무총장으로 임명을 받아 이 일을 수행해 왔는데 나에게는 이 사역이 적합하지 않다는 것을 깨닫게 되었다. 이 사역의 취지와 중요성은 누구든지 동의할 만하지만, 문제는 나의 선교지 경험이 한국 목회자들을 모으고 단합하는 데는 한계가 있음을 느꼈다. 선교지와 목회자의 문화는 완전히 다른 문화이기에 AMA나 선교지에서의 사역 개발은 많이 해 봤지만, 미국에서의 연합 운동이나 동원 사역은 나의 은사에 맞지 않다는 것을 깨닫게 되었다. 또 한 가지의 문제는 다양한 사역을 한꺼번에 진행해야 하는 일이 만만치 않았다. 학교에서 가르치는 일, 선교지를 돌보아야 하는 일 등 쉴새 없이 바쁜 상황 속에서 KIMNET까지 맡는다는 것은 나에게 여간 부담되지 않을 수 없었다.

그러나 사무총장으로 있으면서 감동적인 순간을 꼽으라면 바로 열방을 향한 기도였다. 수많은 사람이 은혜한인교회에 모였다. 각국의 국기를 테이블에 꽂아 놓고, 미리 준비해 놓은 각국의 기도 제목을 가지고 뜨거운 마음을 기도했던 경험은 잊을 수가 없었다. 기도 운동을 통해 세계를 위한 기도의 경험을 갖게 되는 것은 그 어느 것보다 중요한 선교의 운동이라고 생각한다. 이러한 기도가 교회에서 행해진다면 어떤 기도회보다도 가치가 있다고  본다. 세계를 품고 같이 기도하는 것 역시 동역 기도라고 생각을 하기 때문이다. 문제는 이러한 연합 선교 기도 운동은 지속하기 쉽지 않다는 것이다. 모두가 바쁜 삶의 일정과 교회마다 성실한 성도들은 각자의 직분이 있어 그 일에 책임을 지기에도 버겁기 때문이다. 교회가 선교에 참여할 수 있는 첫 단추는 바로 기도의 단추이고, 기도로 만들어 내는 선교는 하나님이 일하시게 하는 것이다. 기도는 단순히 우리의 필요만을 하나님께 구하는 것에서 하나님의 뜻을 이루며, 하나님이 사랑하신 민족들의 구원을 위한 것으로 나아가야 한다. 그 어느 기도 제목보다 이런 기도가 우선되는 교회가 바로 성숙한 교회, 또는 성숙한 성도의 성숙한 기도라고 말할 수 있을 것이다. 내가 "기도는 사역이다!"라고 외치는 이유이다.

제7장

선교의 종착역
[동역선교의 완성]

A Journey of Mission Partnership for National Initiatives

선교의 종착역은 어디인가? 한 선교사가 헌신하여 교회의 지원을 받아 선교단체에서의 일정 기간 훈련을 거치고 선교지로 떠난다. 선교사는 무슨 일이든 시작한 일은 반드시 끝내야 한다는 생각을 하고 시작해야 한다. 예수님도 전략을 말씀하시면서 "너희 중의 누가 망대를 세우고자 할진대 자기의 가진 것이 준공하기까지에 족할는지 먼저 앉아 그 비용을 계산하지 아니하겠느냐(눅 14:28)."고 하셨다. 선교지에 기초만 놓였고 건물이 올라가지 않는 경우를 많이 보는데 시작이 있으면 끝이 있어야 한다. 물론, 중간에 포기해야 하는 경우도 있겠지만, 적어도 선교사가 헌신하여 주님께 드렸다면 그 헌신만큼의 대가가 있어야 하는데 그것이 바로 선교의 열매이고 그 열매는 계속해서 맺어 나가야 하는 것이 성경의 원리이다. 그렇다면 선교의 열매는 무엇이고, 종착역은 어디에 있는가? 선교학적으로 토착화를 이루는 과정이라고 볼 수 있다. 선교의 토착화가 이루어지지 않는 것은 마치 '한 알 그대로 있고(요 12:24)'라고 하신 말씀과 같다고 하겠다. 씨가 땅에 떨어져 죽어야 새 생명을 꽃 피울 수 있다는 말은 희생의 대가를 얻어야 한다는 말인데, 새 생명을 얻기까지는 어떤 선교사는 심고 가꾸는 사람이 있는가 하면, 어떤 선교사는 바울처럼 심는 역할만 하고 아볼로와 같은 현지 지도자가 물을 주는 과정을 맡기기도 한다. 물론 열매를 맺게 하시는 분은 하나님이시지만 마지막 추수의 역할은 현지인들이 하도록 만드는 것이 토착화이고 선교의 자생적 모델이라고 말할 수 있다.

여기서 몇 가지의 프로젝트 개발을 통해서 얻은 케이스를 통하여 '선교의 종착역'이라는 개념을 이해하고자 한다. 종착역에 도착하기까지 선교사는 농부와 같이 늘 땀을 흘리면서 씨를 뿌리고 가꾼 후 추수의 때를 기다린다. 하늘은 철에 따라 이른 비와 늦은 비를 내리므로 곡식을 자라게 하고 무르익도록 한다. 즉, 주님의 성령은 우리의 추수의 현장에 하나님의 지혜와 능력과 필요한 자원들을 공급하신다. 이러한 모든 조건이 갖추어 지면 추수는 성공적으로 이루어지게 되는데 이 추수를 누가 할 것인지에 대한 선교사의 전략이 있어야 한다. 바로, 현지인이어야 한다는 것이 나의 주장이다. 동역선교에 있어 현지인의 역할을 가볍게 생각하면 안 된다. 마지막 선교사의 동역자는 현지인이고, 마지막 프로젝트를 지켜야 할 사람은 현지인이 되어야 한다. 현지인들을 세우는 일에 실패한다면 그 선교는 실패로 평가해야 할 것이다. 그렇기에 처음부터 누가 이 일을 맡아야 할 것인가에 대한 계획과 준비가 필요하다. 바울은 이러한 이양의 모델을 분명하게 말해 준다. 소아시아 사역을 마치고 떠나는 시점에 밀레도라는 도시에서 에베소 장로들, 즉 교회 지도자들을 모아 놓고 요샛말로 지도자 컨퍼런스를 진행했다(행 20:17). 이 자리에서 몇 가지 조언을 한다(행 21:28-35). 첫째, 피로 사신 교회를 지키라. 이는 사명을 가지고 스스로 교회를 치리하라 사명을 고취하는 것이다. 사명으로 무장된 지도자들이 있는 한 교회는 무너지지 않을 것이라 믿기 때문이다. 둘째, 이리 떼를 조심하라. 즉, 이단 사상을 조심해서 교회를 지키라는 의미이다. 셋째, 3년간 훈계한 것을 기억하라. 즉, 말씀을 굳게 잡으라고 조언하고 있다. 넷째, 너무 물질을 탐하지 말라. 자신이 해 왔던 모델을 따르라는 것이다. 바울은 자비량으로 사역했고, 동료들의 쓸 것을 공급했고, 나누어 주는 일에 솔선수범했다고 말한다. 이러한 조언들은 교회가 튼튼히 서 가도록 하는 핵심적인 조언들이었다. 지도자들로 하여금 자신의 교회를 책임 있게 키워 달라는 선교사의 마지막 조언인 것이다.

평신도 신학원 설립 비전

　나는 한국의 '그리스도의 교회'라는 신학적 배경을 가지고 있다. 초대 교회의 모델을 추구하는 이 교단의 특징은 평신도들의 역할을 특히 강조한다. 어떻게 보면 초대 교회의 모델은 사도들 외에 평신도들의 사역이라고 할 수 있을 만큼 평신도 사역이 돋보인다. 첫 번째 순교자 스데반도 그렇고 이디오피아 내시에게 복음을 전한 빌립도 그렇듯이 이들의 역할은 교역자 이상이다. 그 외에도 안디옥 교회를 세운 바나바도 평신도, 바울의 복음을 듣고 동역자가 된 아굴라와 브리스길라 같은 이들도 평신도이지만 바울의 사역을 적극적으로 돕는 성실한 동역자가 되었다. 심지어는 사도라고 칭하는 바울도 그의 초기 사역은 직업을 가지고 복음을 전하는 평신도와 같은 삶을 살았다. 구약과 다르게 신약에서는 교역자와 평신도가 특별하게 구분되어 있지 않았던 것 같다. 오늘날 선교 사역이 평신도들로 하여금 "온전하게 하여 봉사의 일"을 하도록 해야 하는 이유는 교회가 그리스도의 몸으로서 모든 지체의 기능이 활성화되어야 하기 때문이다. 그렇다면 이에 부합되는 훈련 프로그램이 필요하다. 이러한 사명을 가지고 인도네시아 바탐섬에 평신도 신학원을 설립하려는 비전을 갖게 된 것이다.

　인도네시아 정글 사역을 마치고 나는 1990년 싱가포르로 선교지를 옮기에 되었을 때 나는 뼛속까지 인도네시아인이라는 것을 깨닫게 되었다. 왜냐하면 인도네시아에 대한 애정과 정신, 언어 등이 나의 싱가포르에서의 삶을 괴롭혔기 때문이다. 한 선교사가 지역이 아니라 국가를 옮긴다는 것은 그렇게 쉬운 일은 아니다. 문화와 언어가 다를 뿐만 아니라 선교 전략도 완전히 다르기 때문이다. 풀뿌리 선교에서 국제적 규모의 싱가포르의 삶은 문화적으로나 경제적으로 충격 그 자체였다. 더 큰 부담은 싱가포르에서 무엇을 할 수 있을지에 대한 것이었다. 그나마 다행인 것은 나는 초기 선교사들의 특징이라고 할 수 있는 개척 정신이 있었다는 것이다. 싱가포르에서 살다 보니 저들의 사고방식과 저들이 필요로 하는 것이 무엇인가를 대충 깨달아 가기 시작했다. 그리고 싱가포르 크리스천들의 선교적 비전을 어떻게 실천할 수 있게 도울지를 깨닫게 되었다. 그것은 싱가포르에서 가까운 인도네시아 섬인 바탐에 그들의 선교를 실천할 곳을 마련하는 것이었다. 인도네시아 정부는 싱가포르에서 가까운 바탐섬에 대거 투자하여 제2의 싱가포르를 만들겠다는 비전을 가지고 있었다. 나에게 바탐은 정글에서 싱가포르로 오기 전에도 이미 마음에 부담을 안고 있는 곳이기도 했다. 나는 이곳에 젊은이들이 많이 몰려와 공장에서 일을 하고 있다는 것을 들어왔고, 모두가 고등학교를 졸업한 학생들이라는 것도 알고 있었다. 또한 인도네시아에서 가장 강력한 기독교인들이 사는 북수마트라의 메단시에 사는 바탁 사람들이 많이 와서 공장 일을 하고 있는데, 저들에게 선교적 도전과 교육을 한다면 저들이 일터에서 얼마든지 전도적 삶을 살 수 있을 것이라는 확신이 들었다. 그래서 이 프로젝트의 이름을 Batam School of Ministry, 줄여서 BASOM이라는 이름으

로 개설하기로 결심했다. '신학교'라는 이름도 생각해 보았지만 인도네시아에 이미 수많은 신학교가 있다는 점을 고려하여 전도와 선교 교육에 더 중점을 두기로 했다.

교회는 물론이요, 선교지의 사역도 평신도들이 동원되지 않으면 지역 복음화는 불가능한 일이다. 사도행전은 온통 평신도 선교 운동을 기록하고 있다. 초대 교회에는 사도들이 큰 역할을 했기 때문에 '사도행전'이라고 불린다. 그러나 사도들이 훈련 시킨 사람들은 평신도들이라는 것을 간과하면 안 된다. 저들에게 집사로 안수를 주기도 했지만 눈여겨보면 집사의 직분이 무색하게 과부들을 섬기는 직분으로의 집사가 아니라 전도의 열정을 가진 전도자인 집사 스데반과 빌립이 탄생했다. 이들은 '전도사'나 '목사'란 이름으로 불린 일이 없다. 그저 '복음 전파자'일 뿐이었다. 바나바도 초대 교회에서 큰 역할을 했다. 어떻게 보면 바울과 함께 안디옥 교회의 목회자 역할을 했다고 볼 수 있으며, 바울과 함께 선교사의 역할을 했지만 아무도 그를 '담임목사' 또는 '선교사'라고 불러주지 않았다. 바나바가 자신의 재산을 다 팔아 많은 헌금을 한 것을 보면 그는 평신도 출신임이 틀림이 없다(행 4:36-37). 교회의 역할 중에서 중요한 것은 하나님이 세운 교회 지도자들은 평신도들을 훈련하여 그들이 봉사의 일을 하게 하고 그리스도의 몸을 세우는 일을 하게 하는 것이다. 이러한 일들은 평신도들이 주 안에서 온전하게 될 때 가능하다. 사도들과 선지자들, 즉 선교사들을 말하며, 복음 전하는 자들, 목사들, 즉 개교회에서 목회하는 사람들, 그리고 교사들은 신학교 등에서 가르치는 자들을 말할 것이다. 그렇다면 선교사, 목회자, 그리고 신학자 모두가 결국은 평신도들을 훈련하여 복음 사역과 교회 성장을 위한 역할을 감당하게 사람들이다. 로잔서울선언 'V. 제자도: 거룩함과 선교에 대한 우리의 소명'에 따르면 "성숙한 제자의 형성은 교회가 성령의 능력을 힘입은 신자 개개인의 사역을 통해 충만한 그리스도의 형상으로 성장하고 성숙하는 것과 불가분의 관계에 있다(마 22:37-40; 28:18-20; 엡 4:11-14)." 여기서 '개개인의 사역'이란 성도들이 사역에 참여하므로써 신앙적 발전을 경험할 수 있다는 것이다.

싱가포르에서 인도네시아의 바탐섬까지는 페리로 약 1시간 거리이다. 나는 처음에는 싱가포르에서도 얼마든지 훈련원을 개발할 수 있을 것이라는 생각을 가지고 가능성을 파악했다. 그러면서 몇 가지 개념을 만들어 놓았다. 우선 대학과정의 평신도 신학원을 세워 저들이 직장을 떠나지 않고 복음 전파자로 남아 있을 수 있도록 한다. 두 번째, 선교의 비전을 가진 싱가포르의 목회자나 교수들이 건너가서 강의를 할 수 있도록 한다. 세 번째, 현지에서 동역할 수 있는 목회자들을 찾아 비전을 나누어 인종을 초월한 사역팀을 만든다. 사실, 싱가포르는 중국인, 인도인, 그리고 말레이인들이 같이 사는 다문화권 사회이다. 이러한 환경에서는 자연스럽게 인종을 초월해서 얼마든지 팀을 만드는 것이 가능하다. 말레이 사람들은 모두가 모슬렘이기 때문에 불가능했지만, 싱가포르에 사는 중국인, 인도인과 사역을 같이하는 것이 일상이 되어 있다. 바탐 현장의 인도네시아인들과 싱가포르에 사는 인도네시아인들과도 이 프로젝트를 위해 같이 비전을 공유하였고, 한국 선교사들이 참여하게 되었다. 내가 한국에서, 그리고 싱가포르에서 선교 훈련을 통해서 만난 몇 선교사들과 같이 일을 시작하게 된 것이다. 하나님은 사람들을 붙여 주시기도 하고, 필요한 자원들을 공급해 주시며, 현장에서도 재정적 지원을 해 주는 사람들을 만날 수 있게 하셨다. 분명히 이 일이 하나님이 허락하신 일임을 확신할 수 있었다. 하나님의 일은 하나님의 방법대로 하면 된다.

기도로 만들어 내는 프로젝트

성경에서 '하나님의 동역자들(고전 3:9)'이란 말은 하나님의 뜻을 분별하여 하나님이 원하시는 일을 수행하는 자들을 말한다. 우리가 하나님의 동역자가 되기 위해서는 하나님의 음성을 듣는 일에 게을러서는 안 된다. 하나님의 음성을 들은 후에는 그대로 순종하는 것이 동역자의 자세이다. 예수님은 제자들이 바쁘게 움직이실 때도 한적한 곳으로 가셔서 기도하시는 일을 빼놓지 않으셨고(마 14:23; 막 1:35; 눅 5:16), 일을 시작하시기 전 하나님의 뜻을 헤아리기 위해 기도하셨다. 베드로도 기도하는 시간을 정해 놓고 기도했다(행 3:1; 10:9). 바울도 마찬가지였다(행 16:13). 우리가 하나님의 뜻을 분별하는 일을 게을리한다면 그것은 우리 스스로가 결정하는 것이 되고 그 결과는 우리 스스로가 책임을 져야 한다. 하나님이 함께하시지 않는 일은 주의 일이 아니기 때문이다. 이스라엘의 훌륭한 지도자들 중에서도 이 진리와 대적한 적이 있다. 모세는 광야에서 하나님의 백성 때문에 좌절하고 분노하여 하나님이 명령하신 대로 반석에게 명령하지 않고 반석을 홧김에 쳐 버렸다. 그는 하나님의 백성과 가축들이 마실 물을 얻었지만, 그것은 하나님의 방법이 아니었다. 그는 빠른 성공을 얻었으나 그는 결국은 약속의 땅에 들어가지 못하게 되었다. 강한 전사 여호수아는 기브온 사람들이 가져온 음식과 옷이 낡고 오래된 것을 보고, 그들의 말에 속고 말았다. 그러나 성경은 그들의 명백한 실패를 기록한다. 성경은 그들이 "여호와께 묻지 않았다(수 9:14)."고 말한다. 여기서 모세의 제자인 여호수아는 기도하며 결정을 내리지 않고, 겉으로 보이는 모습에 의존했다. 또한, 사무엘하 24장에서 다윗은 교만함으로 요압 사령관의 조언을 거부하고 인구 조사를 하려 했다. 그는 기도하지 않았고, 역시나 그에 따르는 결과가 주어졌다. 결론은 모세, 여호수아, 다윗 모두가 경건한 사람들이었지만 순간적인 실수를 저질렀는데, 바로 기도하지 않은 실수였다. 그 결과로 하나님의 징계를 경험한 것이다.

선교 프로젝트와 프로그램 개발은 현장이 필요로 하는 것에 초점을 맞추고 많은 기도와 함께 리서치를 끝낸 후에 시작해야 한다. 한국 선교는 한동안 늘 프로젝트 개발에 초점을 맞추어 왔다. 한국 선교가 한참 정점에 달했을 때, 풍부한 재정이 조달되었다. 선교에서 '프로젝트 개발'이란 말은 건물을 세우고, 인프라를 개발하는 것을 말한다. '프로그램 개발'이란 만들어진 인프라(프로젝트)에다 소프트웨어, 즉 내용물을 채우는 것을 말한다. 결국은 하드웨어라고 불리는 프로젝트는 소프트웨어를 위한 것이어야 하는데 선교가 보여주기식으로 이루어지다 보니 결국은 실속 없는 겉모양만 갖춘 프로젝트 중심의 선교가 되어 버렸다. 프로젝트 개발에 많은 재정을 투자하고, 열정을 퍼붓는 모습을 보며 사람들은 박수를 치며 기뻐하지만, 그것은 겉보기에 좋은 선교일 뿐 실재적으로 제자들을 발굴하고 만들어 내는 일에 쓰이고 있는가를 확인해야 한다. 예수님의 선교나 바울의 선교를 보면 프로그램 중심, 즉 '제자를 세우는 일'이지 프로젝트 만드는 일이 아니었다. 그렇다면 선교 프로그램이 먼저 되어야 하고 그다음에 필요에 따라 프로젝트가 만들어지는 것이 맞다고 본다.

하나님의 일은 하나님의 방법으로 진행해야 한다. 하나님이 보여주시는 비전, 하나님의 말씀을 근거로 하는 방법, 그리고 하나님의 영광을 나타낼 결과물 등을 깊이 생각을 하고 기도하는 일이 필요하다. 내가 한다고 생각하면 내가 모두 책임을 져야 하지만 하나님이 하신다고 생각하면 기도부터 시작하게 되어있고, 그 결과는 하나님이 책임져 주신다. 나는 사역 현장에서 이미 많이 경험해 왔다. 싱가포르에 머물면서 사역 개발을 한다는 것이 그리 쉬운 일이 아님을 깨닫고 싱가포르인들이 참여할 수 있는 선교 프로젝트를 개발하기로 결심했다. 결국은 인도네시아령인 바탐을 위한 사역이기도 하지만 나는 싱가포르 선교사로서 싱가포르인에게 선교적 참여를 유도해서 선교적 책임을 감당하는 사역을 위한 개발을 하기로 했다. 그 확신을 하나님의 계획에 맞추는 일을 하기 위해서 기도 사역이 먼저 만들어져야 한다는 생각을 하게 되었다. 때로는 기도가 없이도 되는 것 같이 보이기는 하지만 그 결과물은 다르게 나타난다는 것이다.

일을 시작하기 전, 기도 모임의 조직은 필수라고 생각한다. 초대 교회는 베드로가 잡혀갔을 당시 지하 교회처럼 가정에 모여 기도하였다.

그 때 베드로가 풀려났고, 기도하던 모든 성도가 크게 기뻐했다고 했다. "베드로는 옥에 갇혔고 교회는 그를 위하여 간절히 하나님께 기도하더라(행 12:5)." 감옥에 갇힌 바울은 "또한 우리를 위하여 기도하되 하나님이 전도할 문을 우리에게 열어 주사(골 4:3)"라고 강력하게 기도를 요청한다. 바탐 평신도 신학원에 대한 계획을 세울 때부터 모든 과정을 전적으로 기도에 의존하게 되었다. 이 사역에 대한 비전은 분명히 보이는 데 문제는 현장에서 같이 일할 수 있는 사람이 없었다는 것이었다. 재정적으로 후원할 수 있는 사람, 그리고 정부로부터 인가 관련 문제 등 모든 것이 부족한 나로서는 이 수많은 사안이 내 힘으로는 안 된다는 것을 잘 알고 있었다.

먼저, 싱가포르에서 아내와 함께 새벽 기도회를 만들어 매주 토요일마다 모여 기도하는 일로 시작했다. 나의 친구인 목회자 네오 반잇 목사가 이끄는 The House of Prayer 교회의 사무실을 빌려 썼다. 그 교회의 모임에도 이 프로젝트를 위해 기도를 부탁하고 매일 아침마다 같이 모였다. 또한, 나를 후원하고 있는 교회들에게 이 프로젝트의 중요성에 대해 기도 편지로 기도를 부탁했다. 나 자신뿐만이 아니라 주변의 교회들, 그리고 후원자들에게 기도로 동참하도록 하는 일은 중요한 사역 중 하나이다. 아내가 싱가포르에서 5년간 교사로 섬긴 기독교 초중고등학교인 ICS 설립자 로스 캠벨(Ross Campbell)은 학교를 시작하기 전, 약 8년 동안 기도 편지로 학교 설립 계획을 설명하면서 기도를 부탁하는 Prayer Letter를 보냈다. 그 기도의 결과로 좋은 학교가 세워졌고, 30년이 지난 지금도 말씀으로 교육하는 참된 기독교 초중고등학교가 되어 훌륭한 졸업생들을 배출하는 것을 보아 온 나는 기도로 시작하는 것이 성공의 길이라는 것을 배웠고 그 모델을 따랐다.

기도는 우리의 눈을 뜨게 하여 하나님의 뜻을 발견하는 일, 하나님이 세우시는 동역자를 찾는 일, 건물을 마련하는 일, 학생과 교수진을 찾는 일, 재정을 확보하는 일 등을 포함한 모든 일을 한 건 한 건 하나님께 도움을 요청하도록 했다. 하나님은 다 이루어 주셨다. 참여자 모두가 필요한 사역이라는 것을 공감하게 되었는데 그것은 싱가포르 지도자들의 교육선교의 현장이 되었고, 인도네시아인 청년들이 교육의 기회를 갖게 하는 초석이 되었다. 하나님의 일은 하나님의 방법과 능력(기도)으로 진행될 때 성공이 보장된다.

리서치로 시작되는 선교 프로젝트

프로젝트 개발은 우선 '현장에 필요한 사역이 무엇인가?', '왜 이 사역을 시작해야 하는가?'에 대한 답과 필요와 목적을 분명히 밝히는 사명 선언서(Vision Statement)가 만들어져야 하고, 다음에는 사명 선언서를 이루기 위한 구체적인 목표들(Objectives)이 구성되어야 한다. 프로그램의 목적과 비전, 그리고 방법들이 구성되어 이 프로그램이 구성되었다면 결과물(Outcome)이 무엇이 될 것인가 등을 예상해야 한다. 프로그램에는 늘 보완과 수정이 필요한데 평가서를 통하여 계속 발전할 필요가 있다. 사역 개발을 위해 첫 번째 고려해야 할 일은 현장 리서치를 하는 것이다. 현장 리서치는 상당한 시간이 투자되어야 하는데 그 이유가 프로젝트를 잘 못 시작하게 되면 자원 낭비, 시간 낭비를 하고 끝나고 말기 때문이다. 예를 들면, 현장에 이미 같은 또는 비슷한 프로그램이 있다든지, 현장과 전혀 동떨어진 프로그램 개발한다든지 하면 현장의 필요와 하고자 하는 일에 괴리가 생기기 때문에 리서치는 대단히 필요한 과정이라고 생각한다.

바탐 선교 신학원의 커리큘럼을 기도와 함께 구성하기로 하였다. 평신도들을 위한 성경 과목인 신·구약개론을 비롯하여 구약과 신약에서 꼭 다루어야 할 몇 과목들, 성경 해석학 등을 넣은 신학 과목들은 40퍼센트, 그리고 약 60퍼센트는 선교 및 전도와 관련된 과목으로 구성하기로 하였다. 선교학, 전도학, 개인 전도학, 종교학 등 실질적으로 학생들이 생활하면서 복음을 전할 수 있도록 하는 과목을 개발하였다. 중요한 것은 영성이기 때문에 영성 증진을 위해 채플과 영성신학(Spiritual Formation)에 역점을 두었다. 영성은 하나님의 음성을 듣는 것이고, 하나님께 순종하는 것을 말한다. 영성이 준비되지 않으면 선교가 실천될 수 없다. 또한, 실습을 중요한 부분으로 배치했다. 개인의 전도 경험, 설교 경험 등 실천신학에 역점을 두는 커리큘럼을 만들다 보니 수업 시간이 부족하다는 것을 깨달았다. 학생들 대부분은 낮에 일해야 하기에 저녁 시간을 이용해서 공부할 수 있는 야간학교를 개설한 것이다.

학생들의 환경을 조사하고, 지역의 종교·정치적 상황을 고려하고, 문화적인 면을 고려하면서 커리큘럼을 만드는 것은 하나님의 말씀이 잘 요리되어야만 현장 사람들의 입맛에 맞는 프로그램을 만들 수 있다는 원리이다. 이 사역을 위해 싱가포르에 거주하는 나는 바탐에 자주 드나들게 되었다. 도착할 때마다 하나님이 사용하시는 귀한 사람들을 만나게 해 달라는 기도와 함께 그들을 찾았고, 사람들은 만나면 지체하지 않고 바탐의 상황을 일일이 물었다. 물은 이유는 그곳의 필요와 상황에 맞춘 프로그램 개발하기 위해서이다. 또한, 공장에서 일하는 사람들을 만나기 위해서 공장 내 교회나 모임에 열심히 참석하여 만나고, 나의 교육 프로그램 개발의 비전을 이야기했다. 그들로부터 인도네시아의 이슬람 세력이 얼마나 힘들게 하는가를 경청하는 시간도 가졌다. 리서치 시간을 가지면서 내린 결론은 하나님께서 바탐에 기독교 학교를 세울 수 있는 좋은 여건을 마련해 주고 계시다는 것이었다. 먼저, 바탐에는 이슬람 세력이 강하지 않다는 것을 발견하였다. 이슬람 교도들 중에서 같은 부족이나 가족들을 떠나 타지에 살게 된 사람들은 가족의 강요에서 해방될 수 있었다. 젊은이들은 개방, 자유를 추구하는 사람들이기에 전통에서 벗어나 마음 문을 열고 있었다. 바탐에는 크리스천 종족이라고 말하는 수마트라 메단에서 온 바탁(Batak) 사람들이 있었는데, 이들은 적극성이 돋보이는 개성 있는 사람들이었다. 이들의 성격은 이슬람 청년들에게 접촉하기 쉬운 성격이라는 것, 그리고 전통적인 바탁 교회를 떠나 바탐에 와서 많은 청년이 복음주의 교회에 참석하면서 복음의 진의를 깨닫고 회개하며 헌신하는 사람들이 많다는 것을 깨닫게 되었다.

사회, 정치 상황도 중요하지만, 더욱 중요한 것은 저들이 직장을 떠나지 않으면서 간단한 신학교육과 함께 선교 교육을 받는 것이었다. 그렇게만 된다면 자신의 직장에서 복음을 전할 수 있는 평신도 지도자들이 될 것이고, 그 가운데 뜨거워지는 마음이 있다면 스데반과 빌립처럼 헌신하여 복음 전파자가, 선교사가 될 것이라는 비전을 갖게 된 것이다. 그래서 이 학교의 이름을 Batam School of Ministry, 즉 평신도 신학원으로 하기로 했다. 2년제 학교를 세워 평신도를 훈련하고 그중에서 공부를 더 원하면 타 신학교로 전학할 수 있도록 하는 제도를 만들었다. 지금은 4년제 대학으로 신학사 및 석사를 수여하는 학교로 인가를 받았다. BASOM은 더욱 특화된 교육으로 일반 중고등 학교에서 기독교를 가르칠 수 있는 종교교사 자격증을 주는 학교로 변화하게 되었다. 이 또한 시대적 변화와 상황적 변화가 만들어 낸 결과라고 생각한다.

"바탐에서 땅끝까지"

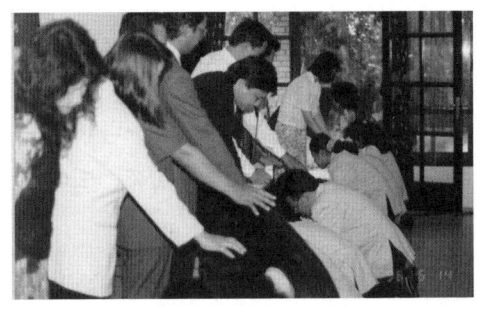

바탐 신학원을 설립할 당시만 해도 인도네시아에서 선교 운동이 일어나리라는 생각을 별로 할 수 없었다. 인도네시아인들은 외국 사람에게 의존도가 높았고, 경제 상황을 고려할 때 아직은 선교사를 파송하는 것이 시기상조로 느껴졌기 때문이다. 그러나 인도네시아는 수많은 섬으로 이루어져 있고, 언어와 문화와 음식이 다른 다양한 종족들로 구성되어 있기에 어디를 가도 마치 해외 선교지와 같은 곳이다. 그러므로 저들에게 선교적 비전을 주는 것은 지극히 성경적인 것이고, 인도네시아 교회에 희망을 제공하는 것이고, 용기를 주는 것이므로 마땅히 도전해야 할 중요한 사역이라고 생각했다. 주님이 우리에게 명령하신 것은 제자를 삼되 '모든 민족'으로 라고 하셨는데, 이 말은 땅끝까지 가서 '제자를 삼으라'는 말씀이고 원어에는 '제자를 삼으라'는 말씀만 명령형이다. '주님의 지상 명령'을 이루는 일은 어느 곳, 누구에게든지 찾아가 복음을 전하고 양육하여 성숙하게 만들어 '주님을 따르는 자', 그리고 '주님을 배우는 자'로 만들라는 의미이다. 이것이 바로 주님의 명령을 이루는 제자도이다. 우리가 '땅끝까지 이르러'란 말을 많이 쓰는 이유는 복음은 모든 민족에게 전파되어야 한다는 의미이다.

나는 바탐 선교 중심에 신학원을 시작하면서 저들에게 도전하기 위해 "바탐에서 땅끝까지"라는 말을 사용했다. 복음이 복음 되게 하기 위해서는 자신이 복음에 대한 인식과 기쁨을 함께 가져야 한다. 복음이 우리를 구원하였고, 복음이 글자 그대로 '기쁜 소식'으로 자신에게 먼저 다가와야 한다. 기쁜 소식은 비밀의 말씀이기에 다른 사람들에게 알려 주고 싶은 마음이 있어야 한다. 내가 깨달은 복음, 내가 확신한 복음, 내게 삶의 기쁨을 제공한 복음이기에 우리는 다른 사람에게까지 관심을 가질 뿐만 아니라 다른 민족에게까지 관심을 갖는 것이다. 하나님의 자녀가 되었다는 것은 자신만의 구원으로 만족하는 것이 아니라 하나님의 기쁨을 위해 일하는 자들로서 타인들, 다른 민족까지 전해져야 하는 복음이 되어야 한다. 하나님의 뜻을 위해 헌신해야 하는 기쁨이 충만하여야 한다. 선교가 예수님의 명령이기 때문에 억지로라도 해야 한다는 율법적 개념보다는 자신이 받은 그 축복을 나누어야 하겠다는 마음이 더 귀하다고 하겠다. 이러한 마음은 하나님이 주시지 않으면 결코 생겨날 수 없는 마음이다. 그것이 성령의 역사이고 초대 교회는 이러한 성령의 강력한 역사가 저들을 움직이게 만들었고, 기도하게 만들었다. 그래서 영성이 겸비된 교육이 바로 선교 교육이라는 것을 깨닫게 해 준다.

선교를 수행하는 것은 마치 선진국의 몫으로만 느껴질 때가 있었다. 한국에 왔던 미국 선교사들도 그랬고, 한국에서 파송된 선교사들도 고국의 경제 발전이 파송을 가능하게 만들었다고 생각된 때도 있었다. 분명히 한 국가의 경제와 선교는 밀접한 관계가 있다는 것을 부인할 수 없다. 그러나 이러한 생각은 성경적이지 않다. 그리고 사도행전적 선교도 아니다. 오히려 가난하고 배우지 못한 초대 교회 성도들이 세계를 품고 선교를 했던 일을 생각한다면 더욱 그렇다. 돈이 선교를 만들어 내는 것은 아니지만 돈이 없으면 선교사가 파송될 수도 없는 것은 사실이다. 그러나 이러한 재정 문제의 해결은 영성이 맡아 주어야 한다고 생각한다. 지금 시대는 일방적 선교의 방향이 있는 것이 아니라 쌍방 선교를 만들어 내야 하는 시대이다. 그래서 'From Every People to Every People'란 말, 즉 '모든 사람이 모든 사람에게로'의 기치를 들고 모든 사람이 선교에 참여할 수 있다는 자세를 가져야 할 때이다. 이런 새로운 선교적 개념과 도전이 주어진다면 그 어떤 환경에 있는 사람들도 이 일에 참여할 수 있을 것이고, 자신이 가지고 있는 시간, 재능과 재정을 투자하여 이 일에 참여하는 것이 성숙한 크리스천의 모습이고 성숙한 교회라고 말할 수 있을 것이다. 선교국은 결국 성숙한 국가를 만드는 것이다. 나누어 줄 줄 아는 사람은 성숙한 사람이 되고, 줄수록 줄 것이 많아지는 것이

샘물의 원리이다. 나는 개인은 물론 교회 그리고 한 국가가 새롭게 태어나고 발전할 수 있게 만들어 주는 것이 바로 복음을 수출해서 나타나는 결과라고 본다. 역사적으로 복음을 나누는 국가들은 다 풍부한 삶을 누려왔고, 샘물처럼 깨끗한 삶의 질을 누릴 수 있게 되었다. 그렇지만 세월이 지나 복음을 저버리고 선교사 파송을 포기하는 유럽의 국가들을 보면 마치 썩은 물이 된 것처럼 혼란스러운 모습을 보여주고 있는데, 나는 한국교회가 그 전초를 따르게 될까 염려된다.

바솜 선교 신학원은 처음부터 아무것도 없는 상황이었지만, 나는 세계를 바라보자고 외쳤다. 그리고 저들을 세상으로 파송하는 수료식을 거행하면서 저들에게 도전하였다. 처음에는 모두 아브라함처럼, 사라처럼 웃었을 테지만, 베드로처럼 두려운 생각을 가진 사람에게는 주님께서 "내 어린 양을 먹이라(요 21:15)."는 신뢰의 말씀으로 격려하셨을 것이다. 인도네시아에서 많은 선교사가 배출되고 있다는 사실은 교회적으로나 개인적으로 그리고 국가적으로나 축복이 아닐 수 없다. 저들은 비슷한 문화를 가진 동남아시아로 대거 파송되고 있는데 저들의 작은 물질이 결국은 현지인들과 비슷한 수준의 삶을 살게 됨으로써 쉽게 친구를 만드는 계기가 되고, 하나님의 가족을 만들어 복음의 통로가 되도록 하는 일을 하는 것을 보고 있다. 우리는 너무 지나치게 물질 의존적 체계 속에서 지나친 한국적 선교를 하고 있지 않나 생각하며 반성하게 된다. 그리고 우리는 얼마나 현지인들을 우리의 친구로 삼아, 더도 덜도 아닌 하나님의 동역자로 같이 일하고 있는지를 돌아본다. 이제 현지인들과 같이 일을 할 수 있는 새로운 선교 시대를 맞이할 때가 와야 한다고 생각한다. 땅끝까지 선교는 한국인의 힘만으로는 불가능하기 때문이다.

현지에서 동역자 찾기

바울은 고린도전서 3장 5절에서 '사역자들'(διάκονος)이라는 말을 썼는데 이 말은 '집사', 즉 '막일을 하는 사람'이란 뜻이다. 선교는 하나님이 하시는 일이고 바울과 아볼로는 일꾼에 불과하다는 의미이다. 예수님도 "내 아버지께서 이제까지 일하시니 나도 일한다(요 5:17)."고 말씀하시면서 하나님과의 동역의 원리를 가르쳐 주고 계시다. 그렇다면 우리의 사역은 동역 사역이 되어야하고 그 동역은 민족을 초월하여 만들어져야 한다. 그 이유는 하나님의 나라는 같이 공유해야 할 나라이고, 같이 섬겨야 할 공간이기 때문이다. 현지인들이 동원될 때 일은 훨씬 쉬워진다. 정글 사역에서도 그와 같은 기조로 선교를 수행해 왔고 싱가포르에서도 마찬가지, 그리고 바탐 선교 신학원을 설립하는 일에도 그 원리를 적용하기로 결심을 했다.

처음 개척 당시, 오랫동안 기도하면서 한 시간 정도 페리를 타고 바탐섬에 도착하였다. 여객터미널에서 기다리는 것은 덜렁거리는 택시뿐이었다. 당시, 바탐의 택시는 어디서 그렇게 낡은 것들을 구해다 놓았는지 땅바닥이 보일 정도로 낡아빠진 것이었다. 그런 택시를 타고 도착한 곳은 허름한 여관이었다. 몇 일간을 묵으면서 기도를 시작했다. 아는 사람이라고는 한 사람도 없는 사막과 같은 곳에서 나의 개척 기도는 당연히 하나님이 쓰시는 아주 아끼시는 종을 하나 만나게 해 달라는 것이었다. 한 교회를 방문하게 되었고, 그 교회 목사님을 만나 나를 소개하고 학교 설립의 비전을 나누었다. 바로 그때 그 목사님은 나의 생각이 참 좋은 생각이라고 하면서 이곳에 학교가 절대 필요하다고 말해 주었다. 그러면서 젊은 목사님을 소개해 주었는데, 바로 보이꺼 뚜랑안(Boyke Turangan) 목사였다. 내가 인도네시아에서 소속되어 첫 10여 년 동안 사역을 했던 선교단체 이름이 YPPII인데 바로 그곳 선교단체에 소속되어 있는 신학교를 졸업한 졸업생이었다. 서로가 모르는 사이였지만, 내가 소속되었던 선교단체의 신학교를 졸업했다는 이유로 형제 같은 느낌이 들었고 벌써 동역자가 된 것 같은 느낌이 들었다. 같이 이야기를 나누니 오랫동안 만난 친구 같이 마음이 통하며 비전을 같음을 확인할 수 있었다. "하나님 감사합니다. 우리의 기도를 들어 주시는 주님. 감사합니다!"

시작이 반이라는 말도 있지만 나는 그날의 경험을 통해 '사람이 시작이다!'라는 생각을 하게 되었다. 그는 당장 자신의 친구 목회자를 여러 명 불러 모으겠다는 약속을 했다. 약 10여 명이 모이게 되었고, 그의 집에서 간단한 차를 대접받으면서 모임을 갖게 되었다. 모두 처음 만나는 사람들이었지만, 나는 신학원 설립 취지를 설명했다. 그들도 모두 동의는 했지만 실질적으로 도움을 줄 수 있는 사람은 보이꺼 목사를 빼놓고는 거의 보이지 않았다. 바탐은 당시만 해도 가난한 막노동자들로 들끓고 있었고, 교회들도 아주 작아 목회자들은 생활비도 제대로 받지 못하는 상황이었다. 그렇기에 교육 사역에 참여하기에는 너무 부담되었던 것이다. 그러나 저들은 일단 모였고 관심을 보이며 저들에게 자신의 교회의 청년들을 보내겠다는 약속을 받을 수가 있었다. 목회자들이 강의로 도울 수준은 아니었지만 학생들을 보내 주겠다는 것이 학교 설립의 주인을 찾아주겠다는 것과 같은 것이어서 참으로 기쁘고 하나님의 하시는 일을 눈으로 보는 것 같은 마음이 들었다. 첫 번째 모임에서 재미있는 일이 벌어졌는데 그것은 약 2시간 동안 기쁜 마음으로 대화 겸 회의를 끝내고 밖으로 나와보니 신고 온 모든 신발이 사라진 것이었다. 황당하고도 민망한 일이 벌어진 것이다. 도둑이 문밖에 벗어 놓은 일행의 신발 모두를 걷어간 것이다. 이처럼 바탐은 다른 섬에서 몰려온 실직자들이 많아 살아남기 위해 도둑이 판을 치고 있었다. 이때 나는 생각하기를 좌절하지 말고, 학교를 세워야 할 이유를 찾자고 결심하게 되었다. 지금의 바탐은 호텔도 많고, 자동차도 좋아졌고, 고급 주택들도 많이 들어섰을 뿐만 아니라 특별히 다른 어느 섬보다 교회가 많아졌고, 기독교인의 분포가 월등하게 많은 축복의 땅이 되었다. 그래서 바탐에서 세계로 퍼져 나가야 할 사역자가 필요한 것이다.

복음의 동역자란 기회가 주어지면 머리를 맞댈 수 있는 사람을 의미한다. 재정을 후원해서 학교를 시작하게 할 수 있는 사람들, 정부의 서류 및 인가를 내줄 수 있는 사람들, 학생들을 보내 주는 교역자들, 그리고 강의를 해 줄 수 있는 사명 있고 자격이 되는 교수진들 등 학교 설립에는 많은 동역자가 필요하다. 모든 분야에서의 지도자들은 쉽게 만나는 기회가 늘 제공되는 것은 아니지만 하나님이 시작하셨으니 하나님이 이끄시고, 하나님이 이루실 것이라는 바울 같은 믿음이 필요했다. 다행스럽게도 보이꺼 목사는 현지인으로 구성된 많은 네트워크를 가지고 있었고, 자기의 일처럼 우리의 일을 진행하였다. 나는 그의 모습을 보면서 '하나님이 분명 개척 동역자를 보내 주셨구나.' 하는 생각을 가지게 되었다. 30년이 지난 지금까지도 우리의 우정은 변함이 없으며 서로 신뢰하는 관계를 지속하고 있다. 거리상 자주 만나지는 못하지만 기도 안에서 만나고, 모두가 나이가 들어가니 서로 건강을 위해서 기도하며, 무엇보다 하나님의 열정이 우리 가운데 식지 않기를 기도하고 있다.

"말레이시아로 건너오라"

바울은 소아시아 한 도시인 드로아에 있을 때 기도 중 환상을 보았다. 그는 소아시아에서 수많은 곳에 교회를 세워야 한다는 생각을 가지고 있었는데, 성령께서 말씀을 전하지 못하게 하셨다고 말한다(행 16:6). 하나님의 계획이 따로 있었기 때문이다. 복음이 유럽 땅 마게도냐로 건너가야 한다는 것이었다(행 16:9). 이러한 경험은 지금의 시대에서도 겪을 수 있는 것이라고 생각한다. 나는 싱가포르와 인도네시아에서의 사역을 더욱 박차를 가해야 하겠다는 생각을 하고 있었다. 그런데 말레이시아로의 부름을 받게 된 것이다. 물론, 인도네시아나 싱가포르를 포기하라는 것은 아니고 그곳은 다른 사람에게 맡기고 "너는 선교사의 역할을 하라!"는 것이었다. 선교사의 역할은 무엇인가? 그것은 또 개척 사역을 말하는 것이다. 나 역시 새로운 곳으로의 개척은 익숙하다기보다 늘 두려운 마음뿐이다. 더욱이 모슬렘 국가인 말레이시아는 더욱 그랬다. 성령의 소리에 귀를 막을 것인가 아니면 순종해야 할 것인가를 고민해야 했다.

이 이야기는 다음과 같이 진행된다. 중국인 얼린 옹(Erwin Ong) 목사는 말레이시아에서 유명한 모슬렘 전도자이다. 자주 경찰의 조사를 받기도 하고 구류를 산 경험이 있지만, 그의 복음 전파의 의지를 꺾을 수가 없어 말레이시아 정부에서도 그를 더 이상 거칠게 다룰 수 없게 되었다. 이렇게 된 것은 그의 의지도 있지만, 그가 정부 요인들을 많이 알고 있는 터라 경고장만 날리고 풀어주는 상황이 되었다. 그의 친화력은 말레이시아 목회자들 가운데서도 찾아볼 수 없을 정도로 탁월하다는 평가 받고 있다. 그를 알게 된 것은 하나님의 은혜라고 생각한다. 하루는 싱가포르에 있는 나의 사무실에 찾아와 말레이시아에도 인도네시아 바탐에 세운 신학원 규모의 말레이어 신학교를 세워 주기를 간절히 부탁하는 것이었다. 처음에 나는 분명하게 거절했다. 그 이유는 인도네시아와 싱가포르에서 교육 프로그램을 개발하고 진행하는 것도 벅차고, 더욱 부담되는 것은 말레이시아라는 땅에 대한 나의 소명이나 부담이 없다는 것을 분명했기 때문이다. 그러나 수차례 이어진 그의 권유로 더 이상 거절할 수 없는 상황이 되었다. 나는 그 전부터 말레이시아에서 인도네시아인들을 대상으로 목회를 하는 현장에 자주 갔었고, 세미나 형태로 만든 교육 프로그램도 같이 참여를 하곤 했는데, 그와는 동역자 이상의 친분이 있었던 터라 쉽게 거절할 수가 없었다.

결국은 하나님께 맡기면서 순종해야 했고, 하나님이 시키신 일은 그분이 이룰 것이라는 생각을 갖게 되었다. 제일 먼저 말레이시아의 신학제도를 아는 것이 필요했다. 늘 그래왔지만 무슨 일이든 일단 시작하면 진지하게 해야 한다는 생각을 가지고 있었다. 마침 나는 안식년을 맞게 되었고 바이올라 대학에서 Ph.D. 과정을 하면서 논문을 작성하고 있었다. 그래서 논문 제목을 '말레이시아 신학교육 커리큘럼에 관한 연구'로 하기로 결정하고 수년간 말레이시아 연구를 시작했다. 얼윈 목사와 함께 말레이시아 북쪽의 페낭에서 시작해 수도인 쿠알라룸푸르, 남쪽 끝의 조호르바루까지, 그리고 동부 말레이시아에 있는 도시 꾸찡 등 여러 곳을 탐사(Survey와 Research)하고 목회자들을 만나고, 학교들의 상황을 파악하는 일을 하였다. 그가 인도하는 세미나에 참석해서 강의하는 경험을 통해서 말레이시아 교육제도를 눈으로 보고, 인터뷰하면서 경험을 통한 리서치를 진행하게 된 것이다. 한편, 말레이시아 성서 신학교(Malaysia Bible Seminary)에 방문하여 학생들과 교수, 직원, 졸업생 등을 중심으로 설문 조사를 한 주간동안 진행하게 되었다. 조사 내용은 이 학교가 1974년에 세워진 이후 지금까지의 커리큘럼의 변화와 시대적, 상황적 변화에 민감한 교과과목을 개발하고 있는가, 교실에서 배우는 이론과 실제적 적응에 문제가 없는가, 목회 현장에서 응용에 있어서 가장 문제가 되는 부분이 무엇인가, 학교 생활에서 강의 외에 공동생활에서 배울 수 있는 분야가 어떤 것이 있는가 등이었다. 결론은 신학 교육 과목이 시대의 변화에 따르지 못하고 있다는 것이었고, 이론과 실제의 괴리가 많이 있다는 것을 발견하여 향후 학교 설립은 현지의 필요에 따른 교육 제도를 채택해야 한다는 생각을 하게 되었다.

하나님의 부르심은 선교사로의 부르심도 있지만 마게도냐의 부르심과 같이 지리적인 부르심이 있을 수 있다는 생각을 한다면, 이 부르심의 민감성은 우리가 하나님과 늘 깊이 만나고 기도의 소통에서 만들어지는 것이라고 생각한다. 하나님의 부르심이라고 확신을 갖게 되었다면, 선교사는 그 사역에 대한 전략적 안목을 가져야 하고 사역을 개발해 낼 수 있는 전문성 증진과 필요한 동역자들을 만나야 한다. 나는 학위를 위한 리서치를 진행하면서도 만나는 모든 사람과 왜 일을 하지 않으면 안 되겠느냐 하는 것을 설명하므로 저들이 동역자가 되어 미래에 같이 만들어 내는 사역이 되도록 힘을 썼다. 쉽지 않은 일이지만 마음과 비전만 같으면 해낼 수 있다는 믿음이 내 안에 있었다.

말레이시아 선교를 위한 팀 구성

사역을 개발할 때마다 팀을 구성하는 것은 지극히 성경적이라 생각을 했다. 바울의 경우를 보면 팀을 먼저 구성하면서 사역을 펼쳐 나가는 것을 볼 수 있다. 또 팀의 구성원은 유대인은 물론이요, 이방인 개종자도 포함했고 디모데와 같이 어머니는 유대인 그리고 아버지는 헬라인인 혼혈족도 구성되는 등 여러 부류의 사람들로 구성되어 있었다. 이러한 팀 구성의 이유는 우리의 사역이 다양한 사람들로 구성된 하나님 나라의 일이기 때문이기도 하지만 바울의 사역이 이방인들을 위한 사역이기 때문에 필요에 따라 사람들을 배치해서 문화적 차원이나 언어적 차원에서 대중에게 이질감이 없도록 하는 전략적 구상이라고 말할 수 있다. 한국 선교에서 늘 염려스러운 모습은 대부분의 팀 구성원들이 한국인이라는 점이다. 그러니 팀 멤버들은 자연이 한국어를 사용하고, 한국 음식을 먹으며 선교지 속에 한국을 만들어 놓고 사역을 하는 것이다. 심지어는 태극기를 달아 놓고 모임을 하거나 집회를 하는 것을 보면 제국주의적 사고가 아닌가 생각을 하게 된다. 우리는 '하나님의 제국'(하나님의 나라)을 추구하는 집단이라는 것을 잊어서는 안 될 것이다.

나의 사역의 경우 하나님께서는 늘 동역자들을 통해 일할 수 있도록 만들어 주시는 것을 경험해 왔다. 인도네시아의 칼리만탄 사역도 그랬고, 바탐 신학원 사역도 그랬다고 한다면 말레이시아 사역도 그 원리는 같아야 한다고 생각했다. '하나님이 귀하게 사용하시는 사명자들을 보내 주십시오.'가 나의 사역의 개척 기도였다. 재정적으로는 저들에게 봉급을 주면서 할 수 있는 여력은 없었다. 때문에 다른 학교에서 교수나 목회를 하는 지도자들이 같은 비전과 마음을 가고 있어야 한다. 어느 선교지든지 돈이 사람을 움직이지 않고 사명이 움직일 수 있다면 그보다 더 좋은 것은 없다. 왜냐하면 물질이 동기가 되면 사명은 사라지고, 사명이 동기가 되면 사람들은 순수한 마음으로 협력을 도모하기 때문이다. 그렇다면 분명한 동기 부여가 있어야 하고, 사역적 목표와 필요가 분명해야 한다. 말레이시아의 사역적 필요는 무엇인가? 그것은 분명하다. 얼원 목사의 요청은 말레이시아어로 가르치는 신학교가 필요하다는 것이다. 말레이시아에는 영어와 중국어로 된 학교 여러 개가 있는데 타밀어(인도)로 된 학교는 있다가 폐교가 되었다. 말레이어가 공공학교의 교육 언어인데도 유독 신학교에는 그 언어로 가르치는 학교가 없기에 말레이어로 된 신학 공부를 시키려는 시도인 것이다. 초중고등학교, 대학교(수학과 과학 과목만은 영어를 사용함)에서 말레이어를 사용하고 있기에 젊은이들에게 일상 언어는 당연히 말레이(Malay)어이고, 장년들은 영어와 종족에 따른 모어(중국어, 타밀어 등)를 사용하는 언어의 다양성을 가지고 있다. 물론, 말레이 종족들은 말레이어를 주로 사용하면서 비즈니스는 영어로 하고, 일반 대화는 대부분 바이링글(Bilingual)로 한다.

이와 같이 말레이시아는 다양한 종족과 다양한 언어를 사용하고 있다. 말레이시아의 정부 차원에서는 주 종족(Bumiputera, 원주민이란 뜻)인 말레이 사람들이 사용하는 언어로 통일을 하고 있고, 영어는 특수한 때만 사용하도록 했다. 단, 말레이 사람들(57퍼센트)은 주인의식을 가지고 있기에 정치, 문화, 종교 그리고 언어의 주도권을 가지고 있다. 때문에 타 종족들도 결국은 말레이 영향권에서 살게 되면서 언어도 말레이어를 사용하고 있는 것이다. 말레이어를 사용하는 학교를 세우려는 이유는 다음과 같다. 비말레이 계통의 종족 중 젊은 층들이 많은 숫자가 교회를 찾고 있지만 정작 교회는 영어와 중국어만을 사용하는 예배를 드리고 있다. 오후에 말레이어로 예배를 드리는 숫자가 늘어나면서 말레이어로 설교하거나 가르치는 목회자가 필요한 실정이다. 말레이어 신학교 설립의 필요성을 느낀 우리는 팀을 구성하되 다양한 사람들로 모이게 되었

다. 우선, 한국인 두 사람, 미국인 한 사람, 중국인 네 사람, 인도인 두 사람, 오랑 아슬리, 또 동부 말레이시아의 이반 족 목사님 등 10여 명이 팀으로 구성되어 말레이어 학교를 세우게 된 것이다.

대부분의 팀이 만들어지는 과정을 보면 첫 사람을 만나게 되면 그다음 사람은 자신의 동역자이거나 친구를 소개하게 되고, 또 다른 친구를 소개함으로써 만나서 같은 비전을 공유하고 있다는 것을 발견하게 된다. 이렇게 모인 사람들이 10여 명이 되었고, 저들과 자주 식사를 하고 회의를 진행하면서 이 사역의 당위성이나 중요성을 이야기하게 되었다. 물론, 모든 일이 쉽게만 이루어지는 것은 아니다. 늘 인내하고, 설득하고, 만남을 통해서 교제권을 형성하고, 영적인 자세로 만나다 보면 한 무리를 형성하면서 그룹 문화가 만들어지는 것이다. 이 문화가 형성되는 데는 늘 성령의 역사가 있었다. 성령은 우리를 하나 되게 하시기 때문이다.

말레이시아 복음화 전략

싱가포르를 선교지로 정한 이상 말레이시아는 저버릴 수 없는 이웃이 되었다. 싱가포르는 1963년에 말레이시아로부터 독립하기 전까지 말레이시아의 연방이었다. 그러한 이유로 지형적인 측면이나 문화적 측면에서 말레이시아와 싱가포르는 가까운 이웃일 수밖에 없다. 싱가포르 사람들은 주말이 되면 말레이시아를 이웃 드나들 듯 한다. 나는 싱가포르에 살지만 말레이시아 국경과 아주 가까운 곳에 거주하고 있었기 때문에 말레이시아에 사역을 개발해야 할 이유는 충분했다. 다리만 건너면 말레이시아령인 조호바루가 나온다. 싱가포르는 세계적인 경제, 관광 허브이기는 하지만 그만큼 상당히 지출이 많은 도시일 뿐만 아니라 인구밀도 세계 3위로 생활 공간이 비좁다. 때문에 사람과 사람이 늘 부딪

히며 살아야 하니 현대화된 도시라도 비좁은 생활 공간이 마치 감옥을 연상케 한다. 창이 공항에서 택시를 타고 말레이시아 국경 도시 조호바루까지 가로지른 고속도로로 달리면 30분 안에 도달할 수 있다. 이제는 점점 더 복잡해지고 물가가 만만치 않다.

싱가포르에 비한다면 말레이시아는 살기 좋은 나라이다. 인구밀도가 넉넉하고 땅은 남한의 3배 이상이 되지만 인구는 남한 인구의 2/3인 3,500만 명이 살고 있다. 말레이시아는 문화적으로 다양한 종족들이 살고 있어 다양한 언어를 사용하고 있으며 사람들의 심성이 착하기에 동남아시아 국가 중에서 가장 안전한 치안의 국가로 알려져 있다. 정치적으로나 경제적 이유 또는 종교적 이유로 폭동이 일어나는 일은 거의 없다. 오랫동안 영국의 지배를 받았기 때문에 영국적 감각이 넘치고, 삶도 중상류층은 서구적인 모습을 많이 보게 된다. 이슬람의 종교적 문화도 다분히 저들의 생활 속에 깔려있지만 강요되지는 않는다. 이슬람 국가에서 볼 수 있는 극단적 이슬람은 보이지 않는다. 영국의 지배 잔재 중 하나가 바로 영어를 쓴다는 점이다. 이 언어로 사업, 경제, 그리고 일상 대화에서 쉽게 사용할 수 있는 매력 있는 국가이다. 영국식 기풍과 종교적 색깔, 그리고 말레이시아만의 특색을 잘 간직하고 있는 배후에는 24년 동안 장기 통치한 마하티르(Mahathir) 수상의 성과를 높이 평가하고 있다. 싱가포르의 모델을 많이 따르기는 했지만 그렇다고 모든 것을 카피 식으로 따르지 않았고, 국교인 이슬람 종교를 정치 기조로 삼고 있다. 연방 헌법은 민사 법원과 함께 종교 법원인 샤리아 법원의 이중 시스템을 규정하고 있다. 이슬람 교리를 기조로 만들어진 샤리아 법은 결혼, 상속 및 기타 개인법과 관련된 제한된 범위의 문제에 대해서만 이슬람교도에게 이 법을 적용한다.

이러한 온건하면서도 강력한 이슬람 국가에서의 복음 전파는 그리 쉽지 않다. 그나마 다행인 것은 타민족에게는 복음 전파가 가능하다는 점이다. 말레이시아의 인구 분포를 보면 57퍼센트가 말레이인, 원주민과 이반 및 다약족이 13퍼센트, 중국인 23퍼센트, 인도인이 6.5퍼센트로 구성되어 있는데 이 중에 57퍼센트의 말레이 사람들만이 개종이 법적으로 금지되어 있고 나머지 40퍼센트 사람들은 자유롭게 포교할 수 있다. 한국 여러 선교사들이 모슬렘 선교에 많은 부담을 가지고 말레이 종족만을 위한 선교 활동을 펴 보지만 이렇다 할 성과를 내지 못하는 선교 블록(block)으로 남아 있는 것이 사실이다. 말레이시아에 있는 많은 비말레이 교회들도 선교의 비전은 많이 가지고 있고 선교사로 헌신한 사람들이 많이 있지만 말레이 사람들을 향한 복음 전파는 깰 수 없는 바위로 생각을 하는 것 같다. 지금까지 말레이계 사람이 개종한 경우는 타 종족과의 결혼 관계나 비지니스 관계로 인한 것으로 그 숫자는 아주 미미한 것으로 알려져 있다.

'하나님의 때'를 기다린다는 것은 바울이 말한 "때를 얻든지 못 얻든지 항상 힘쓰라(딤후 4:2)."의 말씀과 상치되는 생각일지 모른다. 현실로 보면 하나님의 때를 기다릴 수밖에 없다. 젊은이들을 보면 타 종교에 대해 관심을 보이긴 하지만 역시 가족관계, 정치적 압력, 전통 때문에 개종은 어려운 것이 사실이다. '하나님이 열어 주실 때까지 기다려야 하는

가?' 아니면 '무조건 시도를 해 보아야 할 것인가?' 하는 딜레마가 생기게 된다. 나는 하나님의 때를 기다리면서(기도하면서) 준비하는 것이 필요하다고 생각한다. 그 준비의 과정도 하나님이 지시하는 대로 순종하고 일을 계획하고 진행하는 것이 옳은 생각일 것이다. 말레이시아에 대한 부담은 그리 쉬운 일은 아니지만 할 수 있는 것부터 하는 것이 필요하다는 생각이 들었다. 마치 어려운 시험지를 받았을 때 현명한 학생은 쉬운 문제 먼저 풀고 어려운 문제는 남겨두고 나중에 풀면 풀리는 것 같은 원리일 것이다. 나는 가능한 일부터 시작해야 한다는 생각을 하고 현실적으로 지금 우리에게 가능한 것이 무엇인가 하는 것을 찾았다. 이러한 과정을 거칠 때 지혜도 생기고 경험도 쌓이면서 해답이 나올 수 있다.

이러한 기다림의 전략 선교는 비말레이계 사람들부터 시작하는 것이다. 복음을 전파할 사람들을 찾아서 훈련하는 일을 하기로 했다. 위에서 언급한 대로 말레이시아 정부는 비말레이인들에게 복음 전파는 불법으로 생각하지 않기 때문이다. 그래서 말레이어로 된 신학교를 세우게 되어 비말레이 청년들을 훈련시켜 파송하는 일이 현재 할 수 있는 일이라고 생각했다. 중국인도 있고, 오랑 아슬리(원주민)도 있고, 이반 족속은 마음껏 신학을 접할 수 있는 부류의 사람들이다. 단, 말레이어(Bahasa Malay)로 신학 교육을 할 수 없다는 말레이시아 정부의 법이 있다. 이러한 이유 때문에 말레이시아에 있는 대여섯 개의 공식 인가 신학교에서는 영어와 중국어로 교육하고 정부에 인가된 학위를 수여하고 있었다. 그러나 말레이어를 구사하는 교역자들이 많이 필요한데도 불구하고 신학교에서 그 언어로 교육을 못 하기에 우리에게 이 일을 시도하도록 부탁하게 된 것이다. 선교사라면 그 나라 사람들이 못하는 일을 할 수 있어야 한다.

흔히 볼 수 있는 선교사의 삶과 사역은 한 지역에서 일생을 보내는 경우가 많다. 한 곳에 씨를 심고, 한 곳에서 밀알이 되는 것은 상당히 의미가 있는 것이라 생각을 한다. 한국에 온 선교사들은 대를 이어서(참고: 언더우드 선교사는 4대째 한국에서 지냈음) 사역을 하는 일은 복음의 뿌리를 내리는 데 도움이 되고 교회가 확실하게 성숙할 때를 기다리는 좋은 경우라고 생각을 한다. 그러나 바울의 경우는 조금 달랐다. 바울의 시대는 복음이 전해져야 할 곳이 많았던 때였고, 그러한 이유 때문에 그의 전략은 짧은 시간 내에 사람들을 훈련 시켜 만들어 놓은 사역을 계속하도록 하는 전략, 즉 단기 선교 전략이라고 말할 수 있을 것이다. 어느 방법이 옳고 그르냐를 이야기하기보다 상황에 따라 결정을 하면 된다. 그리고 어떤 곳에서는 쉽게 뿌리가 내릴 수 없다는 이유로 오랜 기간을 머물러 있거나 대를 이어야 하는 경우가 있다. 그러나 선교의 종착역은 같다고 보아야 한다. 현지화를 시키는 작업이고 현지 사람들이 충분히 해낼 수 있을 때까지 기다려 주는 것이 필요하다.

나의 제3, 4기 사역에서는 교육 사역에 포커스를 맞추면서 바탐 신학원(지금 STT BASOM이라 부르는 공식 신학교), 싱가포르에서의 교육 사역

(BIU), 그리고 말레이시아 신학교(SAM-MBS) 사역을 해 왔다. 현지 사람들과 동역 하면서 만들어진 사역들로서 한 사역에 약 4, 5년이라는 시간이 필요했고, 처음부터 후임 한국 선교사들, 현지 지도자들과 같이 시작하는 사역이라면 쉽게 현지화를 시킬 수 있었겠지만 언제든지 불안한 요소들이 잠재하고 있다. 그러나 모든 것을 하나님께 맡기고 내가 할 수 있는 최선으로 노력하고, 최소한의 관계만을 유지한다는 원리를 적용해 보았다. 지금도 자신의 사역으로 생각하고 소속감과 주인의식을 가진 사람이 나오기를 간곡히 기다리고 있는데 제일 큰 문제는 아무래도 재정적 지원이라고 생각을 한다. 현장에서 후원자들이 나와야 할 프로젝트들로 남아 있다. '동역'이란 말은 아름답고 이상적인 말이지만 결코 쉬운 일은 아니다. 희생과 인내, 그리고 상대에 대한 강한 수용력을 가지고 있어야 한다. 현장의 문제는 아무도 책임을 지려고 하지 않는다. 이 모든 사역의 모습은 아직도 진행형이다. 언제 완전 자립이 될지는 두고 보아야 할 상황이고 하나님의 손길만 바라볼 뿐이다.

제8장

지속적 관계 설정
[선교 지속성]

A Journey of Mission Partnership for National Initiatives

개척 사역이 어려운 일이라는 것은 해 본 사람들이라면 누구나 잘 알고 있다. 창의력이 있어야 하고, 자원이 있어야 하며, 인내력과 지구력이 있어야 한다. 다음 단계로 이양하는 일은 개척자의 용기가 필요하고, 준비된 사람이 필요하기에 이 단계도 쉽지 않다. 그다음으로는 지속적으로 관계를 유지하는 것이다. 대부분의 사람은 자신의 일을 끝내면 짐을 덜었다고 생각하거나 '맡은 사람이 주관에 의해서 잘하겠지.'라는 기대를 하지만 기대한 만큼 일이 이루어지고 있지 않게 되면 문제가 된다. 어떤 경우는 이어서 맡은 후임자가 창립자의 간섭을 싫어하는 경우도 있다. 반대로 창립자가 이제는 자신의 역할을 끝냈다고 생각하고 방관해 버리는 경우 나타나는 부정적인 결과는 다양하다. 이러한 문제를 성경은 어떻게 말하고 있는지 살펴보아야 한다. 예수님은 제자들을 훈련 시켜 자신의 사역을 그들에게 전적으로 맡기셨다. 예수님도 제자들이 평소 보여준 모습을 생각하면 맡기신 분으로서 염려되는 부분이 한두 가지가 아니었을 것이다.

제자들이 주님의 뜻을 이해해야 하고 있는지의 측면이나, 주님이 주신 능력(Authority)을 활용하는지의 측면이나, 사명적으로 일을 수행하는지의 측면에서 보면 주님은 마지막까지 마음을 놓을 수 없으셨다. 때문에 주님께서 약속하신 것은 보혜사 성령이셨다. 요한복음 15장 마지막 부분과 16장에서 주님의 마지막 메시지를 살펴보면 제자들을 격려하시면서 성령께서 제자들을 도우셔서 능력을 주시고, 사명도 주시고, 희생정신(순교 정신)도 같이 주셔서 끝까지 이끄신다고 말씀하셨다. 마태복음의 지상 명령의 마지막 약속은 "내가 세상 끝날까지 너희와 항상 함께 있으리라(마 28:20)."이다. 바울도 자신이 만들어 놓은 사역은 끝까지 돌보는 모습을 보이는데 그것은 자신이 직접 방문하는 경우, 사람들을 현장으로 파송하는 경우, 편지로 위로하는 경우, 저들을 위한 기도의 끈을 놓지 않는 경우 등이다. 자신의 사역들이 넘어지지 않도록 끝까지 챙긴 흔적이 성경에 나타난다. 동역 관계도 마찬가지였다. 만난 동역자들, 길든지 짧든지 서신서의 마지막 부분에 모든 사람의 안부를 묻는 모습이나 기도로 저들을 돕는 모습은 관계를 끝까지 유지하고 있다는 의미이다. 심지어 갈등이 있어 헤어졌던 마가를 다시 데리고 오라(딤후 4:11)고 한 것은 끊어졌던 관계도 다시 이으려는 그의 노력이 있었음을 엿볼 수 있다.

자립정신을 일깨우며

　자립정신을 깨우는 일은 쉽게 이루어질 수 없다. 모든 선교사가 가장 어렵게 생각하는 선교의 이슈가 바로 자립정신을 일깨우는 일이라고 이야기한다. 한국에 온 선교사들의 자립 방법인 '네비우스 방법'의 경우도 이 방법을 소개한 네비우스는 중국으로 사역을 하러 온 선교사였지만 실상 중국에서는 이 방법이 뿌리를 내리지 못했다. 문화적 배경에 따라 차이는 있을 수 있으나 시대를 불문하고 잘만 기획한다면 이 정책은 여러 선교 현장에서 오늘날도 충분히 접목할 수 있다고 본다.

　자립이란 민족성과도 연관이 있다고 말할 수 있을 것이나 자립이 안 되는 문제는 어느 정도 선교사들이 자립을 고려하지 않고 자신의 눈높이의 사역만 개발한 것이 아닌지 생각해 볼 필요가 있다. 수준이 높으면 마치 사역의 규모가 현지인들로 하여금 자신들은 감당할 수 없다는 생각이 들게 할 수도 있기 때문이다. 눈높이 이야기를 한다면 예수님의 방법을 떠올리게 된다. 그분이 사람들을 대하시는 모습, 그의 허술한 옷차림, 말씀을 전달하시는 방법에서 찾을 수 있을 것이다. 예화를 말씀하실 때 많은 부분 그 내용을 현장에서 찾아 하나님의 나라를 설명하시는 경우나, 현장에 있는 사물을 가지고 이슈를 설명하시고 사건이 있을 때 그 사건의 주제를 가지고 말씀을 전개하시는 방법 등이 있다. 예로서 5,000명을 먹이신 후, 우리가 먹어야 할 떡은 어떤 떡인가를 물으시곤 곧 '영생하는 떡'이라는 말씀을 전개하신다(요 6:35). 요한복음 9장에 청년의 눈을 뜨게 하신 후 율법적으로 교만한 바리새인들과의 토론에서 보는 것에 대한 말씀을 전개하신다. "너희가 맹인이 되었더라면 죄가 없으려니와 본다고 하니 너의 죄가 그대로 있느니라(요 9:41)." 철저하게 사건과 저들의 관심과 말씀을 연결시키는 일은 복음 전파의 현장화 및 현실화하시는 방법이다. 그리고 지도력의 자립화는 우리가 반드시 이루어야 할 현실적 꿈이라고 말할 수 있다.

왜 현장을 떠나야 하는가? 한국에 온 호레이스 언더우드 선교사는 4대를 한국에 머물다 철수하였다. 이렇게 대를 이어서 머무는 경우는 장기적 프로젝트를 만들어 내기 위해서는 대단히 중요하다고 생각한다. 그러나 나의 말레이시아의 사역의 경우는 조금 달랐다. 처음부터 이 프로젝트의 개발을 요청한 얼원 옹 목사는 나에게 시작만 해 달라고 부탁을 했다. 그러나 피츠버그와 시카고 한인교회들이 5년간 재정 지원을 해 주겠다는 약속을 했고, 이 두 교회는 무려 10년을 후원해 주었다. 이러한 후원의 문제를 다룰 때는 모두가 같이 의논하면서, 그리고 모든 일을 솔직하게 이야기를 나눔으로써 선교사와 현지인들이 동역자 마인드를 형성하는 것이 가장 현명하다고 생각한다. 나는 이 개척 기간 동안 총 코디네이터로 참여했고 그 후 현지 지도자 에디 호(Eddy Ho) 박사에게 총 코디직을 넘겨주었다. 그러나 불안한 이양이라고 말할 수밖에 없는 이유는 세워진 리더십이 이 세상을 떠난 사람, 경제적으로 어려운 사람 등 불안하기 짝이 없는 형편이어서 언제까지 존속할지 두고 봐야 하는 상황이다. 다른 한편으로는 팀워크를 계속 지속하기 쉽지 않은 문제도 있다. 그 이유는 팀워크를 같이 진행하는 멤버들이 처음에는 모든 일이 새롭게 시작하는 일이니 비전을 공유하며 시작하지만, 자신들이 바쁘다 보면 시들어지게 마련이다. 그리고 책임의식이 부족하기에 자립이 쉽지 않다. 그래서 대안으로 현지에 있는 말레이시아 신학교(MBS)와 같이 진행하는 구조로 만들게 된 것이다. 이 신학교는 중국어와 영어로 수업하는 학교로 정부 인가가 났지만, 말레이어과를 영어과에 소속시켜서 학위를 받도록 하는 MOU을 맺게 되었다. 말레이어로 된 신학 공부를 한 학생들에게는 너무나 큰 선물이 아닐 수 없다.

선교 현장의 자립은 모두가 힘들어하는 일로 생각하고 있다. 지도력에 있어서 선교사의 의존도를 낮추는 일, 재정적인 문제에 있어서도 '밑 빠진 독에 물 붓기'가 되지 않기 위해서는 재정을 적게 쓰면서도 진행할 수 있는 현장 수준(선교사 수준이 아니라)에 맞는 일도 또 하나의 방안이라고 생각한다. 선교사가 늙어가는데 언제까지 후원하겠느냐 하는 생각과 후원 교회들이 끝까지 신의를 지키기란 쉽지 않은 것이 현실이다. 때문에 되도록 빠르게 현지화를 시키거나, 아니면 처음 시작할 때부터 솔직한 심정으로 선교의 상황을 설명하거나 한계를 설명하면서 진행한다면 현지인은 충분히 이해하고 결국은 자신들이 책임을 져야 한다는 것을 깨닫게 될 것이다. 해럴드 풀러(Harold Fuller)의 '4P'의 원리를 보면 마지막 파트너십을 지나 지금은 참여자(Participate)가 나오는데 이 위치가 바로 선교사의 역할이 되어야 한다고 생각한다. 선교사가 자립을 외치며 무관심하면 그 프로젝트가 사라질 가능성이 있고, 아니면 만들어 놓은 자산들을 현지인이 불법으로 처분하는 경우도 있어 프로젝트가 없어져 버리는 경우를 염두에 두어야 한다. 때문에 선교는 저들의 영적 자세와 사명감을 고취하는 일, 재정을 잘 관리하도록 하는 일, 필요에 따라 지원하는 일 등을 위해서 선교사가 현지에 남아서 보조자(Participate) 역할을 하는 것이 자립의 때를 기다리는 모습일 것이다.

나는 선교 현장을 떠난 지, 벌써 20년이 넘어가고 있다. 그러나 지금도 부족한 부분을 지원하는 일을 계속하고 있고, 적어도 1년에 한 번씩 저들을 방문해서 지도자들과 만나 격려도 하면서 회의를 진행한다. 그러나 나는 절대 주도하지 않으려고 한다. 그 이유는 지나친 의존도를 줄이기 위해서이다. 내가 꼭 해야 할 부분들이 있기에 그 부분만을 늘 염두에 두고 만나면서 계속해서 저들의 친구로 남기를 원한다는 것을 표현하고 있다. 때로는 조언하고, 아이디어를 제공하고, 적지만 물질로 후원하는 일을 통해서 나의 관심을 표하고, 뒤에서 계속 기도하고 있다는 것을 표현하고 있다. 우리가 '한 번 동역자는 영원한 동역자'라는 생각을 하면서 일을 진행한다면 좋은 결과를 얻을 수 있을 것이다. 모든 일은 말과 같이 쉬운 일은 아니다. 잘 된다고 자만심을 가진다면 바울은 다음과 같이 말할 것이다. "선 줄로 생각하는 자는 넘어질까 조심하라(고전 10:12)." 우리는 늘 마귀의 시험대에 놓여 있다. 영적인 무장은 사역자에게 필수이고, 복음의 사역자가 되어야 하지만 기도의 사역자도 되어야 한다. 아마도 이러한 지속적인 관계 사역이 더 중요한지 모른다. 하나님이 하시는 일은 영원하지만 우리가 하는 일은 영원하지 않다.

나의 비(非)거주 선교

지금은 시대적으로 다양한 선교의 패턴을 요구하는 시대에 살고 있다. 옛날처럼 한 선교사가 한 나라, 또는 한 지역에서 대를 이어서 선교하는 일은 그리 쉽지 않다. 그 이유 중 하나가 정치적으로 외국인에 대한 거주 비자를 허락하지 않기 때문이기도 하지만 자국인들의 국수주의가 외국인 주도의 사역에 비판적인 시각을 가지고 있기 때문이다. 그러므로 선교사의 정책은 개척자로 남아 있고 그 후의 지속적인 성장은 자국인에게 맡기는, 즉 토착 선교로 가야 한다. 이러한 시대적 추세를 감안한다면 선교사의 역할 중 또 하나의 대안은 '비거주 선교사'이다. 비거주 선교사란 현장이 아닌 타지에 머물면서 현장을 지도하는 선교를 말한다. 예로서 중국에는 한때 수많은 선교사가 현장에 거주할 때가 있었다. 그러나 중국 정부는 선교사들을 많이 추방하였고 이 때문에 많은 선교사가 귀국하거나 선교를 포기하거나 아니면 다른 나라에 거주하면서 화교를 대상으로 사역하는 이들도 있고, 아니면 중국을 가끔 방문하면서 할 수 있는 일을 하는 경우가 바로 비거주 선교를 선택하는 것이다.

나의 경우는 30년간의 사역을 전략적으로 끝내고 2006년부터 미국에 거주를 시작했고, 한인 신학교에서 선교학을 강의해 오면서 만들어 놓은 사역들을 돌보는 일을 하고 있다. 인도네시아 서부 칼리만탄의 안중안 신학교의 경우는 현지인 지도자가 책임을 맡고 있고, 후배 선교사들이 측면 지원을 하는 형태이다. 인도네시아의 바탐 신학교의 경우는 현지인이 이끌어 나가면서 후배인 김영숙 선교사가 현장에서 지원하고 있고, 말레이시아 신학교의 경우는 처음부터 현지인들과 같이 사역을 해 왔기 때문에 자연스럽게 저들의 노력으로 진행되고 있다. 개척자로서의 나의 역할은 일 년에 한두 번 방문해서 격려하는 일, 책임자들과 같이 당면한 문제를 의논하는 일, 재정적으로 일부를 필요에 따라 지원하는 일 등이다. 이러한 일은 창립 책임자로서 당연히 해야 할 일이지만 좀 더 시간이 남는다면 각 곳의 학교에서 강의를 통하여 영적 도전을 하는 일도 중요하다고 생각을 해 왔다. 시대가 지나면서 신학교들의 신앙 상태가 예전 같지 않은 것이 사실이다. 이런 문제를 현지 지도력이 해결할 수 있다면 그보다 더 좋은 것은 없겠지만 현실은 녹록지 않다. 더욱이 신앙으로 재정 문제를 해결하려는 노력이 있었던 창립 당시의 분위기는 사라지고 현장은 늘 어렵다는 이야기를 많이 하고 있어 재정적 자립은 계속 기도의 제목이기도 하다.

비거주 선교를 진행하면서 어려운 점도 여러 가지가 존재한다. 우선 비거주 선교에 대한 교회의 인식이 없다는 것이다. 선교사가 귀국해서 오랫동안 자국에서 머물러 있다고 하면 당연히 교회는 후원을 끊는다. 한국이나 미국에 머무는 선교사들을 선교사로 여기지 않기 때문에 나의 경우 학교에서 강의를 하고 작은 봉급을 나누어서 선교지로 보내야 하는 형편이다. 우리가 잘 알고 있는 것이지만 미국의 한인 학교들의 경제적 열악한 상황은 교수들에게 충분한 봉급을 주지 못하기 때문에 박봉으로 선교지는 커녕 미국에서 살기도 어려운 형편이다. 때문에 나는 '믿음 선교'의 원리를 철저히 배워가고 있다. 하나님의 일을 할 때 하나님의 공급을 하심을 경험해야 한다는 것이다. 미국에 거주한 지 벌써 20년이 되어가고 있는 이 시점에서 뒤를 돌아보면 하나님께서 우리의 필요한 것을 충분히 채워 주신 분이었음을 고백하게 되고, 그리고 선교지와 나눌 수 있는 여유 등은 믿음의 원리 아니면 이해할 수 없는 경험들이다. 바울의 경우 그의 사역을 위해 그가 개척한 교회들의 지원을 받았다고 하면서 건건이 교회의 이름을 거명하며 감사의 메시지를 전한다. 그러면서 다른 교회에 은근하게 참여를 독려하기도 했지만 때때로 자신의 손으로 일을 해서 자신과 동료들의 경비를 충당했다고 말하며 자립정신을 강조하고 있다(행 20:34).

선교사가 있어야 할 자리는 역시 선교지라는 생각을 할 때가 한두 번이 아니다. 우선, 선교지가 아닌 곳에서 머문다는 것에 마음이 그리 편치 않고 늘 선교지에 대한 그리움이 생긴다. 사실, 선교사가 장기간 선교지에 머물다 보면 선교지가 정신적으로뿐만 아니라 육체적으로도 훨씬 편하다는 것을 느끼게 된다. 그 이유는 선교지의 사람들과 교제권에서 이미 익숙해졌고 언어도 익숙하며 음식이나 문화에 아무런 지장이 없기 때문이다. 또한 경제적으로 적은 수입으로도 충분히 살아갈 수 있는 곳이 선교지이기 때문이다. 최근 많은 은퇴자가 타국에서 살기를 원하는 이유 중 하나가 선진국에서는 은퇴 연금을 가지고 빠듯하게 살지만 후진국에서는 풍성하게 살 수 있기 때문이다. 어찌하든 선교사의 자리는 선교지이지만 선교 사역은 언제, 어디서든지 이루어질 수 있다는 것을 생각해야 한다. 어떤 결정이 최상의 결정인가를 판단하면서 하나님의 일, 즉 선교는 비전만 있다면 어디서든 가능하다는 것을 말하고 싶다. 선교사의 삶의 중심이 자신이 아닌 선교지라고 생각하면서 어디에 머물든 한번 선교사는 영원한 선교사가 되어야 하고 하나님의 소명을 계속 찾아 나가야 하는 것이 옳다고 생각한다.

선교사의 재정 관리

요즘 교회를 방문하면 교회가 선교사들을 만나기를 꺼리는 경우가 많다. 선교사를 만나기가 두렵다는 말을 들은 적도 있다. '왜 선교사들은 돈 이야기를 그렇게 많이 하는가?'라는 말을 들었을 때는 스스로 부끄러움을 감출 수가 없었다. 미국 선교가 한참 활성화되고 있었던 시대에는 여러 교단 총회들이 풍성한 선교 헌금을 모아 놓고 선교사들을 파송하던 때가 있었다. 또 교회가 부흥되던 시대에는 한 교단이 수백 명의 선교사를 파송하거나 한 교회가 한 선교사를 전적으로 책임지는 시대가 있었다. '그때처럼 선교사들이 모금에 대한 부담 없이 일에만 열중할 수 있다면 얼마나 행복할까?' 하는 생각을 여러 번 해 보았다. 돈에 대해 지나치게 관심을 갖게 되면 영적 쇠퇴를 경험하기도 한다. 선교사도 마찬가지다. 후원자들을 위한 사역인 것처럼 과장된 선교보고서를 만드는 것이 논란이 되곤 한다. 이러한 모습은 선교사의 거룩성을 상실하게 됨은 물론이고 선교 사역이 직업으로 변질이 되는 문제를 야기한다. 선교 사역을 재정 문제와 지나치게 결부시키면 사역의 결말은 하나님의 인도하심이 아닌, 재정을 따라 움직이는 모습으로 변하게 될 것이다. '재정적 부담 없이 사역을 할 수는 없을까?' 하는 것이 바로 선교사의 고민이다.

바울은 재정에 관해 여러 곳에서 이야기를 했다. 여러 곳에서 이야기한 이유는 자신의 사역적 필요도 중요했지만, 먼저는 성도들에게 헌신을 교육시키기 위함도 있다고 보아야 한다. 성도들의 신앙은 다른 사람에게까지 관심을 가지고 기도하며, 그들을 위해 드리는 자세가 있을 때 비로소 진정한 신앙의 성숙을 평가할 수 있을 것이다. 당시 바울은 비즈니스나 고급스러운 일을 해서 돈을 벌어 본 적이 없다. 장막을 만드는 일은 당시나 지금이나 천한 일일 수밖에 없고, 적은 일당을 받는 일이지만 그런 일이라도 하지 않으면 안 되는 상황이었다. 그러나 자비량의 중요한 포인트는 이것이다. 일하는 과정 속에서 아굴라와 브리스길라와 같은 사람들을 만나 전도와 교육을 통해서 그들을 동역자로 만드는 일은 참으로 선교 사역에 있어 가장 중요한 일이다. 그래서 자비량 선교는 일거양득의 소득을 거둘 수가 있는 것이다. 어쨌든 초대 교회 상황 속에서 바울에게는 구체적인 활동을 위해서도 돈이 필요했고 자신의 여행 경비나 자신과 그의 동료들의 생활비도 걱정해야 하는 상황이었다.

내가 인도네시아에 있을 때는 많은 사역을 개발해야 했고, 싱가포르에 머물 때는 여러 나라를 방문하면서 사역을 해야 하는 상황이었기에 선교비는 나에게 늘 큰 관심거리였다. 그렇다고 마치 모금을 하기 위해 선교를 하는 것처럼 보여서는 안 된다는 생각을 늘 했기에 해결책을 간구하기 시작했다. 하나님이 주시는 지혜로 몇 가지 원리를 만들어 경제 문제를 해결하기로 한 것이다. 선교사가 이 원리 대로만 산다면 경제 문제는 쉽게 해결할 수 있겠다는 확신을 갖게 되었다. 첫 번째는 필요할 때 하나님께 기도(Asking)한다는 것이다. 우리는 여러 기도 제목을 내놓고 많이 기도한다. 그렇기에 기도할 때 재정 관련 문제가 해결이 안 된다는 생각을 해서는 안 된다. 성경에 예수님께서 분명히 "구하라 그리하면 너희에게 주실 것이요, 찾으라 그리하면 찾아 낼 것이요, 그리하면 너희에게 열릴 것이니(마 7:7)" 라고 하셨다. 그렇다면 구하는 것은 당연히 자녀들의 특권이고 의무인 것이다. 두 번째는 관리(Managing)이다. 하나님이 주신 것은 많든 적든 귀한 것이고 우리는 하나님의 선한 청지기이다. 하나님의 것을 받았다면 땅에 묻어 두지 말고 지혜롭게 관리하는 것이 옳다(마 25:21). 타인과 비교하지 말고 작은 한 달란트를 받았다 하더라도 귀하게 여기며, 감사하면서 청지기로서 관리(아껴 쓰는 일, 투자하는 일) 해야 한다. 주인은 신뢰하는 자에게 돈을 맡기신다는 것을 염두에 둘 필요가 있다. 세 번째는 예수께서 "주라 그리하면 너희에게 줄 것이니 곧 후히 되어 누르고 흔들어 넘치도록 하여 너희에게 안겨 주리라(눅 6:38)."고 하신 말씀을 기억하며, 청지기로서 하나님이 주신 것을 나누는 일(Sharing)을 해야 한다. 나누는 일은 여유가 있어서 하는 것이 아니다. 하나님이 주신 것이니 하나님을 위해 쓰는 것이 당연하다. 주는 사람에게 줄 것이 없다는 계산은 없다. 오히려 풍성해서 더 줄 수 있는 양이 채워지는 것이 신앙의 원리이다.

이제, 한국 선교는 재정적 지원에 한계가 온 것 같이 보인다. 열심히 뛰는 사람들에게는 하나님의 공급하심이 있을 것이다. 하나님은 위에서 모든 것을 보고 계시기에 우리가 우리의 할 일을 하나님으로 부여받았다면, 당연히 하나님의 공급하심도 같이 경험하게 될 것이다. 이 원리는 지금까지 믿음의 선교단체들이 해 온 선교적 전통이다. 이제는 돈으로 또는 돈 때문에 하는 선교가 아니라 기도로 만들어 내는 선교만 있어야 한다. 전대도 가지고 가지 말고 두 벌 옷도 가지고 가지 말라는 주님의 말씀은 모든 것을 전적으로 하나님께만 의존하는 자세로 선교를 수행하라는 말씀이다.

선교와 물질은 동반 관계이다. 선교란 베푸는 사역이기 때문이다. 그러나 선교 사명이 물질에 지배를 받을 수 없다. 물질이 해결되지 않으면 선교가 만들어질 수 없다는 생각은 오직 물질만을 생각하고 있다는 것을 드러내는 것이다. 이 생각에서 벗어나야 제대로 된 사명을 펼 수 있으리라 생각이 든다. 어떻게 해결을 할 수 있을까? 먼저, 믿음 선교의 원리를 터득하는 일이다. 하나님이 주시는 것은 우리를 신뢰하시기 때문에 주시는 것이고 우리는 청지기와 같이 그 물질을 관리하고 아끼고 지혜롭게 써야 한다. 그것이 우리의 책임이다. 그리고 선교를 직업으로 생각하지 말아야 한다. 직업은 돈을 보는 것이 목적이지만 선교는 돈을 쓰는 것이 목적이 되어야 한다. 하나님의 목적을 위해서 제대로 쓰는 것이 중요하다. '물질이 제공되어야 쓸 수 있지 않는가?' 하는 질문이 생길 수 있다. 있는 물질을 제대로 쓰면서 하나님과의 신뢰가 쌓이면 하나님이 계속 공급하신다. 정직성은 물론이요, 책임성 있게 사용하는 것이 중요하다.

씨를 심을 때와 걷을 때

우리는 종종 '복음화'란 말을 자주 듣는다. 세계 복음화, 북한 복음화, 한민족 복음화 등의 거창한 '복음화'란 말을 쓰지만, 이 일은 쉽게 이루어지는 것이 결코 아니다. 캠페인이나 도전을 위해서 이 단어들을 쓸 수는 있겠지만 복음화가 이루어지기 위해서는 수많은 사람의 희생이 따라야 한다. 그리고 무엇보다 하나님의 때를 기다려야 한다. 사도행전에 보면 바울과 그의 선교팀이 세 번의 선교 여행을 통해서 복음화를 위해 힘쓴 곳은 소아시아와 유럽의 통로 마게도냐 지역이었다. 이 지역에 수많은 교회를 세우고 일꾼들을 길러냈고, 바울이 로마로 떠난 이후에도 밧모섬에 갇혀 있던 사도 요한이 풀려나와 예수님의 어머니를 모시면서 요한 계시록에 기록된 일곱 교회를 돌보는 일을 했다고 전해진다. 소아시아는 사도들이 집중적으로 씨를 뿌린 곳이다. 그 후 동로마가 지배하면서 복음화된 듯했지만, 오스만 제국이 이 땅을 지배하면서 교회들을 모두 사라지고 지금은 이슬람의 대표적인 터키(튀르키예)가 된 것이다. 그렇다면 '지역 복음화'란 어떤 의미를 가지는가? 평양은 한때 '동양의 예루살렘'이라고 불릴 만큼 복음화된 현장이었고, 수많은 교회, 신학교, 학교 등이 세워진 곳이었다. 그러나 지금은 완전히 폐허가 된 상태이다. 평양의 부흥은 어디로 갔고 북한에 복음의 문이 언제 열릴 지 아무도 예측할 수 없다.

소아시아이나 북한에 불이 붙었던 복음화 시대가 있었다는 사실은 누구도 부인할 수 없지만 지금의 황폐해진 모습은 마치 이스라엘이 느부

갓네살에 의해서 황폐해지면서 성전 역시 파괴된 모습과도 비슷하다. '더 이상 미래는 없는 것일까?', '한 지역 복음화는 무슨 의미가 있는 것일까?' 하는 질문을 던질 수밖에 없다. 이러한 상황들을 보면 '복음화'란 한 지역에서 일정 기간 동안 이루어질 수는 있지만 영원하지는 않다고 말할 수밖에 없을 것이다. 그러나 하나님은 어느 정도의 기간 동안 복음화를 통해 추수하신다. 비록, 한 지역에 복음화가 영원하지는 못해도, 일정 기간 동안 수많은 영혼이 주님께 신앙을 고백하고 회개하는 운동이 일어났다고 한다면, 비록 지금은 어두운 세력이 지배한다 해도 하나님의 추수의 창고에는 그 기간 동안 거둬드린 많은 영혼의 추수의 알곡들이 그득하게 되었을 것이다. 그렇다면 복음화는 지역 복음화(Geographical Evangelization)에서 시대적 복음화(Chorological Evangelization)가 나아간다는 사실을 깨닫게 된다. 실망스러운 일이 일어나고 있다고 해도 인내를 가지고 하나님의 때를 기다리는 것이 바른 자세라고 생각한다. 세계 경영은 하나님의 계획 속에서 이루어지는 것이고 진행된다. 겨울이 지나면 봄은 오게 되어있고, 나무는 죽어도 뿌리는 살아남아 있는 것이 자연의 원리이다. 전도서 3장 1절에 "범사에 기한이 있고 천하만사가 다 때가 있나니 날 때가 있고 죽을 때가 있으며 심을 때가 있고 심은 것을 뽑을 때가 있으며"라고 말씀하셨는데 선교에 적용해 본다면 때를 정하신 하나님은 선교의 기회를 주실 때가 있고 기회가 사라지게 하실 때가 있다고 볼 수 있다. 그렇다면 기회를 놓치기 전에 열심히 심어 놓으면 거둘 날이 있을 것이고, 또 겨울이 온다 해도 우리는 봄을 기다리면 될 것이다. 그리고 주님께서는 추수의 때를 눈여겨보라고 말씀하시고, 이러한 영혼의 농사는 협력해야 한다는 말씀을 하셨다. "그런즉

한 사람이 심고 다른 사람이 거둔 다 하는 말이 옳도다(요 4:37)."

우리 선교 사역에 중요한 이슈는 '어떻게 선교 사역이 현지인들에게 인계되어 지속적으로 발전할 수 있도록 만들 수 있겠는가?' 이다. 한국에 온 수많은 선교사는 자신들의 프로젝트가 당시에는 보잘것없는 것처럼 보였을지 모른다. 지금까지 건전하게 발전하는 대학, 병원, 교회들을 보면서 '왜 우리의 선교지에서는 이런 일들이 이루어질 수 없는가?'를 고민해 본다. 그러면서 자신의 선교에 대해 실망할 때가 있을 것이다. 선교사가 머물 때는 잘 되었는데 떠난 후에는 무너지고 심지어는 문을 닫는 경우를 쉽게 볼 수 있다. 그럼에도 불구하고 소망이 되는 것은 바울은 심었고 아볼로는 물을 주었지만 하나님은 자라게 하신다는 원리이다. 비록 훗날 문이 닫히는 결과가 발생한다고 할지라도 실망하지 말 것은 이미 수년 동안 주님이 추수하고 계셨다는 것이다. 이런 마음을 갖는다면 한 지역의 복음화는 안 됐을지라도, 한 시대 복음화는 이루어진다는 것을 기대하면서 자신의 일에 끝까지 충성할 수 있을 것이다.

나의 사역인 정글 속에 세워진 교회들과 신학교들을 보면 늘 불안 요소들이 많이 숨겨져 있었다. 자립의 어려움을 경험하면서 우리가 하는 일들이 헛것이 아닌가 하는 생각을 할 때도 있었고, 심지어는 두려움도 있었다. 그러나 때마다 하나님이 나에게 위로해 주시는 소리를 들었다. "모든 것은 나에게 맡겨라."하시는 말씀이었다. 우리는 그저 순복하면서 하나님의 하시는 일을 영적인 눈으로 보아야 한다. 그것만이 우리의 자세이다. 뿌려진 씨는 쉽게 사라지지 않는다. 비록 아무것도 보이지 않는다고 해도, 시들어 쓰러진다 해도 하나님이 빛을 주시고 때를 따라 비를 주시면 다시 살아날 수 있는 것이다. "주 여호와께서 이 뼈들에게 이같이 말씀하시기를 내가 생기를 너희에게 들어가게 하리니 너희가 살아나리라(겔 37:5)." 우리의 선교지에도, 유럽과 서구 교회에도, 심지어 한국교회에도 이 말씀이 필요한 때이다.

때로는 '우리가 애써 일구어 놓은 사역들이 언제까지 가겠는가?' 하는 염려가 될 때가 있다. '우리가 지원하지 않으면 견뎌낼 수 있겠는가?' 하는 것이다. '주님이 오실 때까지 사역이 계속 지탱되고 더 나아가 발전한다면 얼마나 좋겠나!' 하는 생각이 들기도 한다.

'혹시나 중간에 문을 닫는다면 내가 아끼던 사역을 흔적도 없이 사라질까?' 하는 염려도 생긴다. 바울의 "오직 하나님께서 자라나게 하셨나니"라는 말씀이 나에게 위로가 된다. 사실, 바울과 사도들이 공들인 소아시아의 교회들은 역사 속에서 사라지고 말았다. 중요한 것은 교회는 사라졌지만, 수년 동안 교회를 통해 얻은 영혼들은 하나님의 창고에 들여졌다. 같은 맥락에서, 지역적 복음화도 있지만 시대적 복음화 즉, 일정 기간 동안 추수를 통해 영혼들이 하나님의 곡간에 가득 차게 될 것(마 13:30)이기에 염려는 내려놓아도 될 것이다. 비록 프로젝트는 사라져도, 선교사가 사라져도 그동안 얻어진 영혼은 하나님 나라에서 주님을 영원히 찬양하게 될 것이라는 믿음으로 주님만 바라보면서 충성을 다하는 것이 선교사의 역할이라고 생각한다.

한인교회의 선교적 사명

내가 미국에 머무는 동안 내 마음속에 사라지지 않는 불안이 있었다. 그것은 '내가 선교지를 떠나 미국에서 살면서 선교사라고 불리 수 있겠는가?' 하는 것이고, '지금도 선교 사명은 식지 않지 않았는가?' 하는 것이었다. 선교지를 자주 왔다 갔다 하면서 비거주 선교사로서의 역할, 광역 선교사라는 명분을 가지고 일은 하고 있지만 내 마음속에 늘 있는 선교지에 대한 걱정, 그리고 시간을 내어 기도하는 일로 사역을 대치하고 있다. 물론, 학교에서 강의하고 있지만 선교지와 같지 않은 사역이기에 선교지에 대한 그리움을 지울 수가 없다. 그러나 후배 선교사이든, 현지인이든 맡겨진 일을 충성스럽게 감당한다는 소식을 듣게 되면 개척자로서 감사한 마음이 넘치고, 또 하나님께서 우리가 같이 하는 사역을 기뻐하시는구나 하는 생각을 하게 된다. 그러나 선교지 일이나 관심보다는 내 앞에 당면한 미국에서의 사역들이 우선인 것은 사실이다. 나는 미국의 미주리에 있는 미드웨스트 대학교(Midwest University)에서 1년간, 뉴욕에서 4/14 윈도우 사역 3년, 애틀랜타에 있는 GCU(Georgia Central University)에서 7년, 그리고 현재는 군소 신학교에서 후학들을 가르치면서 생활하고 있다. 강의는 비대면으로 이루어지는데 학생들은 주로 동남아시아, 아프리카에서 등록한 학생들이다. 학생들의 반응이 좋아서 보람 있는 시간을 보내고 있다. 이곳 사역에 시간이 많이 소요되고 있고, 선교지에 대한 시간을 많이 낼 수는 없지만 일 년에 적어도 한두 번씩은 선교지를 방문하여 현장의 지도자들과 만나는 일을 하고 있다. 또한, 싱가포르 BIU 대학원에서 역시 비대면 집중강의로 현지인들의 자국 선교훈련원에 필요한 커리큘럼 강의를 하고 있다. 사명이 식지 않는다면 어느 곳에서 선교는 가능하다는 것을 경험하고 있다.

미국에 살면서 한인교회들과 접촉도 하고 있다. 한때 미국 이민 바람이 불면서 한인들이 사는 곳에는 늘 교회가 중추적 역할을 했다. 중국인들은 모이면 가게를, 일본인들은 모이면 공장을, 한국인들이 모이면 교회를 세운다는 말이 있었다. 이제는 상황이 달라졌겠지만 해외 한인 750만 시대를 맞이하여 자연스럽게 타 문화권 속에서 우리의 삶을 개척해 나가는 방법을 터득하게 된 것 같다. 이제는 타민족을 대상으로 하는 비지니스를 개발해서 성공한 예들을 많이 찾아볼 수 있다. 이제 한인이 운영하는 대형 식료품점이나 빵집에는 한인들보다 외국인 고객 더 많아졌다. 정치계에서는 하원의원들은 물론 최초로 한인 상원의원까지 선출되었고 학계에서도 훌륭한 인재들이 각 분야에서 활약할 뿐 아니라 CNN과 같은 주요 매스컴에서도 앵커로, 기자로 활동하는 한인 여성들을 쉽게 볼 수 있다. 이만큼 우리의 위상이 높아졌다는 것은 한인 사회가 힘을 모으는 일에 성공했고, 각자가 탁월한 재능을 발휘하여 미국 주류 사회에서의 적응 능력을 키웠다는 증명이라고 본다.

예레미야 29장 5절에서 6절에 보면 이스라엘 백성이 바벨로 포로로

잡혀가게 되면서 바벨론에서 살 방법을 가르쳐 주는 말씀이 나온다. "아내를 맞이하여 자녀를 낳으며 너희 아들이 아내를 맞이하며 너희 딸이 남편을 맞아 그들로 자녀를 낳게 하여 너희가 거기에서 번성하고 줄어들지 아니하게 하라." 이민이나 선교나 한 땅에 발을 디디면 그곳에서 정착할 생각을 하고 그 나라를 위해 장기적인 안목으로 계획을 세우고 그 나라를 내 땅처럼 사랑하고 축복하라는 말씀으로 들린다. 이러한 자세를 통해 정착을 돕고 즐길 수 있는 땅을 만들 수 있다는 것이다. 그러한 정착의 마음이 있다면 우리가 사는 이 땅을 우리의 선교지로도 만들 수 있게 될 것이다. 한인들이 세운 교회가 북미주에 4,500개가 넘는다고 말한다. 신학교도 수십 개가 존재하고 있다. 숫자만 늘어나는 교회에 대해서 부정적인 시각도 있지만, 교회나 신학교가 사명감으로 변할 수만 있다면 이 모든 숫자가 선교 자원이 될 수 있겠다는 생각을 한다. 이방 땅에 세워졌기에 우리는 저들에게 이방인이 되기도 하고 반대로 우리 역시 이방인을 쉴새 없이 만나게 된다. 선교 사역이 이방인들을 향한 사역이라고 한다면 결국 우리는 매일 선교적 도전을 받는 셈이다. 이 기회를 어떻게 실현시킬 것인지 고민해야 한다.

이민 교회의 특징과 사명을 이야기한다면 1903년 하와이 이민자들이 첫발을 내디딘 후 수적으로나 한인 사회의 지위적인 면에서나 많이 발전했다. 처음에 특별히 한인교회가 한인 사회의 정보센터가 되어 이민 삶의 경험과 지혜를 터득할 수 있었고 정보를 통해서 다른 사람들의 정착을 많이 도왔기에 이민 사회의 중심 공동체가 되어 교회와 이민 사회는 떼어 놓을 레야 떼어 놓을 수 없는 관계를 갖게 되었다. 인터넷이 발전하면서 새 이민자들이 정착하는데 옛날 같지 않게 한인교회에 대한 의존도가 많이 낮아졌다. 그러나 한국인의 정서를 달랠 수 있는 곳은 한인교회보다 더 좋은 곳이 없을 것이다. 이러한 기회를 어떻게든 제자훈련과 접목해 저들에게 거듭남을 경험하게 할 것인가를 교회는 깊이 생각해 왔고 또 실제로 열매를 거두어 왔다. 한인들 가운데 교회를 나가보지 않는 사람을 찾아볼 수 없을 정도로 교회 출석 경험은 거의 다 가지고 있다. 하지만 교회를 떠난 사람들도 수없이 많다는 이야기를 들었다. 이들을 어떻게 교회로 다시 불러들일 수 있을지가 한인교회들의 선교적 과제가 아닐 수 없다.

한인교회의 또 하나의 딜레마는 제2세대 문제이다. 대학을 들어가기 시작하면서 교회를 떠난다는 것이다. 70-80퍼센트의 대학생들이 교회 나가기를 중단한다고 한다. 중고등학생 시절에는 부모들의 관심으로 교회에 나갔지만, 대학을 들어가면서 지리적으로 멀리 떨어지게 되고, 미국의 문화적 영향으로 독립적 생각과 스스로 결단을 내릴 수 있는 성년이라는 생각이 자리잡혀 교회 나가는 일을 중단한다는 것이다. 결국은 어렸을 때 부모와 같이 교회는 나갔지만 주님의 제자는 아직 되지 않았다는 결론에 이를 수 있다. 그러므로 교회를 다니는 것과 주님을 영접하거나 믿는 것은 별개라는 것을 인식하게 된다. 부모의 기도와 자녀들의 신앙에 대한 관심은 절대적으로 필요하다는 것을 깨닫게 된다. 그래도 기대해 볼 수 있는 곳이 있다면 바로 대학교회이다. 한국에서 유학을 온 학생들의 영적, 정신적, 문화적 안식처를 만들어 주는 교회들이 대학 근처에 많이 존재하고 있다. 이 교회들은 저들에게 정서를 달래 주는 서

비스를 제공하기도 하지만 더 훌륭한 교회들은 저들을 훈련하여 신앙적 일꾼들을 배출하고 있기에 큰 기대를 가져볼 수 있을 것이라 생각한다.

교회가 존재를 위해 존재한다면 그것은 교회라 부를 수 없을 것이다. 교회는 크든지 작든지 사명이 흐르는 교회가 되어야 한다. 그래야 선교가 필요한 그룹들이 복음으로 만날 수 있게 될 것이다. 하나님이 교회를 세우신 목적은 예배하고 제자를 만드는 선교적 사명을 위한 것이라는 것을 잘 아는 만큼 이 사명을 위해 교회가 교회답게 가꾸어 나간다면 교회의 존재 이유를 다시 찾을 수 있을 것이다. 이러한 사명으로 성숙한 교회가 될 때 하나님의 영이 그곳에 계시게 되고 그분은 교회를 통해서 사회를 변화시키실 것이다. 그렇지 못하다면, 지금 우리 교회는 마치 소금이 땅에 떨어져 사람들에게 밟히고 있지 않는지를 자문해 봐야 할 것 같다.

선교지와 연결된 삶

나는 지금까지 나의 과거의 사역 중, 후반부 사역인 싱가포르와 말레이시아를 중심으로 한 이야기를 펼쳐 놓았다. 처음 사역지인 인도네시아 칼리만탄 정글에서의 교회설립과 신학교 설립에 관한 이야기(1976-1990)는 『정글 속에서 외친 복음의 메아리』에 소상히 기록해 놓았다. 내가 한 일을 기록하는 일이 곧 하나님이 시키신 일을 기록하는 일이기에 보람을 느끼지 않을 수 없다. 선교사가 현장에서 바쁘게 뛰는 것은 당연하지만 내가 가고 있는 길이 제대로 가고 있는가, 아니면 향방 없이 달리기만 하는가 하는 것을 자문해 볼 필요가 있다. 아무리 뛰어도 열매를 보지 못하거나 탈진상태가 되어 쓰러지는 경우가 생긴다면 장기전을 뛰어야 할 선교사로는 실패하게 된다. 그러므로 선교사는 뒤의 일들을 조심스럽게 돌아보고 반성하고 새로운 전략을 세워야 한다. 그래야 더 좋은 미래를 구상해 낼 수 있을 것이다.

이제 한국 선교는 성숙한 단계로 가야 하는데 그 방법은 첫째, 전략 있는 선교를 해야 한다. 전략은 인생이나 사역 모두에 필요한 방법을 찾는 것이다. 성공과 실패는 동전의 양면과 같기에 성공해서 기뻐할 것도 아니고 실패했다고 슬퍼할 일도 아니다. 그러한 일들은 모든 일에서 흔히 볼 수 있는 것들이기에 이 사실들을 놓고 분석하고 실험해서 결과를 만들어 내야 한다. 그것은 전략적인 마인드에서 나오는 것이다. 둘째, 현장을 세우는 선교를 해야 한다. 한국인들은 만나면 싸우면서도 끔찍하게 우리끼리를 좋아하는 것 같다. 동질단위(Homogenous Unit) 원리대로라면 같은 종류의 사람끼리 서로 좋아하는 것은 당연한 것이지만, 기왕 선교의 헌신을 했다면 좋아할 수 없는 사람들을 사랑해야 하는 것도 당연해야 한다. 원수까지도 사랑하라고 하셨는데 선교지의 사람들을 사랑하지 못하겠는가? 한국에 온 첫 선교사들은 한국인들을 끔찍이 사랑했다. 양화진에 선교사의 무덤에 보면 25세 꽃다운 나이에 선교사로 와서 급성 대장염으로 세상을 떠난 루비 켄드릭(Ruby Kendrick)이라는 처녀 선교사의 비석이 있다. 그 비석에는 "나에게 100개의 생명이 주어진다 해도 그 모두 한국에 바치리라."고 새겨져 있다고 한다. 호레이스 언더우드 선교사도 미국에 돌아가 숨을 거두었지만 한국에 자신의 뼈를 묻어 달라는 유언 때문에 양화진에 묻혔다.

셋째, 선교는 나중이 더 중요하다. 여기서 나중이란 현지인들에게 지도력이 넘어가야 한다는 의미도 있고, 시작을 그럴듯하게 했는데 용두사미의 모습이 되어서는 안 된다는 의미도 있다. 물론, 선교가 다 성공할 수는 없고 성공의 여부는 하나님께 달린 것이다. 그러나 선교사의 자세는 현지인들을 세우고, 그들이 할 수 있도록 최선의 노력을 다하는 것이다. 목회나 선교가 직업이 아니라고 한다면 자신이 해 놓은 일들이 그 누구도 파괴할 수 없도록 지키는 일과 더 발전할 수 있도록 관리하는 일, 그리고 어려워졌을 때 넘어지지 않도록 받쳐주는 일을 하는 것이 개척한 선교사의 일이다. 어떠한 육신적 보상도 기대해서는 안 된다. 힘을 다하도록 끝까지 받쳐주는 것이 선교사의 책무이다. 이러한 지속적인 현지와의 관계를 통해서 저들에게 힘을 실어주고, 위해서 기도해 주는 일은 개척자로서의 선교사의 몫이 되어야 한다고 생각한다.

나는 2006년부터 미국에 머물면서 먼 거리에서 선교지를 돌보고 있다. 지리적으로 보면 지구의 반대편에 있는 인도네시아, 싱가포르, 말레이시아이지만 기도의 날개는 언제든지 펼 수 있다. 저들을 위한 기도는 아버지가 아들을 위한 기도와 같아야 할 것이고, 저들의 아픔은 선교사의 아픔이 되어야 하고 저들은 부족을 채워주기 위해 여러 방법의 노력을 해야 한다고 생각하고 있다. 그러나 노력하지만 쉽지 않은 일임은 분명하다. 나에게는 물질 후원자가 없어도 좋다. 그래도 하나님은 공급하시는 하나님이시기에 나의 생활비를 털어서 지원할 수 있어 감사한 마음으로 임하고 있다. 선교지를 위해 개인의 몫을 드리면서도 기쁜 것은 그렇게 할 수 있는 마음과 기회를 주신 하나님께 감사하고, 주면 받게 된다는 원리가 그대로 내 삶에 나타나고 있기 때문이다. 우리의 삶에 가장 중요한 신앙이란 것이 하나님의 관계성, 연결성을 이야기하는 것이라면 선교지와의 연결이 절대 끊어지지 않도록 하는 것이 나의 남의 삶을 위한 하나님의 사역이라고 생각한다. 가장 확실하게 선교지와 연계하는 사역은 기도 사역이다. 우리는 기도를 가볍게 생각하거나 돈 들지 않는 일이라며 가치를 절하해서는 안 된다. 기도 사역은 하나님의 능력을 힘입는 일이기에 선교에서 **빠져서는** 안 되는 중요한 사역이다.

결국은 선교지와 연결된 삶이란 선교지와 소통하면서 책임을 감당하는 삶을 말한다. 요한복음 4장에서 예수님은 사마리아 여인에게 복음을 전하시고 그가 회개하는 것을 보시면서 식사를 하시지 않아도 배부르신 그러한 기쁨을 느끼셨다. 제자들은 유대인으로 쉽지 않은 사마리아에서 식사를 준비해 왔으니 당연히 자랑스럽게 여기며 칭찬받을 만한 일을 했다고 생각을 했는데 주님은 말씀하시기를 "나의 양식은 나를 보내신 이의 뜻을 행하며 그의 일을 온전히 이루는 이것이니라(요 4:34)."고 말씀하시면서 한 영혼 구원의 기쁨을 표하셨다. 그리고 도전하시기를 "너희는 넉 달이 지나야 추수할 때가 이르겠다 하지 아니하느냐 그러나 나는 너희에게 이르노니 너희 눈을 들어 밭을 보라 희어져 추수하게 되었도다(요 4:35)."라고 말씀하신다. 선교지는 추수할 곳이다. 이 밭을 바라보는 것은 모든 성도의 중요한 과제이다. 그러므로 마지막 시대에는 "믿음의 주요 또 온전하게 하시는 이인 예수를 바라보자(히 12:2)."고 외친 히브리서 기자의 호소와 "눈을 들어 밭을 보라(요 4:35)."고 말씀하신 예수님의 호소를 귀에 담고 우리의 눈은 선교지로 향해야 할 것이다.

| 마지막에 서서 |

지금까지 '동역'이라는 주제를 가지고 나의 부족한 언어로 사역의 이야기를 엮어서 나의 사역 중후반부의 선교 여정을 전했다. 동역은 하나님 나라의 사역 패턴이고,

동역은 자신의 것을 주장하지 않는 섬기는 자세에서 나오는 역동성이라고 생각한다. 한국 선교사들 가운데 동역이 이루어질 수만 있다면 우리는 엄청난 일들을 쉽게 만들어 낼 수 있것이다. 또한, 현지인들과 동역이 성공적으로 이루어진다면 현지화, 토착화 또는 자립화의 목표를 쉽게 이룰 수 있으리라는 믿음이 있다. 그러나 불행하게도 우리는 혼자 하기를 좋아하고, 늘 보스가 되어 지도력을 행사하려는 기질이 있다. 주님의 나라를 위하여 그러한 기질을 포기하고 다른 사람과 손을 잡으려는 생각을 하는 것이 중요하다. 교파적 생각이 하나님의 나라를 뛰어넘을 수는 없다. 비록 교파가 달라도 한 하나님을 믿고 있고, 예수님은 우리의 구주이시며, 성령께서 우리를 하나 되게 하시는 예수님의 영이라고

믿는다면 우리는 당연히 하나 되어야 하는 것이다.

시너지 효과는 혼자서는 만들어 낼 수 없다. 반드시 둘 이상이 힘을 합칠 때 만들어지는 결과이다. 시너지를 위해서라도 우리는 합쳐야 할 이유가 있다. 타 종교들은 정치와 한 몸이 되어 이데올로기화되어 기독교인들을 대상으로 전쟁을 선포하고 있다. 어느 국가도 정치적 배경이 기독교를 지원하는 국가나 세력이 없다. '우리 편'이 없이 이 시대에 우리는 오직 하나님만 의지하고 나아가야 한다. 영적 싸움의 주인은 주님이시다. 여호와 하나님은 전쟁에 능하신 분이라고 하셨다. 전쟁의 승패는 하나님께 달려 있는 것이다. 그렇다면 자녀 된 우리는 하나님과 하나 되는 일, 그리고 서로가 하나 되어 세력을 확장 시켜서 적들과 싸워야 한다. 마지막 시대에 사탄의 세력이 점점 더 커가는 이 시점에 우리 가운데 분열이 일어난다면 멸망으로 가게 될 것이다. 우리는 기독교 세력을 확장하는 사람들이 아니라 하나님 나라를 확장하는 사람들이다. 기독교는 종교가 아니라 하나님과의 관계를 회복하는 것이다.

'위대한 제2인자'라는 말이 있다. 2인자는 이름 없고 보이지 않은 자리에 있고, 대표성이 없는 사람이다. 그러나 조직 발전의 숨은 공신이 될 수 있다. 하나님 나라에는 제2인자만 있어야 한다. 제1인자는 예수님이시다. 예수님은 우리를 앞장서시는 대장이시기 때문이다. 내가 나서지 않는 지도력은 남이 세워지는 지도력이고, 현지인이 설 수 있는 자리를 제공하는 것이다. 그러한 모습을 위해 주님은 제자들의 발을 씻어 주셨다. 발을 씻기신 시점은 주님의 십자가를 지시기 직전이었다. 주님이 제자들에게 일을 맡겨야 할 시기였던 것이다. 주님의 지도력의 모습은 종의 모습(Servant Leadership)이다. 혹시나 주님으로 인해 유명해진 제자들이 교만해질 것을 염려하여 종이나 하던 발을 씻겨 주시는 일을 하시며 "내가 주와 또는 선생이 되어 너희 발을 씻었으니 너희도 서로 발을 씻어 주는 것이 옳으니라(요 13:14)."고 말씀하셨다. 특별히, "본을 보였노라(요 14:15)."고 말씀하셨다. 지도자로서의 덕목은 겸손이며 섬기는 자세임을 말씀하셨다. 상호 섬김이 결국은 동역을 만들어 내는 것이다.

지금까지 나의 사역 중, 싱가포르와 말레이시아 사역을 중심으로 각색을 해 보았다. 아직도 부족한 부분이 많고, 세워졌다고 말하고 있지만 언제 무너질지 모르는 살얼음을 걷는 것 같은 것이 바로 선교라고 말하고 싶다. 왜냐하면 선교는 우리가 생각하는 대로 만들어지지 않는 특징을 가지고 있기 때문이다. 현지인들의 국수주의와 지도력에서의 문화적 차이, 그리고 소속감을 가지고 책임 있게 지도해 나갈 사람을 찾기가 쉽지 않기 때문에 언제든지 무너질 수 있다. 또 언제 이리떼들이 양들을 해칠지 모르는 마지막 시대에 살고 있다. 때문에 선교사는 사역이 끝났다고 안심하고 있을 때가 아니라 늘 염려하고 걱정하는 자리에 있어야 한다. 그것이 바로 책임성이다. 그러나 하나님이 계속해서 이 일을 이루실 것이고, 열매는 하나님의 책임이라는 생각으로 계속 이끌어 나아가야 한다고 생각한다. 바울은 말한다. "아직도 날마다 내 속에 눌리는 일이 있으니 곧 모든 교회를 위하여 염려하는 것이라 (고후 11:28)." 이제, 나는 죽고 하나님만 사시게 되고, 자랑은 포기하고 겸손함으로 계속 섬길 수 있는 자리를 찾아야 할 것이다. 지속적인 관계를 맺는다는 것은 결코 쉽지 않다. 많은 경우 '일은 우
리가 할 테니 재정적 지원만
해달라.'는 현지인들의 요청
이 많다. 선교사는 점점 연로
해 가고 재정은 고갈 나고 있
다. 그러나 하나님은 살아서
지금도 역사하시기에 우리가 할 수 있는 일은 하나님께 지속적으로 맡
겨 드리는 것이다. 왜냐하면 하나님으로 일을 계속하게 하시도록 기도
하는 것이 우리의 사역이기 때문이다. 예수님께서 "하나님께서 보내신
이를 믿는 것이 하나님의 일이니라(요 6:29)."고 말씀하셨다. 믿는 것은
쉬운 일 같지만 쉬운 일은 아니다. 그러나 믿음은 계속 자라야 한다. 그
믿음이 우리의 사역과 연계되었을 때에 만들어지는 주님의 축복을 바라
보자.